第 1 章　カナダのモントリオール銀行旧本店
（2011 年 10 月，大石撮影）

第 2 章　大阪府大阪市生野区のコリアタウンのゲート
（2016 年 11 月，福本撮影）

第 3 章　シンガポールのマリーナ・ベイ・サンズ
（2016 年 2 月，杉本撮影）

第 4 章　イギリスのハイソングリーン・センターの
エスニック系スーパーマーケット
（2004 年 6 月，根田撮影）

第 5 章　東京都小平市の多品目少量生産の圃場
（2016 年 10 月，飯塚撮影）

第 6 章　オーストラリアのニューサウスウェールズ州
における肥育素牛の供給農場
（2011 年 3 月，菊地撮影）

第 7 章　アメリカ合衆国カンザス州のセンターピボット灌漑装置
（2017 年 8 月，矢ケ﨑撮影）

第 8 章　牧羊犬とヒツジの説明をするヨーロッパの牧夫
（2011 年 8 月，市川撮影）

第 9 章　アサイヤシの実をもぐアマゾンの子どもたち
（2012 年 3 月，丸山撮影）

第 10 章　ルーマニアのルカル村中心部
（2012 年 3 月，伊藤撮影）

第 11 章　屋外施設におけるタイ料理の体験
（2012 年，アムナー撮影）

第 12 章　サヘル地域におけるトウジンビエとササゲの混作畑
（2011 年 9 月，大山撮影）

シリーズ地誌トピックス 2

ローカリゼーション

地域へのこだわり

矢ケ﨑典隆
菊 地 俊 夫　［編］
丸 山 浩 明

朝倉書店

編集者

矢ケ﨑典隆（やがさきのりたか）　日本大学文理学部

菊地俊夫（きくちとしお）　首都大学東京都市環境学部

丸山浩明（まるやまひろあき）　立教大学文学部

執筆者

（　）内は執筆担当章

大石太郎（おおいしたろう） (1)
関西学院大学国際学部

福本　拓（ふくもとたく） (2)
宮崎産業経営大学法学部

杉本興運（すぎもとこううん） (3)
首都大学東京都市環境学部

根田克彦（ねだかつひこ） (4)
奈良教育大学教育学部

飯塚　遼（いいづかりょう） (5)
秀明大学観光ビジネス学部

菊地俊夫（きくちとしお） (6)
首都大学東京都市環境学部

矢ケ﨑典隆（やがさきのりたか） (7)
日本大学文理学部

市川康夫（いちかわやすお） (8)
日本学術振興会・特別研究員 PD

丸山浩明（まるやまひろあき） (9)
立教大学文学部

伊藤貴啓（いとうたかひろ） (10)
愛知教育大学教育学部

カウクルアムアン・アムナー (11)
和歌山大学国際観光学研究センター

大山修一（おおやましゅういち） (12)
京都大学アジア・アフリカ地域研究研究科

まえがき

現代の世界はどのように読み解くことができるのだろうか．地理学は地球と世界の諸地域を理解するためにどのように貢献できるのだろうか．そして，21 世紀を生きる若い世代に地理学者は何を伝えることができるのだろうか．私たちは，地理学の視点と方法に基づいて，グローバリゼーション，ローカリゼーション，そしてサステイナビリティという 3 つの視角から，世界の地誌にアプローチすることを試みた．それが「シリーズ地誌トピックス」である．地誌とは，地理学が描く地球と地域の現実の姿であり，その存在意義はかつてないほどに大きくなっている．それはどうしてであろうか．

現代の世界は急速で著しい変化を経験し，さまざまな課題に直面している．情報通信技術や交通運輸手段の発達に伴って，世界各地の人々や文化の移動と交流が活発化し，広域な物流が促進され，地域間の結びつきがますます強まっている．同時に，環境問題，人口問題，格差と貧困や地域間の対立の問題をはじめとして，人類が解決しなければならない問題は数多くある．地球の空間と資源は有限であるので，世界中の人々が持続的な発展を実現するためには，限られた資源を有効に活用することが求められる．また，世界中の人々が平和で自律した暮らしを営むためには，お互いが多様性を尊重し合って共生することが求められる．このような世界を実現するために，地理学は重要な役割を演じるのである．

「シリーズ地誌トピックス」は，世界を地理学的に展望し，具体的な地域像を描くことを目的として企画された．第 2 巻『ローカリゼーション　地域へのこだわり』では，ローカルな資源，空間，人間関係を活用し，地域にこだわって生活する人々を，そして地域の特徴や課題を，ローカルスケールの枠組みにおいて検討する．そして，グローバリゼーションの影響を受けながらも，それとは対極をなすローカルな地域像を描き出す．従来，地理学者はローカルスケールの地域研究を得意とし，研究を蓄積してきた．ローカルスケールの地域現象をグローバリゼーションと結びつけることによって，理解をさらに深めることができる．

本書を構成する 12 の章では，カナダのフランス系社会，日本の韓国系社会，観光拠点としてのシンガポール，イギリスのインナーシティとエスニック集団，東京の都市農業，オーストラリアの食肉産業，アメリカのグレートプレーンズ，フランスの農村，アマゾン河畔の伝統的生活，ルーマニアの山村，タイのエコツーリズム，アフリカの農村のテロリズムについて扱う．本書を通じて，世界の地誌と地理学に関する理解が深まるように期待している．最後に，朝倉書店編集部には，企画から刊行に至るまでたいへんにお世話になった．御礼申し上げます．

2018 年 1 月

編 者 一 同

目　次

1

ケベック—英語の大海に浮かぶフランス語の「島」—

半年にわたる冬が終わると，モノトーンだった街は徐々に色を取り戻す．日に日に暖かくなって迎える 6 月 24 日はケベックの守護聖人である洗礼者聖ヨハネの日であり，人々のケベックへのアイデンティティが最も感じられる一日である．ケベックは，英語が圧倒的に支配的な言語となった北アメリカにあってフランス語を中心とする社会であり続け，20 世紀末にはカナダからの分離・独立さえ現実味を帯びた．イギリス的な社会や制度を基盤に発展してきたカナダにあって，文化的・言語的・宗教的少数派であるケベックの人々はどのようにして生き残ってきたのだろうか．そして，何が彼らをカナダからの分離・独立を目指すまでに駆り立てたのだろうか．本章では，北アメリカの異彩といえるケベックの地域形成を検討し，さらに今日的課題を展望する．

1.1 カナダの言語状況

カナダはロシアに次ぐ世界第 2 位の国土面積を有し，東を大西洋，西を太平洋に面する大陸規模の国家である．南に隣接するアメリカ合衆国と同様に，大西洋を横断してきたヨーロッパ人によって，16 世紀以降に探検と入植・開発が東部から進められた．アメリカ合衆国では 2000 m 級の山々が連なるアパラチア山脈に阻まれて内陸部への進出に時間を要したのに対して，カナダでは五大湖までつながるセントローレンス川を利用することによって内陸部への進出が比較的容易であり，先住民の協力を得てセントローレンス川をさかのぼったフランス人探検家が現在のケベックの礎を築いた（図 1.1）．なお，フランス系カナダの地名をカタカナで表記するのは難しい．英語とフランス語とで発音やつづりが異なる地名が存在するからである．例えば，モントリオール（Montréal）は

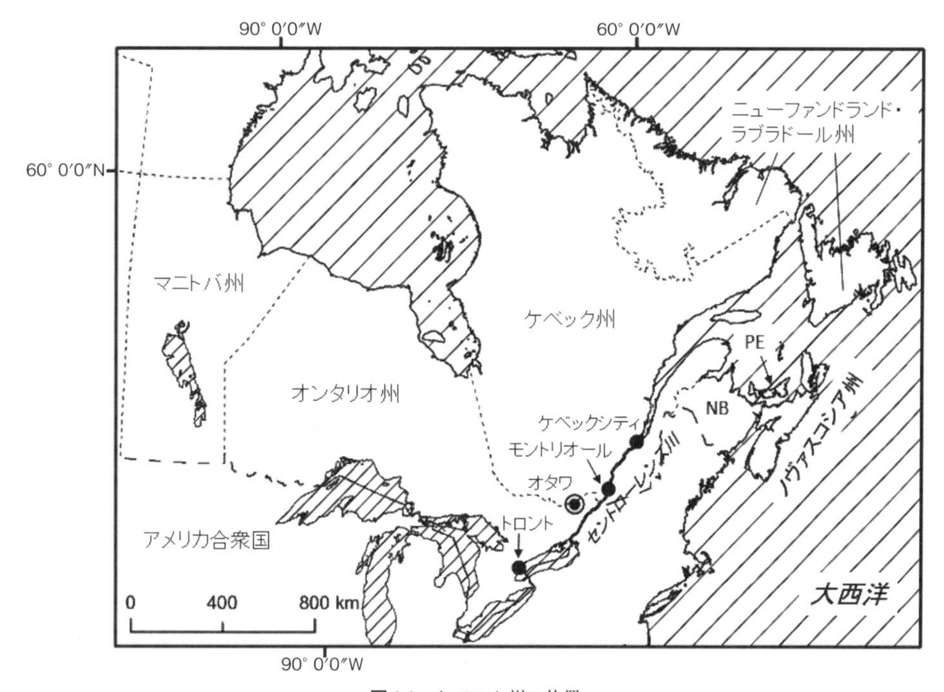

図 1.1　ケベック州の位置
NB：ニューブランズウィック州，PE：プリンスエドワードアイランド州．

英語の発音に従った表記であり，フランス語ではモンレアルとなる．同様に，セントローレンス川（St. Lawrence River）はサンローラン川（Fleuve Saint-Laurent）である．また，ケベック州の州都であるケベックシティ（Quebec City）は単にケベック（Québec）という．州名には定冠詞が必要であり，無冠詞で用いる都市名と区別可能だからである．しかし，本章では日本における通用の度合いを考慮し，地名の表記は慣例に従うこととする．

現在のカナダにおける言語状況を確認しておこう．表1.1は，国勢調査に基づいてカナダの州・準州における人口および住民の母語と公用語能力の割合を示したものである．カナダの国勢調査では，最初に習得し，かつ現在でも話すことのできる言語を母語として回答することが求められている．また，公用語能力は自己評価に基づく回答であり，能力の程度を示すものではない．さて，表1.1によると，ケベック州はオンタリオ州に次いで人口が多い州であり，そのほぼ8割がフランス語を母語とする人々（以下，フランス語話者）である．ただし，フランス語話者が住むのはケベック州だけではない．ニューブランズウィック州でも州人口の約3分の1がフランス語を母語とし，ケベックと異なる入植の歴史とアイデンティティを持つ．また，人口規模の大きいオンタリオ州ではその割合は約4%にすぎないが，実数ではニューブランズウィック州を凌駕する規模のフランス語話者が居住している．

一方で，ニューブランズウィック州やオンタリオ州では公用語能力を「フランス語のみ」とする人々は非常に少ない．また，ケベック州では半数が公用語能力を「フランス語のみ」と回答しているが，それでもフランス語を母語とする人口の割合からすれば小さい数字である．なぜそのようなことになるのかというと，フランス語話者には英語を習得して公用語能力を「英仏両語」と回答する人が多いからである．結果として，公用語能力を「英仏両語」とする人々はカナダ全土で17.9%にとどまる一方，フランス語話者が多いニューブランズウィック州では33.9%，ケベック州では44.5%の人々が公用語能力を「英仏両語」としている．このことは，カナダにおいて少数派であるフランス語話者が，多数派の言語である英語を習得して2言語話者になるという現象が，フランス語が英語と並ぶカナダの公用語となった現在でも見られることを意味している．ただ，裏を返せば，カナダのフランス語話者は英語を受け入れながらもフランス語を維持してきたともいえる．

表1.1　カナダ各州・準州の人口と住民の母語および公用語能力（2016年）

州・準州	人口（千人）	母語（%）			公用語能力（%）			
		英語	仏語	非公用語	英語のみ	仏語のみ	英仏両語	英仏どちらも話さず
ニューファンドランド・ラブラドール（NL）	520	97.2	0.5	2.3	94.8	0.0	5.0	0.2
プリンスエドワードアイランド（PE）	143	91.4	3.5	5.1	86.4	0.1	12.7	0.9
ノヴァスコシア（NS）	924	91.8	3.3	4.9	89.2	0.1	10.5	0.3
ニューブランズウィック（NB）	747	65.0	31.8	3.2	57.2	8.6	33.9	0.3
ケベック（QC）	8164	7.6	78.9	13.5	4.6	50.0	44.5	0.9
オンタリオ（ON）	13448	68.8	3.8	27.4	86.0	0.3	11.2	2.5
マニトバ（MB）	1278	73.2	3.3	23.5	90.0	0.1	8.6	1.3
サスカチュワン（SK）	1098	83.8	1.4	14.7	94.5	0.0	4.7	0.7
アルバータ（AB）	4067	76.0	1.8	22.1	91.9	0.1	6.6	1.5
ブリティッシュコロンビア（BC）	4648	70.5	1.3	28.2	89.8	0.0	6.8	3.3
ユーコン準州（YT）	36	83.4	4.5	12.1	85.6	0.2	13.8	0.4
ノースウエスト準州（NT）	42	78.3	2.9	18.8	89.1	0.1	10.3	0.5
ヌナヴト準州（NU）	36	31.5	1.7	66.8	89.8	0.2	4.3	5.7
カナダ	35152	57.3	21.1	21.6	68.3	11.9	17.9	1.9

（Census of Canada（2016）による）

注：複数回答が認められているが，単一回答にしめる割合のみを示した．なお，カナダ全土の単一回答率は97.6%である．ユーコン準州とヌナヴト準州の正式名称には準州（Territory）を付さなくなっているが，ここではわかりやすさを考慮して便宜的に準州という表記のままとした．

1.2 「大英帝国の長女」カナダの一員となったフランス植民地

フランス人による北アメリカ探検の嚆矢(こうし)となったのはジャック・カルティエである（写真1.1）．1534年，フランス北西部ブルターニュ地方の港町サンマロを出港したカルティエは，大西洋を横断してセントローレンス湾を探検し，翌年には先住民の協力を得てセントローレンス川をさかのぼった．続いて1608年にサミュエル・ド・シャンプランが現在のケベックシティに毛皮交易の拠点を建設し，本格的に植民地としての開発が始められるようになる．ケベックは先住民の言語で「川幅が急に狭くなるところ」を意味し，実際，ケベックシティは下流に向かって川幅が急に広くなる地点に位置している．さらに，1642年にポール・ショムデイ・ド・メゾヌーヴがカトリック布教の拠点としてヴィル・マリー（現在のモントリオール）を建設した．モントリオールはセントローレンス川とオタワ（ウタウエ）川が合流する地点に浮かぶ大きな中洲（モントリオール島）に位置し，19世紀初頭にケベックシティ付近の航行の難所が解消されて以降，交通の要衝として大きく発展することになる．

ヌーヴェル・フランスと呼ばれたこの植民地が発展するのは，フランス本国でブルボン絶対王政が最盛期を迎え，国王直轄植民地とされた1663年以降のことである（細川，2017）．統治機構の整備とともに，領主制も整備された．船が重要な交通手段であったこの時代には川へのアクセスが

写真1.1 ジャック・カルティエ像（フランス・ブルターニュ地方サンマロ）（2012年3月，筆者撮影）

不可欠であり，それぞれの領地は一辺が川に面した細長い長方形に区画された．これをロングロットといい，フランス植民地時代を特徴付ける地割である（図1.2）．ロングロットが見られたのはセントローレンス川流域にとどまらず，フランス人が五大湖を経て進出したミシシッピ川流域にもその名残は見られる（Noble, 1992）．また，移民社会の常として入植者は男性が圧倒的に多かったが，フランス国王に渡航費や支度金を与えられた「国王の娘たち」の到来によって男女比が改善され，人口も増加した．そして，入植者の子孫は徐々に，フランス本国とは異なる「カナダ人」意識を芽生えさせていったとされる．しかし，北アメリカのフランス植民地はイギリスとの覇権争いに巻き込まれ，1759年にケベックシティが，翌1760年にモントリオールがそれぞれ陥落し，1763年のパリ条約によってヌーヴェル・フランスはイギリスに割譲され，ケベック植民地となった．

パリ条約によってイギリスの支配下に入ったとはいえ，フランス人入植者の多くはそのまま残り，一方でイギリスやニューイングランドからの入植者が増えたわけではなかった．イギリスは当初，フランス語話者の同化を目指したが，1774年になってケベック法を制定し，方針を大きく転換する．その背景には，南の13植民地における独立に向けた動きがあった．ケベック法ではフランス民法や領主制の存続，カトリック信仰の自由などが認められ，ケベック州において現在に至るまでフランス的諸制度が存続する原点となった．

しかし，直後に起こったアメリカ独立革命の影響はケベック植民地にも及んだ．すなわち，13植民地に居住していた人々の中で，イギリス王室に忠誠を誓うロイヤリストといわれる人々がケベック植民地に流入し，その言語人口構成を大きく変化させたのである．東部のノヴァスコシア植民地（現在の沿海諸州）に流入した人々を含めるとその数は6万を超え，近代史上初の大規模な政治亡命集団といわれる（木村，1999）．彼らは王室に忠誠を誓うといっても13植民地で芽生えた政治意識は持っており，議会の設置などを本国に要求した．そこで，イギリスは1791年に立憲法

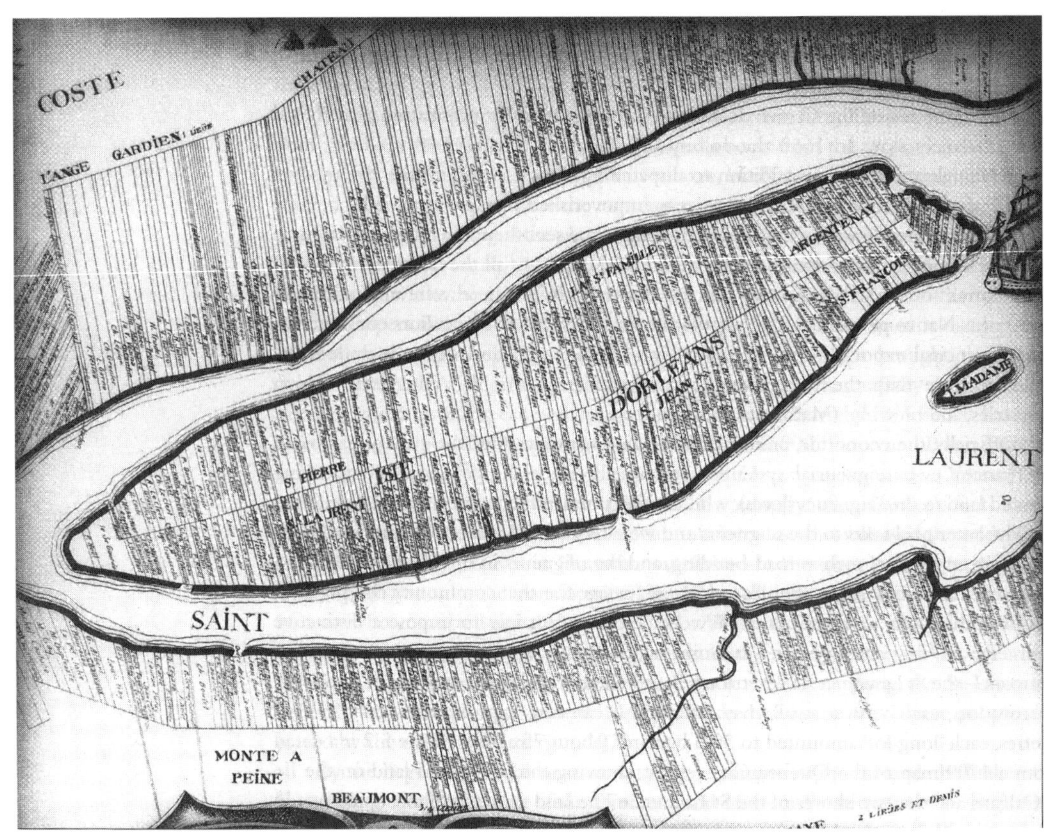

図 1.2　ヌーヴェル・フランス時代の地割（ケベックシティ郊外のオルレアン島付近）
Bibliothèque nationale de France 所蔵.

（カナダ法）を制定し，フランス語話者の多いセントローレンス川下流域をロワーカナダ（Lower Canada），ロイヤリストが多く住みついた上流域をアッパーカナダ（Upper Canada）として分割し，それぞれの植民地において議会設置を認めた．また，ロワーカナダではケベック法で保障されたフランス語話者の諸権利が維持された．ロワーカナダ植民地はケベック州，アッパーカナダ植民地はオンタリオ州の原型となり，のちに 1841 年の連合カナダ植民地発足に際して，それぞれ東カナダ，西カナダという名称になったものの，1867 年のカナダ連邦発足までしばしばロワーカナダ，アッパーカナダと呼ばれた．

1830 年代後半になると，立憲法に基づく植民地統治体制がほころびを見せるようになり，ロワーカナダではパピノー，アッパーカナダではマッケンジーを中心とする反乱が起こった．それを受けて，植民地の実情調査を実施した英領北アメリカ総督のダラム卿はいわゆる「ダラム報告」をイギリス議会に提出した．そして，その勧告に従い，連合法が制定されてロワーカナダとアッパーカナダは統合され，連合カナダ植民地が発足した．発足時点ではフランス語話者の人口がイギリス諸島系出身者の人口を上回っていたが，1851 年の調査でイギリス諸島系出身者がフランス語話者を上回った．なお，フランス語話者を「歴史も文学も持たぬ民族」と決めつけたダラム報告は，フランス系カナダでは屈辱の歴史として言及されることが多い．

しかし，連合カナダ植民地は政情が安定せず，首都も転々とするありさまであった．イギリス本国の自由貿易への転換を背景に互恵通商条約を結んでいたアメリカ合衆国で南北戦争が勃発すると，それに代わる市場が必要となり，連合カナダ植民地はそれまでほとんど交流のなかった沿海諸植民地との統合に活路を見出すことになった．1867 年，連合カナダ植民地，ノヴァスコシア植民地，ニューブランズウィック植民地が連邦制の自治植民地カナダを結成し（コンフェデレーション），新たに制定された英領北アメリカ法の下で，それぞれオンタリオ州，ケベック州，ノヴァスコシア州，ニューブランズウィック州として連邦を構成した．かくして，かつてのフランス植民地は「大英帝国の長女」たるカナダの1州となったわけである．なお，カナダが外交の権限を持つようになるのは第1次世界大戦後のことであり，自ら憲法改正の最終決定権を持つようになるのはじつに1982年のことである．

1.3　カナダの「二級市民」

コンフェデレーション以降のフランス語の地位を見てみよう．英領北アメリカ法（現在の1867年憲法）ではその133条において，連邦議会とケベック州議会，連邦が管轄する裁判所とケベック州が管轄する裁判所において英語とフランス語の使用が認められている．また，1927年に郵便切手，1934年には紙幣にそれぞれフランス語表記も見られるようになり，1959年には連邦下院において，1961年には上院において同時通訳が導入されるなど，連邦政府のレベルではフランス語の使用について一定の改善が見られてきた（Fortier, 1994）．とはいえ，1960年代までのカナダではフランス語の地位は低かった．特に，1890年にマニトバ州がフランス語を教授言語としていたカトリック系学校への公費支出を廃止したマニトバ学校問題を契機に，ケベック州以外の州でフランス語を教授言語とする教育が衰退し，とりわけオンタリオ州以西の州で英語への同化が進行した．多くの州でフランス語を教授言語とする公立学校が本格的に復活するのは，1982年憲法に組み込まれた「権利および自由に関するカナダ憲章」第23条において少数派言語教育権が認められて以降のことである．なお，カナダでは教育は州の権限であり，連邦には日本の文部科学省に相当する省庁が存在しない．

フランス語話者がつねに多数を占めてきたケベック州においても，フランス語の地位は低かった．1960年代までのケベック州では，フランス語話者はカトリック教会の強い影響力の下で暮らしていた．フランス語とカトリック信仰が，イギリスの支配下に入って以降のフランス語話者のアイデンティティの核であった．フランス系カナダでは10人以上の子どもを持つ家庭が少なくなく，中には20人もの子どもをもうける例もあったという．その結果，人口増加が著しく，「ゆりかごからの復讐」といわれた．大所帯の中で，長男は教育を与えられて聖職者などになる一方，父親とともに働いていた次男以下の息子たちは新たに農地を購入するなどして独立し，父親が引退する頃に一人前に成長する末の息子が父親の農地を相続するという末子相続が見られた地域もあった．

しかし，ケベック州は全体として寒冷である上，過去の氷河の侵食によって土壌のやせているカナダ楯状地が州の面積の6割以上を占め，農業に適した土地は限られていた．そこで，19世紀半ばになると人口圧の高い農村からニューイングランドの繊維工業都市への流出が目立つようになった．カナダ楯状地のサンジャン湖地方を舞台に20世紀初頭の開拓農村を描いた『白き処女地（Maria Chapdelaine）』（Hémon, 1916）には，ケベックを出てニューイングランドで働く男性から求婚された主人公マリアが真剣に悩む場面がある．この男性は比較的金銭に余裕があるように描かれており，開拓農村の厳しい暮らしに比べれば恵まれていたのであろう．とはいえ，ニューイングランドでフランス系カナダ人の地位が高かったわけでない．移住先の都市では工場周辺にリトル・カナダ（プチ・カナダ）が形成され，フランス語とカトリック信仰を中心とする生活が営まれた．1960年代に入ると急速に言語的同化が進行したが，例えばメイン州ルイストンには現在もフランス語でミサを行うカトリック教会がある．ちなみに，マリアの本命と目された男性は冬季に森に入って林業に従事し，不慮の事故でこの世を去る．厳寒の冬季に森の仕事をしたのは，春の雪解けを利用して木材を輸送していたからである．

もちろん，カナダ国内の産業化の進行も農村人口の都市への移動を促進した．彼らの行き先になったのはモントリオールであった．モントリオールには19世紀初頭以降，イギリス系商人が拠点を構え，彼らは毛皮交易で得た富をもとに様々な事業を展開した．例えば，1817年にはモントリオール銀行が設立され（写真1.2），カナダのアイビー・リーグとして国際的に知られるマギル大学は1821年の創立である．また，カナダの大手ビール会社であるモルソン（現モルソン・クアーズ）もこの時期から現在まで続く企業である．モントリオールの都市景観（写真1.3）を特徴付けるロワイヤル山（標高234 m）の南麓と西麓にはイギリス系商人が居住する高級住宅街が形成され，1851年のモントリオールではカナダ生まれを含めてイギリス諸島系の人口がフランス語話者を上回っていた（Courville, 2000）．その後，人口ではフランス語話者が多数を占めるようになるが，イギリス系が経済を支配した当時のモントリオールは，北米のパリではなく，大英帝国の海外領土を代表する都市であった．

写真1.2　モントリオール銀行旧本店（モントリオール旧市街）（2011年10月，筆者撮影）
後ろの左手に建つギリシア神殿風の建物がモントリオール銀行旧本店であり，一部は博物館となっている．なお，本社機能はトロントに移転している．手前に建つのはモントリオールを建設したメゾヌーヴの像である．

写真1.3　ロワイヤル山とダウンタウン（2004年10月，筆者撮影）
モントリオールのダウンタウンでは，ロワイヤル山の山頂を超える高さの建物を建てることができない．

周辺の農村からモントリオールへと流入したフランス語話者の多くは，風下となる東部の地区に居住し，現在でもその傾向は色濃く残っている（図1.3）．モントリオールでは南北に走るサンローラン大通りが東西を分けるメインストリートとして伝統的に認識されており，この通りよりも東側がフランス語話者の地区，西側がイギリス系ないし英語話者の地区であった．ロワイヤル山の東麓から東に広がるプラトー・モンロワイヤル地区は現在でこそ人気のある住宅街に変貌し，地価が高騰したが，元々はフランス語話者の労働者が居住する典型的な下町であり，モントリオールの風景の代名詞ともいえる外側に階段を設置した2階建てや3階建ての長屋建築は労働者の住宅であった（写真1.4）．一方，ロワイヤル山西麓のウエストマウントは現在でもカナダ有数の裕福な自治体であり，依然として英語話者が多数を占めている．また，サンローラン大通りを北上した地区には海外からの移民が多く暮らし，リトル・ポルトガルやリトル・イタリーなどが形成された．そして，1960年代までのモントリオールでは，フランス語話者が多数を占めるとはいっても，都心に立地する百貨店などは英語を用いるべき場所であった（Levine, 1990）．

モントリオールにおけるフランス語話者と英語話者との断絶は，1945年に発表されたヒュー・マクレナン（MacLennan）の小説の題名にちなんでしばしば「二つの孤独」といわれる．現在ではカナダ全土におけるフランス語話者と英語話者の断絶にも用いられるが，かつてのモントリオール，ひいてはケベック州における「二つの孤独」とは，単なる言語の違いにとどまらず，経済格差を伴うものであった．フランス語話者は，カナダはもとより，多数を占めるケベック州でさえ「二級市民」であった．20世紀半ばのケベック州では，モントリオールに居住するイギリス系が経済を支配する一方で，政治はカトリック教会と深く結びついた保守的な勢力が担っていた．実学的な教育は軽視され，教育を通じたフランス語話者の

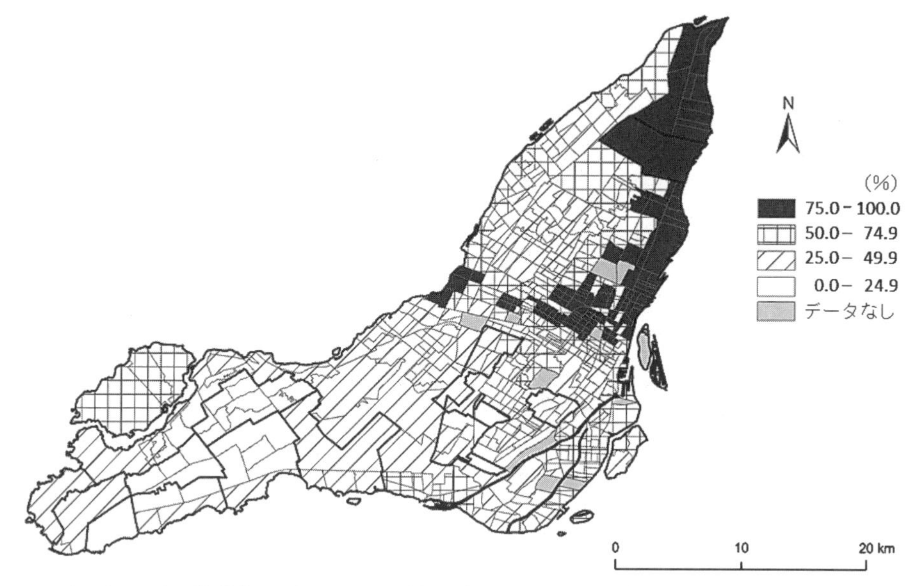

図 1.3 モントリオール島の統計区におけるフランス語を母語とする人口の割合（Census of Canada（2016）により作成）
太線は市町村界を示す．

経済的地位の上昇は望めなかった．1959 年に留学生としてケベックシティに滞在していた西本（1989）によれば，カナダのフランス語圏を代表する大学の一つであるラヴァル大学の図書館において，無神論とは無関係の書物まで閲覧が禁止されていたという．

1.4 「我が家の主人」を目指して

1959 年，長年にわたって政権を担ってきた州首相モーリス・デュプレシ（在任 1936～39 年，1944～59 年）が在任中に急死し，翌年に実施された州議会議員総選挙で自由党が勝利してジャン・ルサージュが州首相になると（在任 1960～66 年），のちに「静かな革命」といわれる政治・経済・社会の大改革が断行され，ケベック社会は大きく変化し始める．“Maître chez nous”（メートル・シェ・ヌ，「我が家の主人」の意）を標語に掲げ，例えば 1963 年に電力会社を州営化し，それまで英語話者の手中にあった経済の中枢をフランス語話者が取り戻し始めた．また，1964 年に教育省が設置され，それまでカトリック教会の強い影響下に置かれていた教育の近代化が進められた．そして，「静かな革命」が進行し，ケベックのフランス語話者が自信を取り戻していく中で，ルサージュ自由党政権の下で大臣を務めたルネ・レヴェックが中心となってケベック党が 1968 年に結成された．ケベック党は，日本語の文献ではしばしば「カナダからの分離・独立を目指す」と形容されるが，彼らが目指すのは正確にはケベックの主権獲得であり，フランス語でスーヴェラヌテ（souveraineté；主権）という．最近では英語でもそれに対応した表現が用いられる一方，英語で分離主義者（separatist）という表現が用いられる場合には往々にして主権主義者との対決姿勢をあらわにした印象を与える．

写真 1.4 外側に階段を設置した長屋建築
（2005 年 6 月，筆者撮影）

ケベック州でカナダからの独立をも視野に入れた勢力が台頭しつつある状況に対応して，連邦レベルでは「建国の二民族」の言語であるフランス語の地位を向上させる動きが見られた．具体的には，1963年に二言語・二文化主義調査委員会が発足し，カナダ全土を調査した．その結果，カナダにおけるフランス語の地位の低さが改めて明らかになり，1969年に英語とフランス語を公用語とする公用語法が制定された．1.1節で見たように，カナダでは言語によって地域を明確に区分することができない．そこで，公用語法では属地主義ではなく属人主義が採用され，連邦政府が管轄する公的サービスはカナダ全土において英語かフランス語のいずれか希望する言語で受けられることになった．また，民間企業であっても航空会社などのように公的性格の強い業種では2言語によるサービスの提供が求められ，一部の企業は本社の所在地も法律で定められている．

さて，カリスマ的指導者であった党首レヴェック自身も当初は落選を続けるなど，ケベック党の政権獲得への道のりは平坦ではなかった．しかし，1976年の州議会議員総選挙で勝利し，レヴェックが州首相に就任すると（在任1976〜85年），翌1977年にフランス語憲章（101号法）を制定した．この法律の内容は，屋外広告などにおける英語使用の規制やビジネスにおけるフランス語使用の促進など多岐にわたるが，大きな成果をあげたのは移民の子弟をフランス語を教授言語とする学校に通わせる規定である．ケベック州では古くから移民を受け入れてきたが，その多くはケベック州に住みながら，北アメリカの支配的な言語である英語を子弟に習得させることを望み，しばしば英語を教授言語とする学校に通学させてきた．その流れを断ち切る上でこの規定は非常に効果的であり，1980年代末には母語が英語でもフランス語でもない者の多くがフランス語を教授言語とする学校に通うようになった（Dickinson and Young, 2008）．一方で，ケベック党政権の誕生とその言語政策は，カナダ経済におけるモントリオールの地位の低下と相まって，州内に居住する英語話者の州外への転出を促進する一因となった．

ケベック党が目指す主権獲得は1980年の州民投票で最初の山場を迎えるが，このときは賛成が40％の支持しか得られず，一度はブレーキがかかった．当時の連邦首相は1971年に多文化主義の導入を宣言したピエール・エリオット・トルドー（在任1968〜79年，1980〜84年）であった．トルドーはケベック州出身のフランス語話者であったが，主権獲得はもとより，ケベック州を特別扱いすることもなかった．トルドー政権の下，カナダは1982年に新たな憲法的法律（1982年憲法）を制定し，それまでイギリス議会に残されていた憲法改廃権の移管をも実現したが，ケベック州は1982年憲法の批准を拒否した．しかし，1985年の州議会議員総選挙でケベック党に代わってケベック自由党が政権を奪回し，9年ぶりに州首相に復帰したロベール・ブラサ（在任1970〜76年，1985〜94年）は，英語話者ではあるがやはりケベック州出身で1984年に進歩保守党（当時）を率いて連邦首相となったブライアン・マルルーニー（在任1984〜93年）と協調して関係正常化を模索した．その結果，ケベック州が「独自の社会」であることを認めることを含む憲法改正案（ミーチ湖協定）が1987年に合意された．ところが，一部の州が批准を拒否し，ミーチ湖協定は1990年に失効した．ミーチ湖協定の批准失敗もまた，ケベック州のフランス語話者には屈辱の歴史として記憶される事件となり，マルルーニー政権で閣僚を務めていたルシアン・ブシャールは，それに反発してケベックの主権獲得を目指す連邦政党としてケベック連合を結党した．ミーチ湖協定の批准が失敗に終わってからも憲法改正の試みは続けられ，1992年にシャーロットタウン協定が成立するが，今度は国民投票で否決された．

翌1993年に実施された連邦下院議員総選挙はカナダの政治風景を一変させた．政権与党だった進歩保守党は，北米自由貿易協定（NAFTA）の締結や一般消費税の導入が不人気であり，わずか2議席の獲得にとどまるという壊滅的敗北を喫した．代わって自由党が政権復帰を果たし，ケベック州出身のフランス語話者で，トルドー政権で閣僚を務めたジャン・クレティエン（在任1993〜2003年）が首相に就任した．ケベック連合は，ケベック州のみで候補を擁立したにもかかわらず，54議席を獲得して野党第一党となった．進歩保守党では，ケベック州出身のフランス語話者であるジャン・シャレーが1995年に党首となった．この時期に，新民主党を除く連邦議会の主要政党の党首がケベック州選出議員ばかりだったのは皮肉な話である．なお，シャレーはのちにケベック州議会議員に転じ，長く州首相を務めることになる（在任2003～12年）．

ケベック州では，1994年に実施された州議会議員総選挙でケベック党が政権に返り咲き，主権主義の強硬派ジャック・パリゾーが州首相に就任した（在任1994～96年）．そしてパリゾーはブシャールとともにケベック世論を盛り上げ，1995年10月30日に2回目となる主権主義の是非を問う州民投票を実施した．このときは大接戦となり，クレティエンはシャレーとともに反対派の先頭に立ち，カナダ全土を巻き込んでなりふりかまわぬ姿勢で反対運動を指揮した．投票日直前の10月27日にはカナダ各地からモントリオールに集まった人々が反対を強く訴える「ラブ・イン」と呼ばれる大規模な集会を開催したが，逆効果になった可能性もある．結果は，賛成49.4%，反対50.6%という僅差で再び反対派の勝利に終わった．パリゾーは結果が判明した直後の演説で，「金とエスニック票」が結果を左右したと決めつけた．たしかに英語話者と移民はケベック党を支持しない傾向が強いとはいえ，フランス語話者が賛成一色だったわけではなく，家族内で意見が異なる場合さえあった．

その後，ケベック党は2003年の州議会議員総選挙に敗れて下野し，2012年に少数与党ながら政権を奪回するも，2014年に再び下野した．ケベック連合は2000年代を通じて連邦政治で一定の存在感を示したが，2011年の連邦下院議員総選挙で壊滅的敗北を喫し，さらに2015年の選挙でも党勢を回復することはなかった．このように，2000年代に入って少なくとも政治的にはケベック州の分離・独立の動きは沈静化している．また，ケベック党は支持者の高齢化が指摘され，若年層や移民への支持拡大が課題となっている．

1.5　これからのケベック

これまで見てきたように，特に1960年代以降のケベックをめぐる動きはまさに激動であった．カナダからの独立は見果てぬ夢のままとはいえ，州の権限の強いカナダにおいてケベックは「国」に近い状況にある（写真1.5）．かつてケベック州の経済を支配した英語話者はもはや特権階級として捉えることはできず（Bourhis, 2012），フランス語話者が「我が家の主人」になったかのように見える．

「静かな革命」の過程でケベック州のフランス語話者はケベック州という地域と結びついたケベコワ・アイデンティティを発達させ，それまでの伝統的なフランス系カナダ人というアイデンティティから一線を画すようになった．もっとも，沿海諸州に居住するフランス系カナダ人は，イギリスとの植民地抗争の過程で起こった1755年の入植地追放事件という歴史的経験を背景に，1880年代にはすでにアカディアンという独自のアイデンティティを確立していた（太田，1988）．一方，オンタリオ州以西のフランス系カナダ人はケベック州から移住していった人々の子孫であり，地域独自のアイデンティティを持たなかった．ケベコワ・アイデンティティの出現は，オンタリオ州のフランス語話者を意味するフランコ・オンタリア

写真1.5　オンタリオ・ケベック州境（オンタリオ州417号線からケベック州40号線に入る地点）（2016年8月，筆者撮影）
カナダにおいて主要道路が州境をまたぐ地点には，標識のほかにそれぞれの州旗が掲げられることがあるが，多くは右の路肩に設置されている．中央分離帯にひときわ目立つように州旗を掲げるのはケベック州の特徴であり，まるで「国境」のようである．

ンなどのように，地域と結びついたアイデンティティの発達を促進した．

しかし，そもそもケベコワとは誰なのかというと，必ずしも明確ではない．文字どおりにはケベック州に居住する人々を指すはずであるが，一般にはフランス語話者が想定され，かつフランス植民地時代から代々居住する白人のフランス語話者を念頭に使われる傾向にある．ケベックに限らず，フランス系カナダは少数の家族から発展したため姓に特徴があり，フランス系カナダの家系か否かは姓によって容易に判断できる．もちろん，例えばアイルランド系の姓であっても数世代前に言語的に同化している場合もあり，出自よりもフランス語話者であることが重要かもしれない．しかし，フランス語話者であっても，非ヨーロッパ系の移民がケベコワになれるのかというと，そこにはまだ一定の線引きがあるように感じられる．これまではあまり目立たない問題であったが，2000 年代に入って移民の宗教的実践や男女の厳格な区別が問題視されるようになり，クローズアップされつつある．

移民の宗教的実践や男女の厳格な区別が問題視されるのは，脱宗教化と男女平等が「静かな革命」を経たケベックで重要な価値観となったことが背景にある．例えば，従来のフランス語では男性名詞のみしか存在しない医師や大学教授，市長などの女性形を定着させたり，未婚女性の敬称・呼称であった「マドモワゼル」はごく若い女性以外には用いず，既婚・未婚を問わず「マダム」を用いるようになったりした．また，女性は結婚後も従来の姓をそのまま名乗ることになった（夫の姓を名乗るという選択はできない）．一方で，脱宗教化，すなわち大多数のフランス語話者にとってのカトリック教会からの「解放」は，人々の多様な生き方を肯定した反面，未婚者の増加や晩婚化などによって出生率の急激な低下をもたらし，ケベックでは少子高齢化が進行している．その克服には海外からの移民の受け入れも選択肢となるが，そこではフランス語を中心とする社会をどう維持するかという問題が影を落とす．移民にフランス語能力を期待するとフランス語圏である北アフリカからの移民が中心となる．結果としてムスリム人口の増加につながる可能性があるが，ケベックではムスリム女性のスカーフが女性抑圧の象徴であるという見方が根強い．そうした中で，公務員などが宗教的シンボルを身にまとうことを禁止しようとする動きがあり，論争が続いている．まるで「我が家の主人」がその座を追われるのを恐れているかのようである（大石，2016）．

しかし最近では，フランス語話者と英語話者，移民という多様な人々が集う最前線であるモントリオールを中心に，「静かな革命」の価値観からの脱却も垣間見える．例えば，フランス語憲章によって言語景観が厳しく規制される中で，モントリオールでは 2 言語による掛詞や言葉遊びが出現しており，これらの存在は多くの人が 2 言語を理解していることを示しているとして，1970 年代や 1980 年代と比較するとモントリオールにおける言語集団間の対立は緩和されているとの指摘がある（Lamarre, 2014）．また，言語集団間の通婚が進み，母語の異なる両親の下で育った若者を中心に，フランス語話者でも英語話者でもない 2 言語話者というアイデンティティの萌芽が指摘され，フランス語話者と英語話者という二分法からの脱却が求められている（Gérin-Lajoie, 2014；Valenti, 2014）．さらに，移民の多いモントリオールでは若い世代を中心に移民の文化的相違に理解があり，例えばムスリム女性のスカーフ着用にも比較的寛容であるとされる（O'Neill *et al*., 2015）．

「静かな革命」からすでに半世紀が過ぎ，ケベックは新しい時代の入り口で立ちすくんでいるように見える．世界的なサーカス集団シルク・ドゥ・ソレイユ（Cirque du Soléil）を生んだケベックに期待されるのはさらなる文化産業の発展だろう．「静かな革命」の遺産を継承しつつ，多様性を力に変えて新たな創造に向かっていくのだろうか．今後の動向が注目される．　〔**大石太郎**〕

引用文献

大石太郎（2016）：ホスト社会としてのケベックのディレンマ―「ケベックの価値」憲章をめぐる論争から―．世界と日本の移民エスニック集団とホスト社会―日本社会の多文化化に向けたエスニック・コンフリクト研究―（山下清海 編），pp.175-199，明石書店．
太田和子（1988）：アカディアンのエスニシティと民族間関係―ニューブランズウィックでの調査より―．カナダ民族文化の研究－多文化主義とエスニシティ―（綾部恒雄 編），pp.59-96，刀水書房．
木村和男 編（1999）：〈世界各国史シリーズ 23〉カナダ史，山川出版社．
西本晃二（1989）：はしがき．現代ケベック―北米のフランス系文化―（長部重康・西本晃二・樋口陽一 編），pp.i-ix，勁草書房．
細川道久 編（2017）：〈エリアスタディーズ 156〉カナダの歴史を知るための 50 章，明石書店．
Bourhis, R. Y. ed. (2012)：*Decline and Prospects of the English-Speaking Communities of Quebec*, Canadian Heritage.
Courville, S. (2000)：*Le Québec：Genèses et mutations du territoire*, Presses de l'Université Laval.
Dickinson, J., and Young, B. (2008)：*A Short History of Quebec, 4th ed.*, McGill-Queen's University Press.
Fortier, D. (1994)：Official languages policies in Canada：a quiet revolution. *International Journal of the Sociology of Language*, **105/106**：69-97.
Gérin-Lajoie, D. (2014)：Identité et sentiment d'appartenance chez les jeunes anglophones de Montréal. *Recherches sociographiques*, **55**：467-484.
Hémon, L. (1916)：*Maria Chapdelaine：récit du Canada français*, J. A. LeFebvre［山内義雄 訳（1954）：白き処女地，新潮社］.
Lamarre, P. (2014)：Bilingual winks and bilingual word-play in Montreal's linguistic landscape. *International Journal of the Sociology of Language*, **228**：131-151.
Levine, M. V. (1990)：*The Reconquest of Montreal：Language Policy and Social Change in a Bilingual City*, Temple University Press.
MacLennan, H. (1945)：*Two Solitudes*, Duell, Sloan and Pearce.
Noble, A. G. ed. (1992)：*To Build in a New Land：Ethnic Landscapes in North America*, The Johns Hopkins University Press.
O'Neill, B., Gidengil, E., Côte, C., and Young, L. (2015)：Freedom of religion, women's agency, and banning the face veil：the role of feminist beliefs in shaping women's opinion. *Ethnic and Racial Studies*, **38**：1886-1901.
Valenti, E. (2014)："Nous autres c'est toujours bilingue anyways"：code-switching and linguistic displacement among bilingual Montréal students. *American Review of Canadian Studies*, **44**：279-292.

【「天国に一番近い島」の選択】

日本では「天国に一番近い島」として知られるニューカレドニアは，フランスパンのように細長いグランドテール島（大島）といくつかの離島からなる．グランドテール島には 1500 m 級の脊梁山脈が走り，貿易風が山脈にぶつかって東海岸に多くの雨を降らせる一方，首都ヌメアの立地する西海岸は雨が少なく，快適な気候である．フランスによる支配が始まった当初は流刑植民地であったが，1864 年にニッケルが発見されると鉱山労働者がフランス領インドシナやオランダの支配下にあったジャワ島などから集められた．日本からも 1918 年までに 5000 人以上が契約移民として渡航し，一部は契約期間が満了した後も留まって商業や農業，漁業など様々な産業でニューカレドニアの発展に寄与した．そして，カナックと総称されるメラネシア系の先住民はもちろん，入植者の子孫を中心にヨーロッパ系の白人も多い．同じ南太平洋のフランス領でも，フランス領ポリネシアでは先住民の割合が高いのに対して，ニューカレドニアは様々な先祖を持つ人々が暮らす多文化社会である．

現在のニューカレドニアは，依然としてフランスの支配下にはあるものの，制度的にはすでにフランスの「海外領土」ではなく，「高度な自治をもつ特別な共同体」となっている．先住民を中心にフランスからの独立を目指す運動が活発になり，フランス政府が権限委譲を進めたからである．フランス政府を代表する高等弁務官とは別にニューカレドニア政府があり，前者が「国家」と表現されるのに対して，後者は「政府」と表現され，後者の最高指導者は「大統領」である．そして，1998 年に成立したヌメア協定に基づいて，2018 年までに「完全な独立」をめぐる住民投票が実施されることになっており，準備が進められている．白人も含めて「カレドニア人」意識が強まる一方，仮に独立しても島嶼（とうしょ）国としての将来は明るいばかりではない．選択のときは，刻一刻と近づいている．

2

日本における韓国

「日本における韓国（または朝鮮）」と聞いて何を思い浮かべるだろうか．韓国の食文化，例えばキムチは，日本でもすっかりおなじみの食材となり，店舗で気軽に買い求められる．韓流ドラマやK-POPの芸能人，あるいはスポーツ選手をあげる人もいるだろう．近年は韓国からの観光客も増加し，街なかでハングルを目にする機会も多くなった．これらの文化的要素は，日本と韓国ないし朝鮮半島との越境的な交流を通じて定着したものであるが，その姿形は不変ではなく，様々なスケールの政治・経済・社会の影響を受けて変容し続けてきた．本章では，過去の交流・関係に加え，現在進行形で生じている新たな変化の様相にも焦点を当て，隣国の文化が日本で定着・変容していく過程を考えたい．

2.1 日本と朝鮮半島の関係

2.1.1 両地域の交流の足跡

日本と朝鮮半島との交流の歴史は長く，地名や史跡，あるいは寺院などにその痕跡を数多く見出すことができる．古代には大陸の文物が朝鮮半島を経由してもたらされたし，渡来人の中には古代の豪族の祖となった者もいた．7世紀には，朝鮮半島の動乱から逃れた官僚が律令国家の形成に大きな役割を果たしたほか，各所に移住・入植した人々の存在は律令制度下で設置された渡来人に由来する郡の名称からもうかがえる（代表的なものとして，摂津国の百済（くだら）郡，武蔵国の高麗（こま）郡など）．

16世紀末には，豊臣秀吉の朝鮮への侵出，いわゆる文禄・慶長の役（韓国では「壬申・丁酉の倭乱」と呼ぶ）の際に多数の朝鮮人陶工も連行され，一部は九州地方を中心に定着して各地で焼き物の革新的な技術をもたらした．例えば著名な磁器である有田焼・伊万里焼は，17世紀初頭の朝鮮人陶工・李参平が開祖とされ，佐賀県有田町にはその記念碑もある（写真2.1）．17世紀半ばには「柿右衛門様式」と呼ばれる絵付けが普及し，海外へも輸出された．折しも，中国大陸の明朝滅亡に伴う混乱の下，陶磁器を求めたオランダ東インド会社が有田焼をヨーロッパへともたらし，ドイツのマイセン窯などに影響を与えたとされる．このことはグローバルとローカルという2つのプロセスが相同的に進んだ事例として興味深い．

江戸時代には，鎖国された中にあっても朝鮮半島との交易は続けられた．また，室町時代に行われていた朝鮮通信使の来日も再開された．一行の姿は洛中洛外図屏風にも描かれたほか，岡山県牛窓町や三重県津市・鈴鹿市では，その衣装や踊りをまねたとも伝えられる「唐子踊り」「唐人踊り」が民俗芸能として受け継がれている．さらに現代でも，道中の宿所だった都市の一部では通信使を記念したお祭り・イベントが行われ，往時の華美な様子をうかがい知ることができる．

2.1.2 近代以降の人の移動

日朝間には近世以前から様々な形で人の移動や文化の交流があったが，やはり近代以降とは量的・質的な面，あるいは政治・社会構造的な面で異

写真2.1 李参平の記念碑（佐賀県西松浦郡有田町）
（2016年12月，筆者撮影）

なっている．明治時代には，留学生や行商の形で来日する者はあったがその数は少なく，日本に渡航する朝鮮人の数は韓国併合（1910年）に伴う植民地化を契機に顕著に増加する（図2.1）．この植民地期の移住者とその子孫が，今日「在日朝鮮人」（在日韓国・朝鮮人，在日コリアン）と呼ばれるエスニック・マイノリティを形成することになる．

韓国併合によって朝鮮半島は日本の領土となったが，ただし通常想起されるような「国内」になったわけではなく，「外地」（従来の日本領を「内地」と呼び表したこととの対比）という位置付けがなされた点には注意を要する．内地の労働市場や地域社会に対する影響への懸念から，政府は渡航証明制度に代表される移動管理体制を構築する一方で，植民地支配に由来する朝鮮農村の経済的疲弊がプッシュ要因となり，内地の朝鮮人数はコンスタントに増大していく．さらに，戦時体制の下で労働力不足が深刻化すると，炭鉱や土木工事現場に労働力を動員するための諸政策が採られ（強制的な動員も含む），1945年初頭の内地では実に200万人にのぼる朝鮮人が居住していた．

第2次世界大戦の終結後は，朝鮮半島への帰還によってその数は急減するが（図2.1），東アジアの不安定な政治・経済情勢の下，60万人前後が日本に留まることになる．戦後，韓国と北朝鮮（朝鮮民主主義人民共和国）との間で自由な往来は困難になったこともあり，1950年代末～1960年代の北朝鮮帰国運動による10万人弱の帰還者を除き，国際人口移動に伴う人口増減は目立たなかった．もちろん，この間に日韓・日朝間の移動が全く途絶えたわけではないが，日本では2世・3世の割合の高まりもあって定住外国人としての側面が明瞭になっていく．

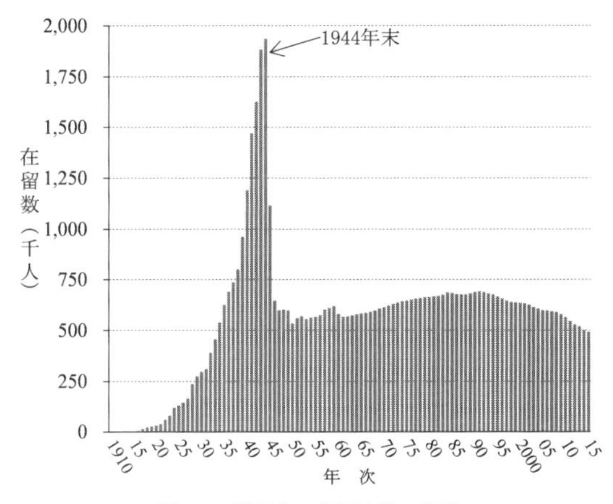

図2.1　朝鮮人・韓国人数の推移
1948年以降は「韓国」籍も含む．
樋口（2000）により作成．

その後，1980年代になると，在日朝鮮人の人口は帰化（日本国籍取得）や日本人との婚姻の増加を受けて漸減していく一方で，新たに韓国から来日する者が増え始める．かれらは，留学やビジネス目的の渡日者のほか，グローバル経済の浸透の中で高度人材として活躍する者によって構成されており，それ以前より居住する在日朝鮮人（＝「オールドカマー」）と区別する意味で，「ニューカマー」と呼ばれることもある．こうした移住者の変化は，2.4節でも言及するように，大都市の社会・空間に新たなインパクトをもたらしている．

以上を踏まえ，特に近代以降の「日本における韓国」に焦点を当て，時代を追ってその特徴を整理していきたい．

2.2　在日朝鮮人集住地域の形成・消滅・存続

2.2.1　第2次世界大戦前

1910年代から，日本国内（内地）の建設業や工場，あるいは鉱山などで低賃金労働に従事する朝鮮人が増え始めると，その中から定着に至る者も現れ，1920年代になるとかれらとの地縁・血縁ネットワークを活用した移住者も増加していく．その多くは六大都市（東京・横浜・名古屋・京都・大阪・神戸）を中心とする都市部に流入し，「不良住宅地区」と呼ばれた住環境の悪い地域や河川敷，被差別部落の近隣，さらには低賃金の職工を要する工場集積地域などに集住地区が形成され始める．

ここでは，京都市の事例を見てみよう．同市の在日朝鮮人の職業構成として，土木・雑業に加え，繊維工業（友禅染や西陣織が代表的）への集中が顕著であった（高野，2009）．例えば西陣織の製作工程における染料の蒸着やその後の水洗といった作業は，過酷な労働環境でありながら低賃金であり，非熟練である朝鮮人職工が数多く従事していた．こうした職工の多くは，地縁・血縁を頼って移住・就業しており，これら産業が集積する地域の近隣において集住が顕著になっていく．ここでは，「日本」の伝統文化の典型例と認知される織物に，朝鮮人が深く関わっていた点も注目されよう．

このように，戦前の在日朝鮮人は概して低賃金労働者で占められ，不安定な社会階層に身を置く者が多かった．しかしその一方で，集住地区の内部ではしばしば社会階層の分化が生じたことも見逃せない．階層上昇の主な形態は，土木工事の飯場頭や労働下宿主，あるいは工業における自営業者層としての独立であり，これらの中には相互扶助やコミュニティ内の結束を促進するリーダー的な役割を担う者も現れた（外村，2004）．

ただし，こうした階層分化は必ずしも各地の集住地区で広範に見られたわけではない．大阪市の事例を見ると，インナーシティの各地で朝鮮人人口の集中が見られたが（図 2.2），自営業者は市の東部および西南部に偏在していた（図 2.3）．とりわけ多くの自営業者が集中していたのが現在の生野区（図中の鶴橋）に相当する地域で，ゴム工業をはじめとする小・零細規模の工場に雇用者・被雇用者として従事していた．ここは，日本で最大の朝鮮人集住地区であるとともに，済州島（チェジュ）～大阪航路開設（1923 年）を契機に済州島出身者が多く住み着いた場所としてもよく知られている．ちなみに，1930 年代に創作された上方落語の「代書」という演目には，この地域にある代書屋（現在でいう行政書士）に渡航証明書作成の依頼に訪れた朝鮮人が，不慣れな日本語と済州島方言で会話するシーンが登場する（杉原，1998）．地域の日常生活の中に，文化的な違いやかれらの置かれた状況の一端が表出しており興味深い．

1940 年代には，大都市でも軍事施設や土木工事現場において動員による朝鮮人労働者が増加する．広島では，自由意志による移住者も含め，多くの朝鮮人が 1945 年の原爆によって亡くなった．2016 年 5 月にオバマ米大統領（当時）が広島平和公園

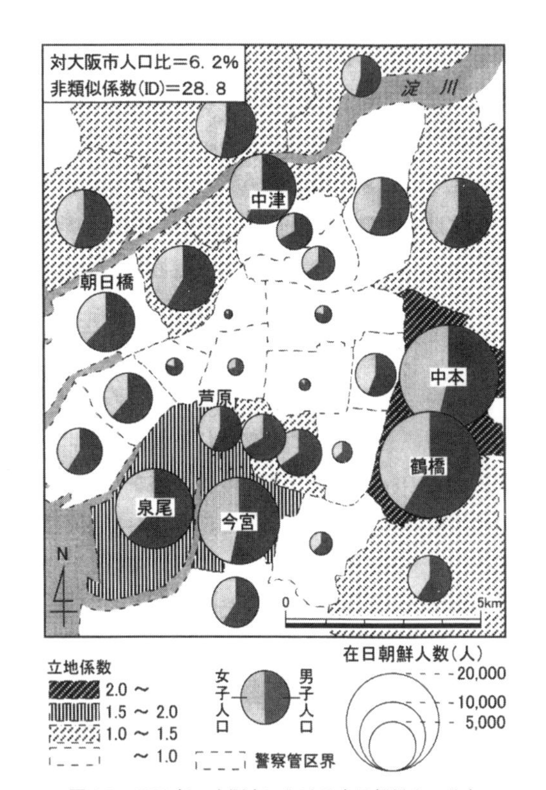

図 2.2　1938 年の大阪市における在日朝鮮人の分布
（出典　福本 拓（2004）：1920 年代から 1950 年代初頭の大阪市における在日朝鮮人集住地の変遷．人文地理，56（4）：154-169.）

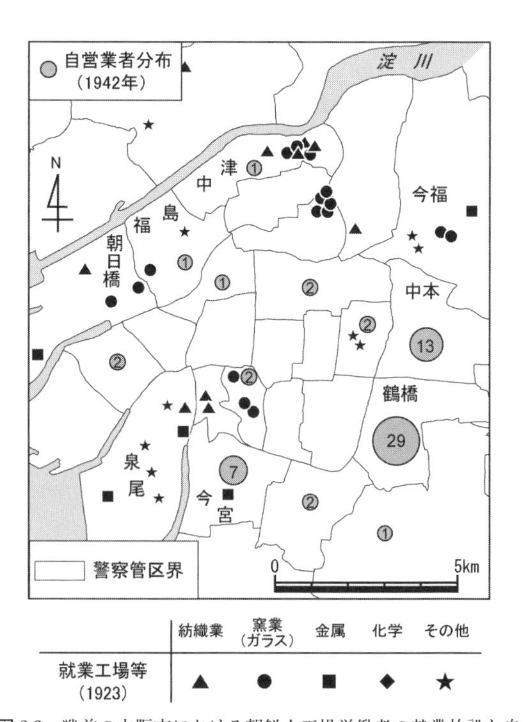

図 2.3　戦前の大阪市における朝鮮人工場労働者の就業施設と自営業者の分布
福本（2004）より．

を来訪して行ったスピーチでは，「10万人を超える日本の男性，女性，子ども，そして何千もの朝鮮人，12人のアメリカ人捕虜を悼むため…」と，朝鮮人被災者の存在にも言及されている．存命の被爆者の中にも朝鮮人が数多くいる事実は看過すべきでない．

2.2.2　第2次世界大戦後

第2次世界大戦での日本の「敗戦」は，朝鮮人にとって植民地支配からの「解放」であり，終戦と同時に故国への帰国熱が高揚した．強制的な動員の被害者のほか，内地で不安定な生活に苛まれていた人の多くが帰国した結果，朝鮮人数は大きく減少した（図2.1）．しかしその一方で，結果として約60万人の朝鮮人が在留を継続するに至る．帰国を躊躇させた要因としては，占領当局による貨幣の持ち出し制限のほか，南北の分断国家の成立や朝鮮戦争の勃発に伴う政治・経済情勢の混乱などがあげられる．帰国を目的とする人々が殺到した下関や博多では，やむなく留まることを選択した人々によって新たに集住地区が形成されることもあった．

このようなドラスティックな人口の変化は，戦前に形成されていた集住地区の分布にも大きな影響を及ぼした．戦前・戦後の大阪市の朝鮮人分布を示した図2.2と図2.4を比較すると，両時点間に東部と西南部を除く集住地区がおおかた消滅し，空間的パターンが大きく変わったことが看取できる．朝鮮人人口が急減した区（例えば朝日橋，泉尾）では空襲の被害が甚大で生活基盤への打撃が深刻であったのに対し，集住地区が存続した地域（例えば中本，鶴橋）では，自営業者の存在に代表されるように一定の生活基盤が形成され，また空襲の罹災程度も相対的に小さかった．換言すれば，前者では帰国以外の選択肢が乏しく，後者では帰国を阻害する要因が強く影響したと推測される．

日本に留まった朝鮮人は，東アジアの政治情勢の中で帰国も困難な状況に置かれた上に，ある意味では戦前以上の苦境を強いられることになった．ここでは，その背景として特に2つの点をあげたい．第一に，日本の植民地下で日本国籍を有していた在日朝鮮人が，1952年のサンフランシスコ平和条約の発効に際して日本国籍を「剥奪」されて「外国人」になったことが指摘できる．なお，現在も「韓国・朝鮮人」という名称が用いられるのは，戦後，国家への法的帰属が明確でない在留者がいったん「朝鮮」籍（地域名称を表す記号で国籍ではない）で外国人登録を義務付けられ，のちに「韓国」籍（大韓民国の国籍）への切り替えが進むことで，在日朝鮮人が「朝鮮」か「韓国」かのいずれかの「籍」を有するという経緯に由来する．さて，「韓国」「朝鮮」のいずれも，戦後日本において各種の公的社会保障制度が整備される中，国籍を事由に国民年金や国民保険，さらには公営住宅からも排除された（田中，1995）．法制度上の排除が，戦後も続く諸種の差別と相まって，在日朝鮮人の生活は一層厳しいものにならざるを得なかった．第二の影響は，韓国・北朝鮮という朝鮮半島における分断国家の成立に伴う影響である．2つの国家に対応した民族団体が結成され，互いに影響力を確保・伸長しようとした結果，在日朝鮮人コミュニティは長らく政治的対立

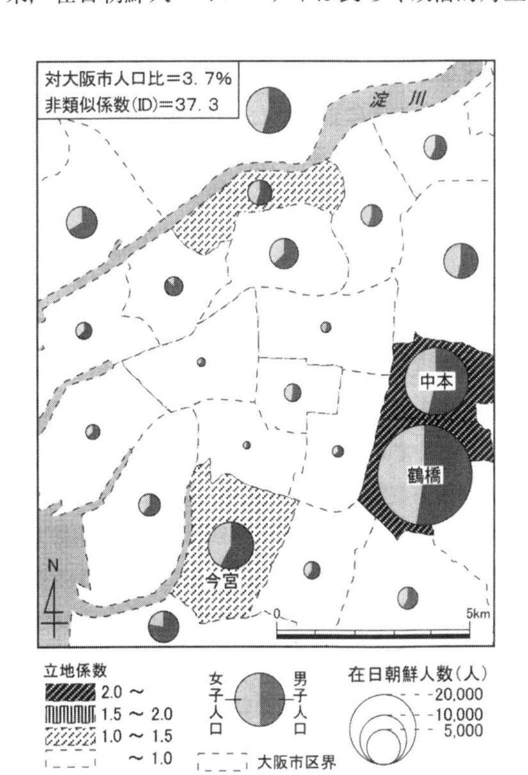

図2.4　1947年の大阪市における在日朝鮮人の分布
福本（2004）より．

によって全体としての結束を阻まれることになった．

第一の点について，公営住宅からの排除や住宅差別の結果，都市部では河川敷などの非居住地にバラックなどを建設して集住する形態も（戦前と同様に）頻繁に見られた．例えば福岡市の石堂川沿いにあったバラック（写真2.2）では，しばしば洪水に見舞われインフラストラクチャーも乏しい劣悪な住環境の下，零細規模の廃品回収や養豚業，あるいは日雇労働によってようやく糊口をしのぐ者によって占められた（島村，2010）．折しも，都市基盤整備のさなか，こうした密集住宅地は往々にして強制撤去の憂き目に遭ったが（写真2.3），場所によっては生きるための権利を求めて団結し，行政への抵抗や交渉を通じ移転交渉で一定の成果を勝ち取るケースも見られた．

一方で，在日朝鮮人の居住という点では，一部の集住地区において持ち家取得が進んだ点も指摘できる．その典型例が大阪市生野区で，特に集住の顕著な猪飼野地域では，戦前に大地主が建設していた借家の居住者が，個人で土地を購入して持ち家層に移行する動きが顕著に見られた（Fukumoto, 2013）．この背景には，地主による土地の処分のほか，後述する民族金融機関の融資や，自営業による資本形成といった要因があったことが指摘できる．むろん，賃貸住宅市場における差別・排除のゆえに，持ち家取得がかれらに残された数少ないオプションであった点も見逃せない．在日朝鮮人は，日本に留まる選択をしたとはいえ多くが不安定な社会経済的状況に置かれ，移動性が高いために「定住」したとはいえない側面も有していた．その中で，持ち家取得の進展は，その後の集住地区の存続にも寄与したという意味でも重要である．

第二の南北分断が典型的に表出したのは，韓国を支持する在日本大韓民国居留民団（韓国民団）と，北朝鮮を支持する在日本朝鮮人総聯合会（朝鮮総聯）という2つの民族団体の設立と，両者間の根深い対立である．そうした対立は，しばしば重大な政治的イシューに絡んで顕在化し，例えば1958年に始まった北朝鮮帰国運動では，韓国政府はもとより韓国民団も反対キャンペーンを展開し，新潟県韓国人会館では「行くな行かすな北朝鮮」「もう一度考へ直せ北送船」といった垂れ幕も掲げられた（在日韓人歴史資料館編，2008）．また，1965年の日韓基本条約締結の折，「韓国」籍にのみ永住権が付与されることになり，大阪市生野区の集住地区では，永住権の取得を促す韓国民団とそれに反対する朝鮮総聯の横断幕が，互いにすみ分けるように設置されたという（金，2003）．在日朝鮮人は，日本社会からの排除・差別のみならず，東アジアの政治情勢にも翻弄される存在でもあったことは見逃せない．

写真 2.2　福岡市・石堂川（御笠川）下流沿いのバラック街（1959年）
在日韓人資料館 編（2008）より．

写真 2.3　現在の石堂川（御笠川）下流沿岸
（2016年12月，筆者撮影）
国道3号線と，その上を福岡都市高速道路が通る．

2.3 在日朝鮮人の経済・文化

2.3.1 在日朝鮮人とエスニック経済

在日朝鮮人の経済的側面についていえば，就職を含む諸種の差別のために，日本社会で人的資本を蓄積して社会的上昇を果たす経路は大きく制約されていた．その中で，頼母子講(たのもし)といったインフォーマルなネットワークに基づく資金融通や，各民族団体を背景に設立された金融機関のバックアップの下，製造業やサービス業への集中と自営業者の割合の大きさを特徴とするエスニック経済が形成されたことも特筆できる．

製造業の代表例としては，大阪市生野区のヘップサンダルやプレス加工，大阪市西成区の金属ナット，神戸市長田区のケミカルシューズなどがあげられる．これらの業種では，やはり小・零細規模の工場が多くを占めており，また労働集約的な側面が強いことから国内移動や「密航」の形で労働者を吸引し，集住地区の存続に寄与した部分も認められる．特に1世・2世については，自営業者への集中度合が高く，また求職に際してエスニック・ネットワークが引き続き重要な役割を果たしていた．しかし，1970～80年代になると，産業構造の転換の影響や，2世・3世の日本の労働市場への参入により，こうした就業上の特徴は弱化の兆しを見せていく．

一方，自営業者の一部には事業を拡大したり経済的ニッチに参入し，大きな経済的成功を収める者も現れた．中には，菓子製造のロッテ，焼肉タレ製造のモランボン，パチンコホール経営のマルハン，運輸業のエムケイ（MKタクシー）など，日本で広く知られる企業にまで成長したものも枚挙にいとまがない．こうした起業を可能にした環境・条件について，一方では，反骨心や在日朝鮮人の文化的特徴，例えば儒教に由来する衣錦還郷（「故郷に錦を飾る」の意）の精神や本国への貢献意識を強調する研究もある．他方，韓（2010）は，在日朝鮮人内部で蓄積された経営情報の共有が新規市場への感度を高めるとともに，民族金融機関の融資・顧客開拓もあってそうした市場への参入が後押しされ，結果としてエスニック経済にダイナミズムがもたらされたと指摘している．

立地や景観の変化といった地理学的な観点では，特に後者のような，新たな市場を求めた起業行動が注目されよう．従来，集住地区と自営業者は空間的に重複して分布する傾向が明瞭だったが（Fukumoto, 2013），焼肉に代表される韓国料理店などでは，顧客をエスニック集団外に求めてターミナル駅周辺などに立地するものも増加した．エスニック集団内部に対する財・サービスの供給が，市場の飽和や衰退という状況に直面した際，エスニシティの商品化を通じて新たな展開を見せる事例として興味深い．

同じくエスニシティの商品化という点では，大阪市生野区・猪飼野のコリアタウンは最大の注目事例といえよう．ここでは，在日朝鮮人の集住を背景に，戦前から地元商店街に朝鮮人商店が進出・集中して「朝鮮市場」と呼ばれる場所が形成されていた．しかし，社会的上昇を果たした者や2世・3世の転出，さらには上述した製造業の衰退なども影響し，1980年代には商店街の退潮が懸念されるようになった．「生野コリアタウン構想」は，そうした状況に対する起爆剤として打ち出されたものの，当初は既存の商店主からの反対もあって計画は頓挫してしまう．しかし，1988年のソウルオリンピック開催を契機に日韓の友好ムードが高まり，1993年に行政や民族金融機関の支援も受ける形で街路やゲートが整備され（写真2.4），現在まで続くコリアタウンが形成されたのである（高，2011）．在日朝鮮人を含む地域住民の通う商店街から，外部から顧客が訪れる商業空間へと変容したわけだが，2.4節で詳述するように，その内部はニューカマーの増加もあって，現在もなお変化し続けていることも特筆できる．

2.3.2 在日朝鮮人の文化

戦後も続く制度的・社会的差別の存在により，日常生活やビジネスの場面で通名（日本式の姓名）を名乗らざるを得ないなど，在日朝鮮人はエスニシティを表出して生きることがなお困難な状況に置かれた．芸能界やスポーツ界でも，通名で活躍した人は多く，例えばプロレスラーの力道山は戦後の「日本人」のヒーローとして人気を博し

写真 2.4　大阪・生野コリアタウンのゲート
（2016 年 11 月，筆者撮影）

たのである．しかし，同化主義の圧力の下でも，家庭での食文化や習俗において，あるいは民族学校（コラム参照）などを通じて文化的特徴が存続・醸成されてきたし，地縁に基づく出身地とのつながりが維持されてきた過程も見逃せない．

こうした特徴は，とりわけ冠婚葬祭や宗教に色濃く残存している．結婚式は民族衣装で着飾るまたとない機会であったし，葬式も韓国の伝統的な様式で行われることが多かった．宗教に関していえば，朝鮮半島で主流であった，儒教文化に由来する祖先祭祀，およびシャーマニズム的要素を持つ民間信仰（巫俗）という 2 つの系統の併存が，在日朝鮮人についても見られる（飯田，2002）．前者は「チェサ」といい，主として家庭で年に数回程度行われるもので，頻度は低いが日本での一般的な法事と同様の性質を持つ．親族同士が同席して血縁の紐帯やエスニシティを意識・継承する場としても機能している．

これに対し後者は，女性を中心に浸透したもので，祈祷師が依頼を受けて「クッ」と呼ばれる儀礼を行うことを特徴とする．集住地区内の民家（生野区では「卍」を掲げた民家をしばしば見かける）や河川敷のバラックのほか，1920～50 年代に設立された生駒山・六甲山の朝鮮寺などが儀礼の場所となり，祈りが数日に及ぶこともあるという（写真 2.5）．世代が下って民間信仰に帰依する者が減少する中で，1 世の特に女性にとっては故国とのつながりや心の平安を求める貴重な場であり続けてきた．

写真 2.5　「クッ」の様子（大阪市都島区の「竜王宮」にて）
（出典　藤井幸之助・本岡拓哉 編（2011）：「龍王宮」の記憶を記録するために―済州島出身女性たちの祈りの場―，144p.，こりあんコミュニティ研究会）

写真 2.6　大阪市生野区の韓国大阪教会
（2016 年 11 月，筆者撮影）

以上のほか，韓国ではキリスト教を信仰する者の割合が約 3 割に及ぶことも反映し，集住地区には在日朝鮮人を信徒に抱える教会も見られる（写真 2.6）．キリスト教会は，信徒同士のネットワーク形成の場になっただけでなく，外国人登録制度における指紋押捺強制への反対闘争など，差別や人権侵害に抵抗する社会運動の拠点として日本社会と在日朝鮮人をつなぐ役割も果たしていた．

さらに，社会組織という点に関していえば，国家というスケールを前提とする民族団体だけでなく，例えば済州島出身者で特に顕著だが，出自の村（里）単位で多数の親睦会が形成されたこともあげられる（高，1998）．諸種の行事を通じて会員同士の相互扶助が図られるとともに，しばしば故郷への寄付も行われ，双方向的な情報のやり取りがあった．時には済州島から「密航」による渡日が行われるなど，国境に分断されながらも存続・復元する広域的な生活圏のあり様が看取できよう．朝鮮半島の政治情勢に翻弄されてきた経緯も含め，在日朝鮮人という存在には，日本社会に「定住」したマイノリティという図式だけでは捉えきれない部分があることにも注意したい．

2.4 ニューカマーの増加

1990年代以降のニューカマー増大の背景の一つとして，韓国・日本における出入国管理制度の改変があげられる．すなわち，韓国では1989年に海外渡航が自由化され，かたや日本では1990年に出入国管理及び難民認定法が改正施行されるという，両国の制度面の改変が同時期に生じた．韓国からの入国者については，日系人を中心とする「定住者」や中国・東南アジア出身が目立つ技能実習生は少なく，留学や就学，あるいはビジネス上の理由から来日する者が多かった．

ニューカマーのもたらした変化は，オールドカマーと合わせた「韓国」・「朝鮮」籍の人口分布にも現れている．1990年には，都道府県別に見た「韓国」・「朝鮮」籍数と全国に占める割合は，京都府3万9706人（7.0%），大阪府11万5929人（20.4%），兵庫県6万1044人（10.7%）とこれら3府県で4割近くになる一方，東京都は6万9706人（12.3%）にとどまる（国勢調査による）．しかし2010年の値を見ると，京都府2万4780人（5.9%），大阪府9万506人（21.4%），兵庫県4万979人（9.7%），東京都7万7223人（18.2%）と，東京都での人数・割合の増加が目立つ．1992～2014年の在留資格別の動向からも，これら4府県では「特別永住者」（オールドカマーとほぼ同義）が大きく減少した一方で，特に東京都ではニューカマーの割合が上昇傾向にあることが確認できる（図2.5）．東京は，1990年代以降国内で最も外国人が増加した「世界都市」であり，ニューカマー韓国人の増加はその文脈にも位置付けられ得る．

図2.6から，東京都特別区部の中でもJR山手線の西部，とりわけ新宿区は韓国・朝鮮籍の増加・集住が最も明瞭であり（荒川区は東京における最大のオールドカマー集住地区であったため割合が大きい），特にJR新大久保駅の東側には韓流グッズや韓国の化粧品の販売店が集積し，いつしかコリアタウンと呼ばれる商業地に変貌した．元々一定数のオールドカマーの居住も見られたが，こうした変化の過程には，1980年代後半以降のニューカマーの集住とその後のエスニック・ビジネスの展開が大きく関わっている．

1990年代，新宿区とその周辺では多数の日本語学校が設立され，低廉な家賃の木造低層アパートが残存していたこと，さらにアルバイト先の

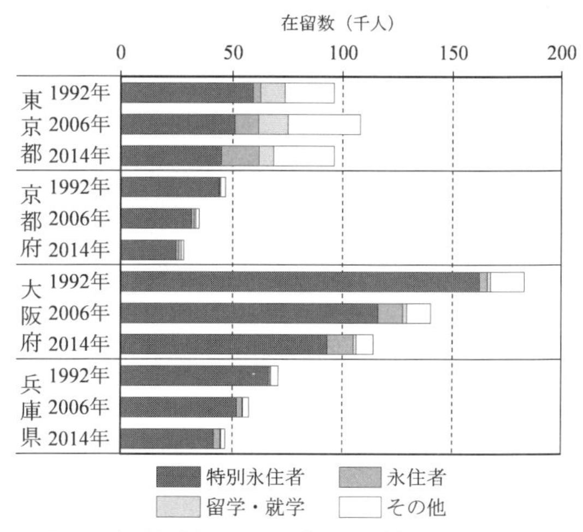

図2.5 主要都府県における「韓国」・「朝鮮」籍数の推移（在留資格別）

注：「留学」・「就学」は，2010年から「留学」に統合された．各年の『在留外国人統計』（旧『登録外国人統計』）により作成．

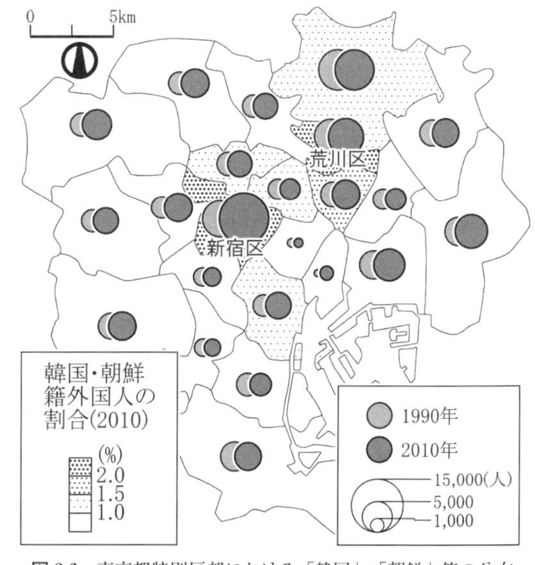

図2.6 東京都特別区部における「韓国」・「朝鮮」籍の分布（1990年・2010年）

各年の東京都総務局統計部の資料により作成．

サービス業が多くあったことで，就学生・留学生を中心に集住が進んだ．1993年の『在留外国人統計』でも，「韓国」・「朝鮮」籍の在留資格「就学」「留学」の合計1万9890人のうち，東京都は1万1192人（56.3%）を占めており，偏在の度合は非常に高い．1990～2000年代にかけては，バブル経済崩壊後の買い手市場の中で賃貸マンションへの入居も進み，居住者にも就学生・留学生だけでなく企業駐在員やビジネス経営者も目立つようになった（稲葉，2008）．こうしたニューカマー韓国人の増加は，かつての「朝鮮市場」と同様に，エスニックな財・サービスに関わる起業を促した．以前は韓国人を含め不動産市場において外国人は排除されがちだったが，しだいに賃貸住宅・テナントの顧客として存在感を増し，不動産業者も仲介に積極的になっていったとされる．

新宿区におけるニューカマーの集住地区は，2000年代になると，日本における韓国ドラマやK-POPの流行といった韓流ブームの影響下で，広範な市場，とりわけ日本人女性を対象としたビジネスが隆盛するという変化を見せる（写真2.7）．ソウルの繁華街明洞（ミョンドン）にも似た日本人観光客向けの商店の登場は，従来のニューカマー韓国人向けの市場が飽和する中で，韓流ブームに由来する消費ニーズを見越した起業者の戦略によって生じた（金，2016）．外部市場に進出したオールドカマーのビジネスと似た展開を見せており興味深い．ただし，ニューカマーを主体とするエスニック・ビジネスに関しては，参入と退出のサイクルがかなり早いという特徴も指摘できる．十分な利益が上がらなければ閉店の決断も早いが，次の店舗の開設までのスパンも短い．ビジネスの多くが小資本での参入が可能であることも影響していよう．

ニューカマーの集住やビジネスに関するこうした動向は，新宿区には及ばないが，オールドカマー主体の集住地区である大阪市生野区でも目立っている．前述したコリアタウンを例にあげると，元々地元の商店主が多いことから空店舗の供給量があまり多くなく，韓流ブーム全盛期には出店の順番待ちもあったとされる．そのため，コリアタウンの近隣に韓流グッズ店が孤立的に立地す

写真2.7　新宿区大久保の韓国系店舗（2016年3月，筆者撮影）

写真2.8　生野コリアタウン近隣の韓流グッズ店（2016年11月，筆者撮影）

る様子も見られ（写真2.8），エスニック・ビジネスの新たな動向として注目される．韓流ブームには退潮の兆しがあるとはいえ，観光地としてのPRやメディアへの露出も功を奏し，現在も客足が途絶えることはない．

ニューカマーの中には，生活の安定や滞在の長期化を通じ，「永住者」の在留資格へ移行する者も見られる（図2.5）．しかし同時に，観光に代表される短期の滞在者の存在も見逃せない．日本政府はインバウンド観光客の増大に注力しているが，2015年の外国人観光客1973万人のうち韓国は400万人にのぼり，中国の499万人に次ぐ2位の座を占める（日本政府観光局の統計による）．2005年に90日以内の滞在に関するビザ相互免除が実施されたことも功を奏し，2000年の年間100万人程度と比べると15年間でじつに4倍にもなった．

上陸地点別の新規入国者（およそ95%が90日以内のビザ無し滞在者で占められる）の分布を見

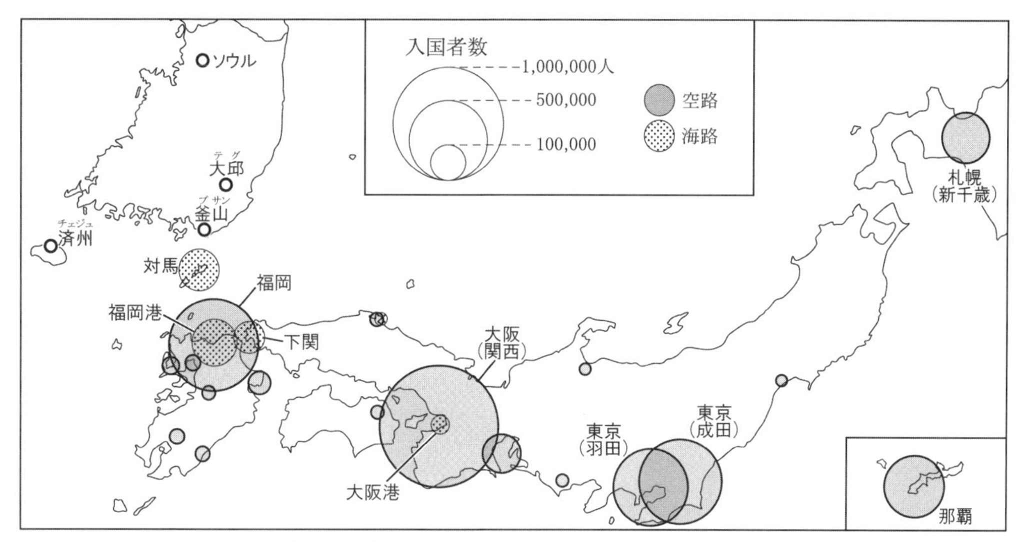

図 2.7 上陸地点別の韓国人新規入国者の分布（2015 年）
入国者数が 10000 人以上の空港・港湾のみを取り上げている．対馬の値は，厳原港・比田勝港の合計．
『出入国管理統計』により作成．

ると，東京・大阪といった大都市で多いが，特に大阪の値が成田・羽田の合計値をも上回っている点が特徴的である．これらに加え，国内観光でも集客力の高い札幌・沖縄，あるいは韓国に地理的に近接する九州地方（とりわけ福岡）で多くなっており，海路による入国者も 50 万人近くにのぼる（図 2.7）．こうした観光客・短期滞在客の動向には，フェリーや高速船のほか，LCC（格安航空会社）の台頭によって安価な移動手段が増え，より気軽に移動できる環境になったことが反映されていよう（表 2.1）．なお，九州北部では，福岡–釜山を核とする海運物流も取扱量を増しており，さらに，自動車産業クラスターでは韓国南部の工業地域からの部品供給も見られる．人の流動とあわせ，経済的な面でもつながりを増しており，今後のさらなる発展に期待が寄せられている．

表 2.1 日韓の主要都市間の国際線定期便（空路・海路）の週あたり便数（2015 年 2 月時点）

	空　路（括弧内は LCC の運行便数で，内数）				海　路
	ソウル [1]	釜　山	大　邱	済　州	釜　山
札　幌	28 (14)	8 (3)	0	0	—
東京（成田）	91 (21)	35 (7)	0	4 (0)	—
東京（羽田）	94 (3)	0	0	0	—
名古屋	42 (7)	7 (0)	0	0	—
大　阪 [2]	167 (89)	63 (49)	7 (7)	3 (0)	3
下　関	—	—	—	—	7
福　岡 [3]	84 (32)	49 (35)	0	0	24
那　覇	34 (26)	13 (6)	0	0	—

（国土交通省交通局の「国際線就航状況」およびフェリー・高速船運送会社の時刻表により作成）
直行便のみ．ただし，福岡～釜山の海路については，対馬経由も含む．
[1] 仁川国際空港と金浦国際空港の合算．[2] 関西国際空港と大阪港の合算．[3] 福岡国際空港と博多港の合算．

2.5　これからの「日本の中の韓国」

本章では，「日本における韓国」を，古代から現代まで圧縮して眺めてきた．振り返ると，どの時代も様々な形で交流があり，もたらされた文化も，存続するものがある一方で，諸スケールの政治・社会・経済の影響を受けて変容してきたことが確認できる．本章で言及した以外でも，近年のトピックとして，在日朝鮮人高齢者の福祉問題や観光客の増加に伴う韓国式民泊の出現，ワーキングホリデー制度，IT 産業における高度人材の急増など，より深く追究すべきものが多数あげられる．

ただ，日本と韓国（ないし朝鮮半島）との関係でいえば，近年は領土問題や歴史認識問題で双方に対する悪感情が高まる中，在日朝鮮人やニューカマーに向けたヘイトスピーチが大きな問題となっており，時にコリアタウンのような空間にも暗い影を落としている（2016 年 5 月にヘイトスピーチ規制法が成立した）．本章で見た，近年の人的・経済的流動の活性化に対する反動なのか，あるいは，過去の植民地主義を肯定したい感情なのだろうか．明らかなことは，日本と韓国との間には一言では到底表現できない相互関係の蓄積があり，また近年の交通・通信の発達が両地域の関係性を一層強めているという事実である．こうした結果の現れが，冒頭に述べた身近にある「日本の中の韓国」なのであり，まずはその由来を探っていくことが対立を乗り越えた相互理解にも結実していくだろう．〔福本　拓〕

引用文献

飯田剛史（2002）：在日コリアンの宗教と祭り―民族と宗教の社会学―，369p.，世界思想社.

稲葉佳子（2008）：オオクボ 都市の力―多文化空間のダイナミズム―，191p.，学芸出版社.

金 石範（2003）：曺智鉉写真集に寄せて―時代を超えた在日の歴史の証言―．曺智鉉写真集 猪飼野―追憶の1960年代―，pp.9-11，新幹社.

金 延景（2016）：東京都新宿区大久保地区における韓国系ビジネスの機能変容―経営者のエスニック戦略に着目して―．地理学評論，**89**（4）：166-182.

高 鮮徽（1998）：20世紀の滞日済州島人―その生活過程と意識―，397p.，明石書店.

高 賛侑（2011）：朝鮮市場からコリアタウンへ．ニッポン猪飼野ものがたり（上田正昭 監修・猪飼野の歴史と文化を考える会 編），pp.332-342，批評社.

在日韓人資料館 編（2008）：写真で見る在日コリアンの100年―在日韓人歴史資料館図録―，159p.，明石書店.

島村恭則（2010）：〈生きる方法〉の民俗誌―朝鮮系住民集住地域の民俗学的研究，321p.，関西学院大学出版会.

杉原 達（1998）：越境する民―近代大阪の朝鮮人史研究―，234p.，新幹社.

高野昭雄（2009）：近代都市の形成と在日朝鮮人，248p.，人文書院.

田中 宏（1995）：在日外国人 新版―法の壁，心の壁―，252p.，岩波書店.

外村 大（2004）：在日朝鮮人社会の歴史学的研究―形成・構造・変容―，503p.，緑蔭書房.

韓 載香（2010）：「在日企業」の産業経済史―その社会的基盤とダイナミズム―，432p.，名古屋大学出版会.

Fukumoto, T.（2013）：The persistence of the residential concentration of Koreans in Osaka from 1950 to 1980: Its relation to land transfers and home-work relationships. *Japanese Journal of Human Geography*, **65**（6）：15-33.

【朝鮮学校と地域社会】

2005年公開の映画「パッチギ！」（井筒和幸 監督）では，1960年代の京都の朝鮮高級学校（日本の高校に相当）が舞台となっている．ストーリーからは，主人公の日本人の男子高校生にとって，思いを寄せる在日朝鮮人女性の通う朝鮮学校が，日常生活からいかに縁遠い場所だったのかが伝わってくる．

第2次世界大戦の終結直後，戦前の皇民化教育の下では実施困難であった朝鮮の言語・文化教育を回復すべく，日本各地に多数の「国語教習所」が設立された．これが，現在の朝鮮学校のルーツとされる．その後，GHQによる学校閉鎖令など数多の苦難を乗り越え，文化の維持やコミュニティの結束に大きな役割を果たしてきた．近年は，高校スポーツの全国大会出場も話題になり（かつては出場資格がなかった），大阪朝鮮高級学校のラグビー部が花園に出場した際には，地元市役所に祝賀の垂れ幕も掲げられた．地域の人々にとっては，ある意味で「地元の」「普通の」学校である．在日朝鮮人社会では世代交代が進んで朝鮮学校の児童・生徒も多様化し，カリキュラムも，授業が朝鮮語で行われること以外はほとんど日本の学校と大差ない．近年は，授業公開やイベントの開放など，地域社会との接点を持つ機会も増えている．

写真 2.9　東大阪朝鮮第四初級学校（大阪市生野区）（2016年11月，筆者撮影）
コリアタウンの近隣に位置し，地元では「第四（チェーサー）」の略称でも呼ばれる．

2010年にいわゆる高校無償化が実施された際，外国人学校のほとんどが対象となる中，朝鮮学校は一括除外された．終戦から70年以上経ち，これを新たな苦難と捉えるだけで十分だろうか．在日朝鮮人と日本人との壁にパッチギ（「頭突き」の意）を見舞えるのは，若い世代をおいてほかにない．

3

外国人の集まる国際観光拠点シンガポール

観光産業は今や世界最大の産業にまで成長した．世界旅行ツーリズム協議会によると，2016年に観光産業はGDPの10.2%に貢献し，雇用の約10分の1を創出している．こうした情勢から多くの国や地域が観光を手段とした経済発展を目指しているが，その顕著な例がシンガポールである．シンガポールは，国家誕生時から観光を重要戦略に位置付け，国をあげての観光振興を進めてきた．その結果，現在では世界有数の国際観光拠点に発展した．本章では，シンガポールの観光に関する政策や資源・施設開発の展開に着目し，シンガポールの発展の歴史と地域的な特色を把握する．

3.1　国際観光拠点としてのシンガポール

東南アジアのマレー半島南端に位置するシンガポール共和国（以下，シンガポール）は，わずか719 km^{2}の東京23区よりも少し大きい程度の国土面積でありながら，観光やビジネスの面で大きな国際競争力を有する都市国家としての地位を築いている．2015年のシンガポールの人口は約560万人であるが，同年その3倍近くとなる1523万人もの外国人訪問客が観光やビジネスを目的に同国を訪れた（図3.1）．大陸別の外国人訪問客の内訳としては，東南アジア諸国からの来訪が最も多く約29%を占め，それ以降，北アジア，ヨーロッパ，南アジア，オセアニアと続く（図3.2）．国別では，インドネシア，中国，マレーシアからの外国人訪問客が特に多い．世界経済フォーラムが発表した「旅行・観光競争力レポート2015」によるランキングでは，シンガポールは世界141ヶ国中第11位であり，アジアでは日本に次ぐ第2位である．部門別では，ビジネス環境（1位），国際的開放性（1位），陸上と港湾のインフラ（2位），人的資源と労働市場（3位），観光・旅行の優先度（4位），空港のインフラストラクチャー（6位），安全・セキュリティ（8位），ICT（情報通信技術）への対応（10位）への評価が高い．

資源の乏しい小国であったシンガポールは，いかにして世界的に注目され，多くの外国人訪問客が訪れる国際的な観光拠点となったのであろう

図3.1　外国人訪問客数と観光総収入の推移（2000年以降）
シンガポール政府統計局の統計データにより作成．

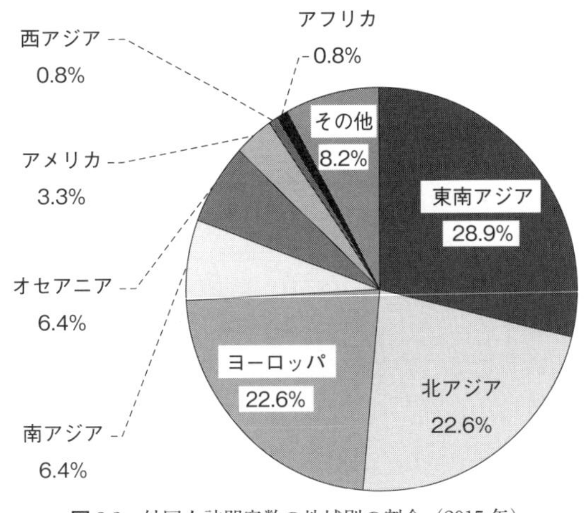

図 3.2 外国人訪問客数の地域別の割合（2015 年）
シンガポール政府統計局の統計データにより作成.

か？　地理的な側面では，アジアの中心部という地の利を活かして近隣諸国からの集客が可能であること，航空ネットワークから見て北半球とオーストラリアをつなぐ中継地点であること，が優位な点であろう．特にイギリスとオーストラリアは歴史的に深いつながりで結ばれており，現代でも両国を往来する空路の存在は重要である（内藤，1995）．そして言語的な側面では，シンガポールの民族構成は中華系 74%，マレー系 13%，インド系 9% であるため，これらと深い関係にある国々からの訪問客を呼び込みやすい．さらに，公用語を英語としながらも，様々な言語に対応できるという強みもある．このような地理的・言語的優位性は着目すべき重要な点であるが，それだけでは元々特別な資源や産業のなかったシンガポールが，世界有数の国際競争力を持つ都市国家となれた理由を説明するには不十分である．本章では，シンガポールの現在の主要な産業分野の一つである「観光」に着目し，それに関する政策や資源・施設開発の展開を見ることで，シンガポールの発展の歴史と地域的な特色について論じていく．

3.2　観光政策と観光開発の歴史

3.2.1　観光産業の始まりと初期の観光開発

イギリスによる植民地支配，日本軍による軍政支配，マレーシア連邦の一部としての過去を経て，シンガポールが国家として独立したのは 1965 年である．資源に乏しかったシンガポールは，国民の所得水準の向上や安定した生活獲得のため，積極的な外資の導入や外国人訪問客の誘致を国策として進めた．具体的には，工業団地の建設による外資系企業の誘致や，緑樹や公園整備による観光客の呼び込みである．独立当初は，増加する人口に対する雇用・失業対策として，工業や観光産業への投資が重点的に行われた．特に，労働集約型で多くの職業を必要とする観光産業は最適の選択であり，持続して成長するための効果的な政策あるいは成長戦略として位置づけられた（寺澤，2011）．1964 年には，まだマレーシア連邦の一部ではあったものの観光振興局（STPB：Singapore Tourist Promotion Board）が設立され，シンガポールの観光目的地としての魅力度向上のための様々な施策を実施するようになった．

初期の段階では，基本的なインフラストラクチャーの整備や観光資源の開発に重点が置かれた．例えば，ヒルトンなど 4 つの高級ホテルが都市部のオーチャード・ロードに建設された（図 3.3）．また，1967 年には，「ガーデン・シティ政策」が発表され，緑をテーマとした街づくりが始まり，緑地環境の観光資源としての整備が進展した．1970 年代に入ると郊外の観光資源開発が本格化した．この頃に開発された，ジュロン・バード・パーク，セントーサ島，シンガポール動物園は，現在でもシンガポールの主要な観光スポットである．また同時期には，国際会議や展示会などのビジネス・イベントがもたらす経済効果の大きさが注目されるようになった．

観光地ブランディングに関しては，まず観光振興局設立年の 1964 年に，マーライオンをマスコットとした広報・宣伝や土産物の開発が行われた．その後，対外的イメージの確立のため，1970 年に「インスタント・アジア」をキャッチフレーズとした観光地ブランドが開始され，多文化の体験を楽しめる休暇地としてのシンガポールが宣伝されるようになった．さらに，急速な都市開発が進む中で，1977 年には新たな観光地ブランドである「驚きのシンガポール（Surprising Singapore)」が開始され，グルメやショッピングの目

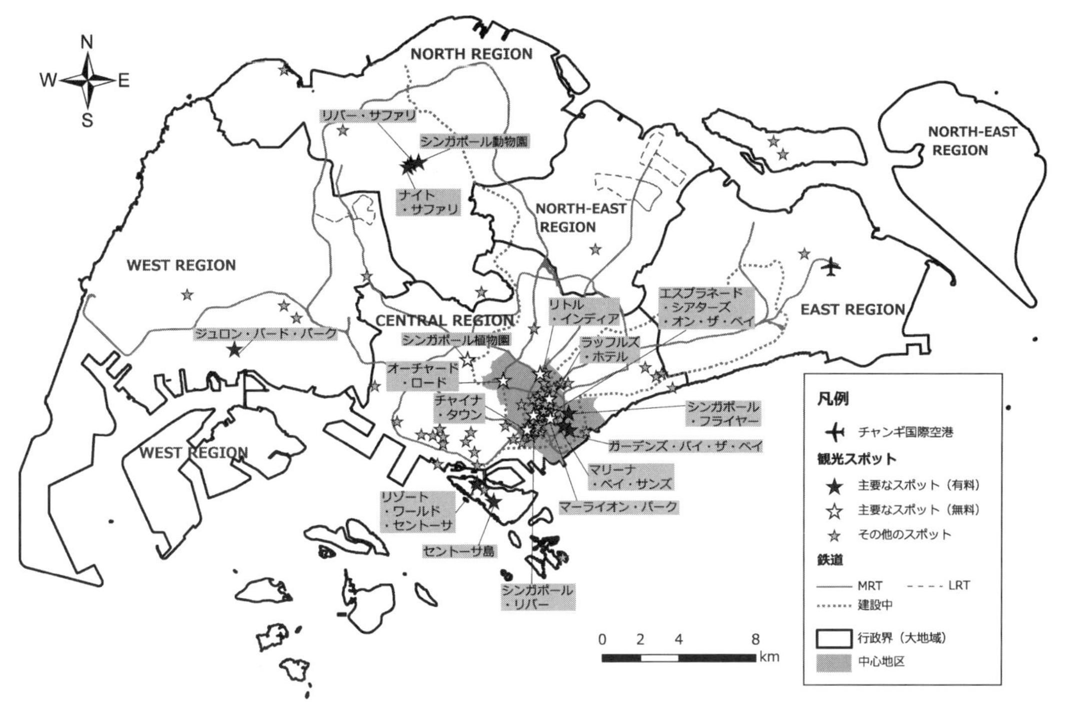

図 3.3 観光スポットの分布
シンガポール政府の公的データにより作成.

的地として，また，現代的な都市において多様でエキゾチックな体験を楽しめる場所としてのシンガポールが紹介されるようになった.

1965年の独立当初は，外国人訪問客数は10万人にすぎなかったが，1970年には58万人に，1980年には256万人へと大きく拡大した.

3.2.2 観光戦略の高度化とグローバル化時代への対応

1980年代は，都市開発による歴史的建物の消失が問題視されたことを受け，歴史的建物の保全と活用に重点が置かれた時期である．また，交通インフラストラクチャーの整備が大きく進展した時期でもあり，1981年のチャンギ国際空港の開業，1987年の地下鉄の開通など，諸外国および国内各所を結ぶ交通ネットワークが整備され，交流機能が飛躍的に向上した．1986年には，観光製品開発計画（Tourism Product Development Plan）という観光分野では初めてのマスタープランが発表された．これは，訪問客数，滞在日数，観光消費額の拡大を目標にした5ヶ年計画（1986～90年）であり，5つのテーマ（「エキゾチックな東洋」「植民地時代の遺産」「熱帯のアイランド・リゾート」「清潔で緑あふれるガーデン・シティ」「国際スポーツ・イベント」）ごとに観光資源の開発方針が定められている．施策の一部として，民族色の濃い地域と歴史的地区の保存と活用を進め，チャイナ・タウン，リトル・インディア，カンポン・グラムが誕生した．また，現在，人気の観光スポットとなっているボート・キーやクラーク・キーの再開発も行われた．観光製品開発計画の目標期間の最終年である1990年には，年間の外国人訪問客数が532万人となり，10年前の2倍以上を記録した.

1990年代は，グローバル化の進展やアジア諸国の経済発展に伴い，アジア太平洋地域における観光が活発化し，世界の観光・レジャー産業が急速に変化した時期である．そうした情勢の中，シンガポールは1996年に5年を期間とした観光のマスタープラン「ツーリズム21」を発表した．これは，6つの戦略（「観光がもつ意義の再定義」「観光製品の再開発」「産業としての観光の振興」「新たな観光空間の構築」「成功のためのパートナー提携」「観光の促進」）を通して，アジア太平洋地域における国際的な観光・ビジネス拠点としての地位を確立しようとする計画であり，2000年までに年間の外国人訪問客1000万人，観光総収入160億シンガポールドル（以下，Sドル）を達成することを目標に掲げている．また，外国人訪問客にとって魅力的であるだけでなく，シンガポール国民が誇りを持てるような都市を目指すことが標榜された．この期間に，観光資源の開発，企業のアジア本部の誘致，展示会の積極的誘致と会場の拡充などの施策が行われた．1995年には，20年続いた「驚きのシンガポール」のキャンペーンは「新しいアジア（New Asia)」に変更され，西洋と東洋のるつぼ，また，伝統と現代性の共存する場所としてのシンガポールが宣伝された．観光産業が経済成長の鍵として認識されるようになると，観光振興局は新たな役割を果たすために，1997年に組織名称を現在の観光局（STB：Singapore Tourism Board）へと変更した．なお，2000年の外国人訪問客数は過去最大の769万人となったが，ツーリズム21で掲げた目標には達成しなかった．また，観光総収入については，1995年の118億Sドルから逆に低下した．

3.2.3 国際観光拠点への成長

2000年以降は，都市間競争の激化，SARS（重症急性呼吸器症候群）集団発生や金融危機といった予測不能の事態など，シンガポールの観光産業にとって苦しい社会情勢が重なったが，大胆な戦略の展開によって大きく飛躍した時期でもある．2004年に発表された向こう10年間の観光マスタープランである「ツーリズム2015」では，2015年までに外国人訪問客数1700万人，観光収入300億Sドル，雇用者数25万人へ拡大することを目標とした．その達成のために20億Sドルの観光産業開発基金を立ち上げるとともに，ビジネス，レジャー，サービスの3つの重点分野におけるプログラムを策定した．

ビジネス分野では，アジアにおける先進的なMICE（マイス）開催拠点としてのシンガポールの地位をより強固なものにすべく，ソフトとハードの両面における強化策が実行された．これについては次節で詳しく述べる．レジャー分野では，2004年から観光局によって，「比類なきシンガポール（Uniquely Singapore)」という観光地ブランドが開始され，豊かで多様な文化と洗練された現代的要素がブレンドされたシンガポールの魅力が宣伝された．この6年後の2010年には，インターネットの台頭と個人旅行者の増加を受けて，訪問客個々人の体験を豊かで個性的なものにすることが観光マーケティングで重視されるようになり，新たに「あなたのシンガポール（Your Singapore)」という観光地ブランドが開始された．また，政府主導の大型プロジェクトとして，世界最大の観覧車であるシンガポール・フライヤーの建設，F1グランプリやユース・オリンピックといった大型イベントの誘致，統合型リゾートの導入（3.4節で詳述），大型植物園ガーデンズ・バイ・ザ・ベイの整備，国立競技場であるスポーツハブの建設などが行われた．サービス分野では，2003年から「シンガポール・メディシン」という10ヶ年計画の医療観光政策が行われた．世界的に高い評価を受けている医療制度を観光資源として活かし，政府の医療，経済，産業，観光の各分野の機関が連携して計画を推進し，アジアの医療ハブを実現するための取り組みである．2012年までに海外からの医療患者の数を100万人に，市場を30億Sドルに拡大させることを目標とした．

観光局は激化する観光分野の国際競争への対応のため，「ツーリズム2015」を補完する政策として，2012年に「ツーリズム・コンパス2020」を発表している．ここでは，高品質の観光を維持するための4つの指針として，「常に新しいオリジナルな観光」「既存施設の再興と再開発」「アジアの活力を取り込む」「能力向上を通じた国際競争力強化」を定めている．3番目の指針に関しては，クルーズ産業発展のためのインフラストラクチャー整備を進め，アジアの中心的な寄港地となることを目標とした．

「ツーリズム2015」や「ツーリズム・コンパス2020」に関連する施策の効果もあって，2000年以降の外国人訪問客数と観光総収入は，2000年には769万人と101億Sドルであったのが，2013年には1557万人と235億Sドルとなり，どちらも10

数年で2倍以上増加した（図3.1）．SARSの流行した2003年，金融危機のあった2009年に一時的な落ち込みを見せたものの，全体として増加傾向にある．特に，統合型リゾートのもたらしたインパクトは大きく，開業年の2010年から外国人訪問客数が4年連続で過去最高を記録し続けた（図3.1）．しかし，2013年に1557万人に到達した外国人訪問客数は，インドネシアと中国からの訪問客の大幅な減少を受けて，2014年には1510万人，2015年には1523万人と停滞した．これは，中国経済の失速，2013年に中国で施行された観光法の影響によるツアー価格の値上がり，2014年に相次いだマレーシア航空とエア・アジアの飛行機事故が原因だと推察される（本田，2016）．一方で，2015年にはクルーズやビジネス・イベントの分野においては成長を遂げた．

観光局の報告資料「Tourism Year in Review 2015」によると，2016年度以降は，経済成長の停滞，経済的不確実性，近隣諸国との競争を課題として認識しつつ，昨今のアジア太平洋地域における観光市場の成長，航空輸送の拡大，ビジネス・イベント開催のための強力な人的ネットワークの存在を機会と捉え，主にマーケティングの拡大，各産業の競争力強化，シンガポールの観光地としての魅力強化に取り組むという方針を打ち出している．

3.3　MICEに関わる政策と開発の展開

3.3.1　現在のMICEの状況

シンガポールにおける観光政策の柱の一つとなっているのが，MICEと呼ばれるビジネス・イベントの誘致である．MICEとは，Meeting（企業系ミーティング），Incentive Travel（報奨旅行），Convention（国際会議），Exhibition（展示会）の頭文字を組み合わせた略語である．MICEは開催都市へ，経済効果，イノベーションの促進，都市の認知度向上などの様々な波及効果をもたらすことから，世界中の都市において誘致政策が実施されており，年々競争が激しくなっている．現在のシンガポールでは，MICEは観光部門のビジネス分野と見なされているため，MICEに関する政策を主に担当するのは観光局内の展示会・コンベンション部（SECB：Singapore Exhibition & Convention Bureau）となっている．

観光局の観光統計に関する2015年の年次報告書によると，同年にビジネスあるいはMICE参加を目的としてシンガポールを訪れた人々は，外国人訪問客全体の20％を占める．ビジネス・イベントによる観光収入は48億Sドルとなり，これは観光総収入の22％に当たる．シンガポールのMICEの大きな特徴は国際会議の部門にある．2015年の国際会議開催件数でシンガポールは国別で世界第4位，都市別で世界第1位となり，今や世界的な国際会議開催都市としての地位を確立している．一方で，展示会部門については，2000年以降停滞しており，大型でブランド力のある展示会が減少している（寺澤，2011）．アジアの競合国である中国，韓国，日本，タイなどと比較して展示会の開催件数も多くない．

3.3.2　MICEのための基盤整備の歴史

MICE参加者は，一般の観光客よりも滞在日数が長く，消費額が高い傾向にあり，効率よく観光収入を増加させることが可能なことから，シンガポールでは1970年代はじめからMICEを重要な分野と見なすようになった．1971年から「東洋のコンベンション・センター」としてのシンガポールが標榜され，1974年にはコンベンション部（SCB：Singapore Convention Bureau）が観光振興局内に設置された．1977年には国際会議や展示会のための本格的な施設であるワールド・トレード・センターが開業し，また1979年にその分野の業界団体が設立され，ハードとソフトの両面からMICE振興のための基盤が整えられていった．

1980年代以降はMICE開催が可能な大型施設の開発が進められていった．1986年にはラッフルズ・シティが，1995年にマリーナ湾地区にサンテック・シンガポールが，1999年にチャンギ国際空港の近くにアジア最大級の展示場であるシンガポール・エキスポが建設され，大型イベントの誘致・開催がさらに促進された．「ツーリズム21」の展開していた時期である1996年には，コ

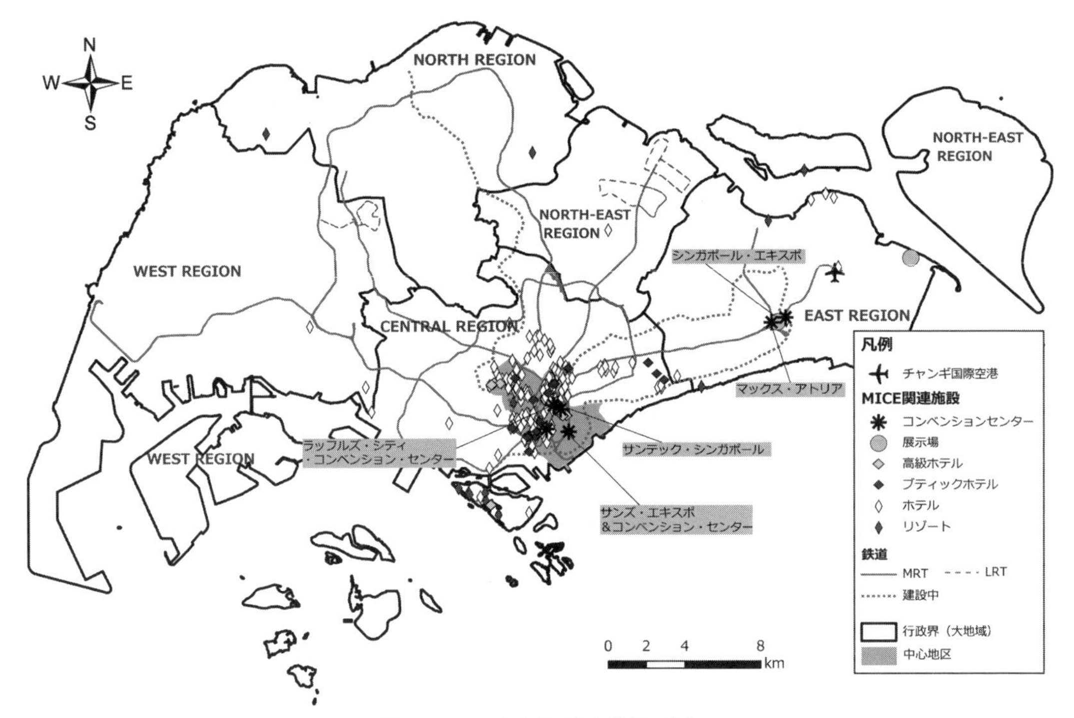

図 3.4　MICE を開催可能な施設の分布
cvent のウェブサイトから抽出した MICE 施設データにより作成.

ンベンション部が展示会分野の強化を進めるために，展示会・コンベンション部に組織名称を変更した.

2000 年以降に展開された「ツーリズム 2015」ではビジネス分野の強化を掲げた．アジアにおける先進的な MICE 開催拠点としてのシンガポールの地位をより強固なものにすべく，政府は 2006 年に MICE 開催のための優遇制度である BEiS（Business Events in Singapore）を導入し，評価基準を満たすイベントに対して開催経費や宿泊費の支援を行うようになった．そして 2009 年に BEiS は小規模の会議を含む観光産業全般を支援の対象とした BOOST（Building On Opportunities to Strengthen Tourism）制度に統合され，より多様な支援を行うことが可能になった．これには小規模の会議に対する開催費用助成といった財政的な支援のほかに，政府系ウェブサイト上でのイベント広告掲載といった非財政的な支援も含まれる．そして，誘致した 2 つの統合型リゾートの構成施設として，大規模な会議・展示場が整備された．MICE に関する優遇制度の施行や新しい大型施設の登場によって，統合型リゾート開業翌年の 2011 年から 2013 年まで，国別の国際会議開催件数においてシンガポールは 3 年連続で世界第 1 位となった．MICE 開催機能の強さは都市の魅力を象徴するものであることから，この実績は 2010 年以降にシンガポールが世界有数の国際観光拠点となった証左と見ることができるだろう．

最新の MICE 政策の動向を知るには，MICE の中期振興計画である「MICE 2020 ロードマップ」が参考になる．この計画では主な指針として，「都市との接続」「MICE 体験」「MICE HQ.SG」の 3 つを掲げている．それぞれ，ビジネス客のスムーズな行動の支援，ビジネス・イベント内外での体験プログラムの提供，MICE に関するノウハウや企業・協会の集積を意味している．つまり，世界有数の MICE 都市となった現在，イベント参加者の現地での活動をさらに快適にし，彼らの満足度を高められるようなインフラストラクチャーやサービスを開発し，より洗練された MICE のための空間を形成することを目指している．

3.3.3　MICE 施設の立地

MICE の開催には，会議や展示のための専用スペースが必要である．MICE の規模に応じた施設が選択されるのが一般的であり，それはコンベンション・センターのような大規模な施設から，ホテルに付帯する小・中規模の施設まで様々である．そのため，MICE開催都市となるには多様なMICEを受け入れるだけの施設が整っていることが必要となる．シンガポールでは政府が主導となってコンベンション・センターなどの大型MICE施設を開発してきた歴史があり，それらは中心地区やチャンギ国際空港近隣に立地している(図3.4)．大規模のMICEは必然的にこれら大型MICE施設にて開催される．一方で，小・中規模のMICEは主に会議室の付帯したホテルで開催される．これらは主に中心地区に集中して立地している（図3.4)．したがって，中心地区は小・中・大の様々なMICEを開催可能であるとともに，イベント参加者が宿泊し，現地での活動の拠点となる空間としての役割を備えていることがわかる．さらに，図3.3を見ると，観光スポットもこの地区に多く存在していることから，MICEの参加と，その後の観光やレジャーをコンパクトな空間で消化することが可能である．

会議・展示場面積では統合型リゾートの一つであるマリーナ・ベイ・サンズ（写真3.1）にあるサンズ・エキスポ&コンベンション・センターが最も大きく，約12万 m^2 もの広さとなっている．日本で最も大きいMICE施設である東京ビッグサイトが会議・展示場面積約8万 m^2 であることから，規模の大きさが推察できるだろう．マリーナ・ベイ・サンズの立地する中心地区内のマリーナ湾付近には，サンテック・シンガポール（会議・展示場面積約3.4万 m^2）や小・中規模のMICE開催が可能なホテルが立地している．他方でマリーナ・ベイ・サンズと並ぶ大型MICE施設のシンガポール・エキスポ（会議・展示場面積約11万 m^2）は，チャンギ国際空港から鉄道で一駅先のエキスポ駅に近接しており，空港からのアクセスは抜群によい．2012年には会議場であるマックス・アトリアがシンガポール・エキスポに増築され，国際会議開催の機能が強化された．

写真3.1 マリーナ・ベイ・サンズ
(2016年2月，筆者撮影)

3.4 統合型リゾートの導入

3.4.1 統合型リゾート開発の背景と効果

これまでのシンガポールの観光政策の歴史の中で，統合型リゾート（IR：integrated resort）の誘致は，最も成功し，経済発展に貢献した事業の一つであろう．統合型リゾートとは，「会議場施設，レクリエーション施設，展示施設，宿泊施設，カジノ施設など，多様な施設を一つの区域に集めて一体化させた，複合的な観光施設」(Las Vegas Sands Corporationによる定義）である．施設全体のうちカジノが占める面積はわずかに過ぎないが，収益の中心となるのがカジノであるため，それ以外の施設は収益をさほど気にすることなく，素晴らしいサービスを提供し，集客に専念することができる（自治体国際化協会，2015)．また，大部分を家族連れやMICE参加者が利用するための施設構成とすることで，カジノのネガティブなイメージを緩和する効果がある．民間企業による開発が主体となり，公的財源を必要としない観光振興策として注目され，アジア諸国で次々と導入が進められている．日本でも2016年12月にIR推進法が成立し，これから本格的に統合型リゾートの導入を検討する段階にきている．

シンガポールでは，2000年頃からの観光産業における近隣諸国の台頭による相対的な競争力低下への危機感から，カジノを併設する統合型リゾートの開発が進められた．元々，同国では1965年の国家成立以来カジノは禁止されていたが，初代首相リー・クアンユー（在任1959～90年）の息子であるリー・シェンロン（在任2004

年〜）が3代目首相に就いてから，統合型リゾートの導入を政府主導で行う方針に転換した．そして，2005年に統合型リゾートの開発推進計画が決定し，2010年に2つの統合型リゾートであるマリーナ・ベイ・サンズとリゾート・ワールド・セントーサが開業した．統合型リゾートの導入による経済効果は大きく，開業前年の2009年に外国人訪問客数960万人，観光総収入128億Sドルであったのが，開業5年後の2015年には外国人訪問客数が1520万人，観光総収入が220億Sドルとなり，どちらも大幅に増加した．雇用効果としては，開業年の2010年に2つの施設を合わせて2万人以上の雇用を創出した．GDP（国内総生産）の底上げにも寄与し，特にサービス業の部門において大きく貢献した（寺澤，2011）．

3.4.2 2つの統合型リゾート

マリーナ湾の再開発エリアに立地する統合型リゾートの一つ，マリーナ・ベイ・サンズは，特徴的なデザインの高層タワーホテル，その屋上部分にて絶景を体感できるプール，4.5万人を収容可能な大型MICE施設などが魅力となって，世界中から多くの外国人を集客している．ホテルの客室数は2561室であり，2015年の年間客室稼働率は96.3%を記録した（Las Vegas Sands Corporation, 2016）．建築デザインの評価が高く，昨今ではシンガポールの新たなシンボルとして扱われている．開発主体はアメリカに本社を持つ統合型リゾート開発最大手のラスベガス・サンズ社（Las Vegas Sans Corporation）である．開発方針は，都市中心部における高密度な施設集積と商業機能の充実であり，主にビジネス客やMICE参加者がターゲットとされた．開発面積は15.5 haであり，開発総費用は56億Sドルである．敷地内に世界の有名店を含む約300店舗からなる巨大なショッピングモール，アジア最大級の会議・展示場であるサンズ・エキスポ&コンベンション・センター，アート・サイエンス展示の博物館，劇場が併設されている．また，高級レストラン，バー，ナイトクラブも充実しているほか，建物全体を使った光と音によるショーを毎晩開催している．対岸にはシンガポールの中心街やオフィスビル群が広がり，屋上からそれらを一望することができる．シンガポール・フライヤーやガーデンズ・バイ・ザ・ベイなど，ほかの観光スポットへのアクセスもよい．

一方，セントーサ島に開業したもう一つの統合型リゾート，リゾート・ワールド・セントーサは，家族連れのレジャー客を主なターゲットとし，郊外における大型かつ多様性のある施設群の開発を方針として開発された．マレーシアのゲンティン・グループが開発主体であり，開発総費用66億Sドルをかけ，一大リゾート施設をつくりあげた．面積49 haの広さの敷地内に，テーマパーク，ホテル，水族館，プール，ショッピング・ストリート，カジノ，美容スパなどが立地している．目玉となる施設はユニバーサル・スタジオ・シンガポールであり，アトラクションを25件（内18件は世界初）も有する大規模なテーマパークである．水族館のシー・アクアリウムには世界最大級の水槽があり，迫力のある海洋展示を鑑賞することができる．豪華な6つのテーマのホテルを擁し，その中には建築家マイケル・グレイブスの設計したホテルや，ハードロック・カフェの運営会社が経営するハードロック・ホテルが含まれる．MICE開催のために約1.1万m^2の会議場が備わっているが，あくまでレジャー施設が主体である．

3.4.3 カジノによる収益と依存症対策

シンガポールの2つの統合型リゾートに併設されているカジノは，主に国や施設が収益を得るための手段として導入された．特に，海外の富裕層をVIPとして集客し，彼らが投じる大量の外貨を自国に還元することを狙いとしている．そのため，VIPに対しては年間の消費額に応じた特別な待遇やサービスを提供している．VIPが年間に投じる金額は1000万円から200億円もの巨額になる（高城，2016）．結果として，カジノの収益が施設全体の収益に占める割合は，2つの統合型リゾートの双方で8割前後を記録し続けている（自治体国際化協会，2015）．統合型リゾート関連の収益が観光総収入の4分の1を占める事実と合わせると，カジノがもたらす収益の大きさがわかる．

このようにして統合型リゾート事業では，カジノによる収益確保という点では大きな成果を上げたが，負の影響に関してはどうであろうか？　カジノと聞くと，日本ではギャンブル依存症や地域の治安悪化という負のイメージが付きまとうことが多い．シンガポールにおいても統合型リゾート開発の構想段階では，カジノによる負の影響が懸念され，国民を巻き込む論争に発展した（自治体国際化協会，2015）．国民の安全やクリーンな国家イメージを守りながら，統合型リゾートの導入による経済発展を成し遂げるためには，カジノの管理体制を徹底する必要があった．そこで，政府はカジノ管理体制の整備のために，2006年にカジノ管理法を施行した．これに基づき，2008年にカジノに関する事業の規制や監視を行うためのカジノ規制庁（CRA：Casino Regulatory Authority）が設置された．また，ギャンブル依存症対策として，シンガポール国民に対するカジノ入場税の導入，賭博問題を持つ人の排除や入場制限，賭博の広告規制，賭博問題対策協議会の設置などが定められた．施設面での対応としては，カジノの設置は2つの統合型リゾートに限定されること，カジノ場の広さは1.5万m^2以下，ゲーム機数は2500台以下にすることが定められている．これらの対策の結果，カジノへの入場禁止者数や電話相談件数は増加しているものの，特に懸念されていたギャンブル依存症患者の割合の増加はなく，治安悪化に関して目立った影響も見られていない（自治体国際化協会，2015）．

3.5　シンガポールから何を学ぶか

本章では，シンガポールが大きな観光発展を遂げ，外国人訪問客の多く訪れる国際的拠点となった過程を，観光やMICEに関する政策や資源・施設開発の側面から見てきた．シンガポールにおける現在までの観光産業の成功の背景には，地理的・言語的優位性を活かしながらも，政府主導による観光立国への積極的な取り組みを継続してきたことがある．独立当初には，観光振興は外貨獲得や雇用創出のための手段であったが，2010年以降のMICEの発展や統合型リゾートの成功に見られるように，現在では国家の国際競争力を高める手段としても重要な役割を持つようになった．

シンガポールの観光開発を空間的に見ると，中心地区での都市型レジャーおよびMICEのための施設整備が中心とされつつ，都市緑化による良好な環境づくりや，郊外地域の観光開発によって，自然体験を楽しむことのできる環境が創出された．最近では，グローバル化による国家間の観光競争の激化への対応として，話題性の高い大規模な観光・MICE施設開発を行い，中心地区の観光拠点としての機能を世界的なレベルへと押し上げた．それにより，従来のオフィスビル街でのビジネスに加え，都市型レジャー，MICE，宿泊といった活動を，様々な国からの訪問客がコンパクトかつ快適に行うことができるようになった．さらに，医療や港湾と連携した新しい形態の観光が着実に成長しており，観光産業の裾野が広がっている．これらの実現は，政府や企業の素早い意思決定と高い実行力あってのものであろう．将来にわたってシンガポールが観光立国であり続けられるという保証はどこにもないが，時代の流れを敏感に察知し，現在までに次々と新しい観光政策を導入し，成功に導いていきたシンガポールに学ぶ点は多い．　〔**杉本興運**〕

引用文献

自治体国際化協会（2015）：シンガポールにおけるIR（統合型リゾート）導入の背景と規制．CLAIR Report, No.417（http://www.clair.or.jp/j/forum/pub/docs/417.pdf）．（2016年4月10日閲覧）

杉本興運（2017）：シンガポールにおける観光とMICEの発展．*E-journal GEO*，**12**（2）：246-260.

高城　剛（2016）：カジノとIR．日本の未来を決めるのはどっちだっ！？，239p.，集英社．

寺澤義親（2011）：シンガポールのMICE戦略．観光研究，**22**（2）：24-29.

内藤嘉昭（1995）：シンガポールにおける人口構成と観光特性．人文地理，**47**（5）：501-511.

本田智津絵（2016）：観光産業―賭けに勝ったか？ カジノ産業―．〈エリアスタディーズ17〉シンガポールを知るための65章（田村慶子 編），pp.291-295，明石書店．

Las Vegas Sands Corporation（2016）：*2015 Annual Report*

(http://investor.sands.com/files/doc_financials/2016/Las-Vegas-Sands_Annual-Report.pdf).（2016 年 4 月 10 日閲覧）

Singapore Tourism Board (2015)：*MICE 2020 Roadmap Report* (http://capturingconversations.cope.economist.com/wp-content/uploads/sites/7/2015/11/MICE-2020-Roadmap-Report.pdf).（2016 年 4 月 10 日閲覧）

Singapore Tourism Board (2014)：*STB Annual Report 2013/14* (https://www.stb.gov.sg/news-and-publications/publications/Documents/STB_Annual_Report%202013%202014.pdf).（2016 年 4 月 10 日閲覧）

Singapore Tourism Board (2016)：*Annual Report on Tourism Statistics 2015* (https://www.stb.gov.sg/statistics-and-market-insights/marketstatistics/stb%20arts%202015.pdf).（2016 年 4 月 10 日閲覧）

Singapore Tourism Board (2016)：*Tourism Year in Review 2015* (https://www.stb.gov.sg/news-and-publications/Documents/Year-in-review%202015%20presentation_FINALFINAL2.pdf).（2016 年 4 月 10 日閲覧）

Word Economic Forum (2015)：*Travel and Tourism Competitiveness Report 2015* (http://reports.weforum.org/travel-and-tourism-competitiveness-report-2015/economies/#indexId=TTCI&economy=SGP).（2016 年 4 月 10 日閲覧）

World Travel & Tourism Council (2017)：*Economic Impact Analysis* (https://www.wttc.org/research/economic-research/economic-impact-analysis/).（2017 年 4 月 20 日閲覧）

【日本のインバウンド観光政策】

「観光立国」という言葉が示すように，現在，日本でも国をあげての観光振興が進められている．しかし，日本が本格的なインバウンド政策に取り組み始めた時期は遅い．戦前の日本では国際観光に着手していた時期があったが，世界大戦の勃発により中断される．戦争直後の占領統治下では，入国制限により訪日できた外国人訪問客はわずかであった．1947 年から徐々に民間の外国人訪問客の数は増加していったものの，旅行先は制限されていた．また，渡航規制の影響から日本人の旅行者も非常に少なかった．1964 年になると，海外渡航自由化と東京オリンピックの開催によって，インバウンドとアウトバウンドの双方で規模が拡大した．しかし，1990 年代中旬までは国際収支バランス改善のためのアウトバウンド施策が中心であった．その後，アウトバウンドとインバウンドに大きな不均衡が生じたことで，1996 年から「ウェルカムプラン 21」が発表され，2005 年までに外国人訪問客数 700 万人突破を目標とする施策展開がなされた．また，2000 年にはその発展形の「新ウェルカムプラン 21」（2007 年までに外国人訪問客数 800 万人を目標）が発表された．外国人訪問客数は 1996 年の約 335 万人から，2007 年に約 835 万人へと増加した．これらと時期が重なるが，2003 年から外国人訪問客数 1000 万人を目標に掲げる訪日プロモーション事業「ビジット・ジャパン・キャンペーン」が開始された．これが観光立国へ向けた最初の本格的な取り組みである．その後，2006 年に観光立国推進基本法が制定され，2008 年には国土交通省内に観光庁が設置されるなど，国レベルでの観光政策が本格化した．結果として，外国人訪問客数は 2013 年についに 1000 万人に到達した．そして同年，新たに「観光立国実現に向けたアクション・プログラム」が発表され，2 度目の東京オリンピックが開催される 2020 年までに，外国人訪問客数 2000 万人突破を実現するための施策が行われた．2016 年には外国人訪問客数が 2404 万人に達したため，わずか 3 年で目標値を超えたことになる．同じ 2016 年発表の「明日の日本を支える観光ビジョン構想会議」では，2020 年までの新たな目標として外国人訪問客数 4000 万人突破などを掲げている．また，今後は「観光先進国」への国づくりのために，観光資源の魅力強化，観光の基幹産業化，快適な滞在環境の整備の 3 つの視点から観光政策を展開するとしている（観光庁，2016）．

引用文献

観光庁（2016）：明日の日本を支える観光ビジョン（http://www.mlit.go.jp/kankocho/topics01_000205.html).（2017 年 4 月 20 日閲覧）

4 英国のインナーシティ商店街再生と民族多様性

イギリスは世界に植民地を有した帝国の歴史を反映して，多くの国から移民を受け入れた．また，EU のほかの諸国と同様に移民と難民も受け入れており，それが 2016 年に EU 離脱を決定した原因の一つとなったといわれる．移民の多くは地価が安いインナーシティに集中し，インナーシティには衰退している商業地が多い．本章では，イギリスの地方都市ノッティンガム市を事例として，衰退が著しいといわれるインナーシティの商店街が民族的多様性というローカルな資源を活用して活性化した例として，ハイソングリーン・センターを紹介する．

4.1 インナーシティ商店街の課題

4.1.1 イギリスのタウンセンターファースト政策

イギリスでは，緑地を守り市街地の無秩序な拡大を防ぐために，既存の市街地の外（out-of-town）における大規模小売店の開発が規制される．それだけではなく，市街地内でもセンターとして設定された既存の商業集積地の外（out-of-centre）（以下，センター外）での小売開発を規制している．センターには，日本の中心市街地に相当するシティセンターもしくはタウンセンターだけではなく，市域に散在する商店街の中でセンターに指定されるものもあり，それらは保護される存在である．この政策は，タウンセンターファースト政策と呼称される（根田，2016）．

イギリスではクリスタラーの中心地理論[1]をベースとするセンターの階層構造が設定されている（伊東，2011）．中都市におけるタウンセンターの階層構造を模式化したのが，図 4.1 である．都市の中心に位置し，一般に都市の歴史的核であるセンターは，シティセンターもしくはタウンセンターと呼称される．シティセンターとタウンセンターは，日本の中心市街地に相当する．ディストリクトセンターとローカルセンターは日本の周辺商業地に相当するが，ディストリクトセンターはローカルセンターに比べて規模が大きく，店舗面積 2500 m^2 超のスーパーストアの立地が許可されることが多い．本章で考察対象とするハイソングリーン・センターは，ノッティンガム市の主導でスーパーストアが立地したディストリクトセンターである．ディストリクトセンターには小売店と個人サービス施設だけでなく，ローカル図書館などの公共施設も立地し，コミュニティの社会的・経済的核である．最後に，ローカルセンターは，徒歩で来訪できる範囲を商圏とし，小規模な小売店とサービス施設から構成され，スーパーストアのような大規模小売店が立地することはない．センターの体系は，すべての住民が徒歩と公

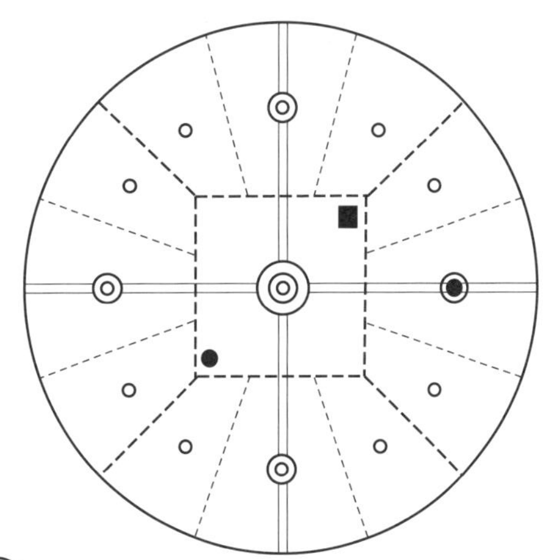

図 4.1 イギリスの都市におけるセンターの階層構造
根田（2016）より．

共交通機関により買い物と日常サービスにアクセスすることができ，買い物機会の空間的公平性を保証するための制度といえる．

一方，孤立立地する大規模小売店は，一般にセンター外立地となる．リテイルパークは，主として家電製品や家具などの広い面積を必要とする商品を販売する大型店から構成される商業集積地であり，計画的なショッピングセンターの形態を持つものが一般的である．次に，孤立立地するスーパーストア（2500 m^{2}超）は，食料品と日用品を販売して市民の日常生活を支える存在であるが，一般にセンター外立地として位置付けられる．リテイルパークとスーパーストアは，地方自治体によって維持・発展されるべき存在ではない．すなわち，イギリスには，同じ商業集積地であっても，地方自治体が保護するべきセンターと，そうでないセンター外の商業集積地がある．

しかし，1990年代後半に公式に導入されたタウンセンターファースト政策にもかかわらず（Swinney and Sivaev, 2013），イギリスでは2000～14年にセンター外の小売販売額は増加し，センターの販売額は減少の一途をたどった（Portas, 2011）．買回り品店が増加して発展しているのは少数の大規模なシティセンターだけであり，中小都市のシティセンターと，大都市でも衰退しているディストリクト・ローカルセンターは多い．ディストリクト・ローカルセンターの主体であるチェーン展開しない独立経営の中小小売店（以下SMEs；Small to Medium Enterprises）は減少しているが，新規に参入する店舗は少ない（Portas, 2011）．多くの都市のディストリクト・ローカルセンターは，新たな投資を吸引することができず，衰退のスパイラルに陥っている．

イギリスでは，中小センターを活性化する際に，SMEsはローカルな資産と見なされる（Guy and Duckett, 2003）．全国的に均一な小売店を展開するチェーン店と異なり，独立経営の中小小売店はセンターに多様性を提供し，新たな業態を試みる実験場である．SMEsが成功するためには，チェーン店が提供するグローバルな商品・サービスではなく，近隣住民の必要性を満たし，ローカリティを反映してチェーン店と差別化してニッチ市場に適応する必要がある．また，SMEsは，比較的小資本で起業でき，専門的職業訓練の必要性が低いので，ローカル住民にとって手軽な起業機会である．特に，資本力と学歴・資格が不足し，起業への就業機会が制限される海外からの移民にとって，小売店と個人サービス施設は貴重な起業機会となる（House of Commons All-Party Parliamentary Small Shops Group, 2006）．すなわち，インナーシティのディストリクト・ローカルセンターは，エスニック集団にとって日常生活を支えるだけではなく，重要な事業と就業の場である．

本章で紹介する，ノッティンガム市のハイソングリーン・センターは，インナーシティに立地し，シティセンターから放射状に延びる主要幹線沿いに自然発生的に形成された，典型的なディストリクトセンターである（根田，2006a）．ハイソングリーン・センターは，1990年にスーパーストアが開業して一時期店舗数が減少したが，現在は店舗数が増加している．以下では，衰退が著しいといわれるインナーシティの中で，民族的多様性というローカルな資源を活用して活性化した例として，ハイソングリーン・センターを紹介する．

4.1.2 ノッティンガム市の概要

ノッティンガム市は，イングランド中央部のイーストミッドランズ地方における中心都市で，ノッティンガム大都市圏の中心都市である（図4.2）．18世紀にはレースを主体とする織物産業が栄え，第2次世界大戦後は衰退した織物産業に代わり，1950年代から1960年代まで自転車産業，ドラッグストアチェーンのブーツの本社の所在地として栄えた（Heath, 2010）．イギリスでは，1980年代に多くのショッピングセンターが建設されたが，ノッティンガム市はセンター外に大規模なショッピングセンターの立地を許可せず，シティセンターを発展させることに努力した．イギリスでは最も早く自家用車の規制を行った都市である（根田，2006b）．2004年には，ノッティンガム市のシティセンターから市の北部に向かう路面電車，ノッティンガム・エクスプレス・トランジット（NET；Nottingham Express Transit）が

図 4.2　ノッティンガム大都市圏
"Broxtowe Borough, Gedling Borough and Nottingham City" (2014) により作成.

建設された (Heath, 2010). ノッティンガム市のシティセンターはイングランド中部の主要な商業中心地としての地位を確保しており，イギリスで高い評価を得ている (Whysall, 1989). また，2つの大学を持ち，それらがノッティンガム市に若年層の市場と知識産業雇用を供給する.

ノッティンガム市の人口は30万5680人であり (2011年センサス)，2001～11年の人口増加率は14.5%である. なお，ノッティンガム市の市域は狭く，ほぼ全域が市街地である (根田，2013). ノッティンガム市人口の24.8%が全国で最も衰退するエリア上位10%に居住するが，ノッティンガム大都市圏全体におけるその割合はわずか1.0%にすぎない. すなわち，ノッティンガム市の市域が狭く，市全体が市街地であるので，ノッティンガム市全域が貧困なインナーシティとしての特性を持つのである.

4.2　ノッティンガム市の民族の分布

イギリスでは，第2次世界大戦後数度にわたり，旧植民地から大規模な移民の波があった (Pacione, 2009). 1960年代に西インド諸島から黒人が到来し，1950年代後半から1970年代にインドから移民が流入，1960年代後半から1970年代にはパキスタン，1970年代にバングラデシュからの移民が流入した. さらに，2004年に旧ソビエトブロック国家5ヶ国から移民が流入したが，最大の流入元はポーランドであった.

表 4.1　イングランドとノッティンガム市の民族別人口構成の変化

	民　族	2001年 (%)	2011年 (%)
イングランド全域	白　人	90.92	85.42
	アジア人	5.02	7.82
	黒　人	2.30	3.48
	その他	1.75	3.28
ノッティンガム市	白　人	84.91	71.54
	アジア人	7.14	13.10
	黒　人	4.34	7.26
	その他	3.61	8.10

(2001年・2011年センサスにより作成)

イングランド全体とノッティンガム市の民族構成を比較した表4.1によると，イングランドでもノッティンガム市でも白人の割合は低下しているが，ノッティンガム市の白人人口割合が大幅に低下し，2011年のノッティンガム市の白人割合はイングランド全体よりもはるかに低い. 特に，ノッティンガム市では，近年におけるアジア人の増加が顕著である. ノッティンガム市のシティセンターはイングランドでも高い評価を得ているが，ノッティンガム市全体は貧困の都市であり，シティセンターの繁栄とインナーシティの貧しさの2つの対照的な顔を持つ都市である (Nottingham City Council, 2010).

前述のように，ノッティンガム市はイングランド全体より白人人口割合が低い. 2011年の民族別分布を示した図4.3によると，特に白人の割合が低い地区は，シティセンターの北部のインナーシティに集中する. 一方，ノッティンガム市の外縁部では，白人人口割合が高い. ノッティンガム市の非白人の中でもアジア人の人口は，2001年の1万9068人から2011年の4万39人に増加した. 2011年にアジア人の中で最も多いエスニック集団は，パキスタン人 (1万6812人)，インド人 (9937人)，バングラデシュ人 (1049人) である.

パキスタン人とバングラデシュ人の多くが信仰するイスラム教徒の割合の分布を示したのが，図4.4である. 前述したシティセンターの北のインナーシティで，イスラム教徒の割合が最大である. シティセンターを含む市の中央部でも，イス

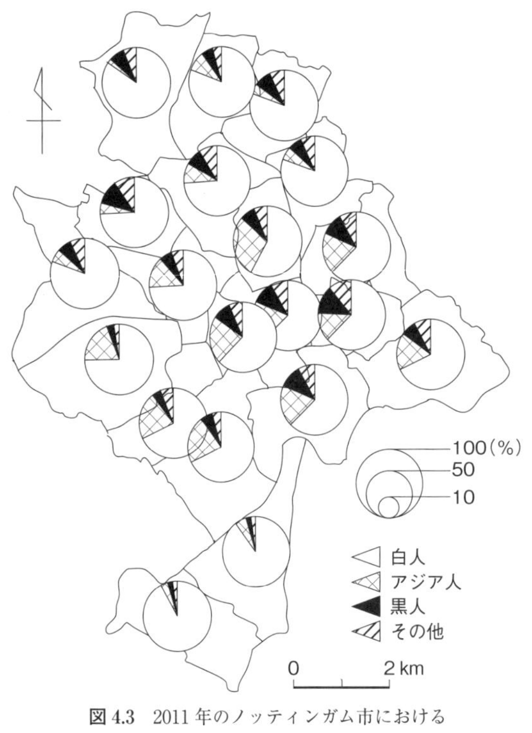

図 4.3　2011 年のノッティンガム市における民族別人口構成の分布
2011 年センサスにより作成.

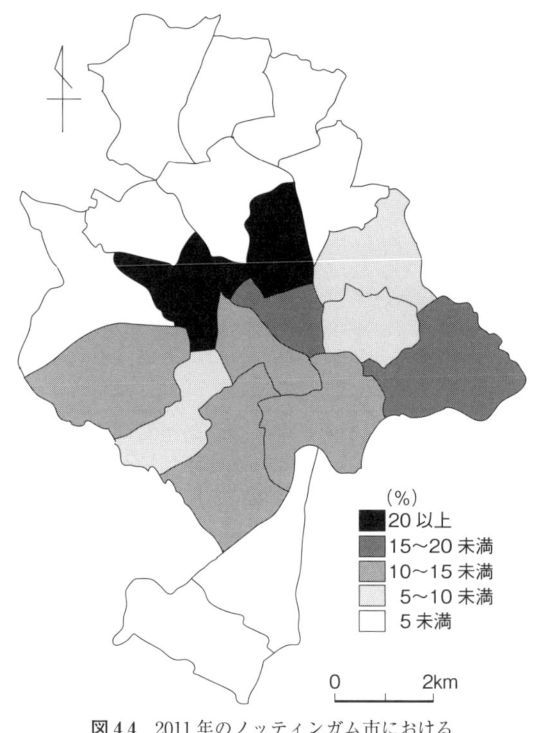

図 4.4　2011 年のノッティンガム市におけるイスラム教徒の分布
2011 年センサスにより作成.

ラム教徒の割合は比較的高い．ハイソングリーン・センターは，シティセンターの北方 1.6 km に位置し，イスラム教徒がノッティンガム市で最も集中し，かつ，最も増加しているエリアにある商店街である．

4.3　ノッティンガム市におけるタウンセンターの立地政策

ノッティンガム市の将来の開発動向を決定するのが，2014 年に採用されたローカルプラン第 1 部（Nottingham City Aligned Core Strategy (part 1 Local Plan)）である（Broxtowe Borough, Gedling Borough and Nottingham City, 2014）．このローカルプラン第 1 部は，2011～28 年までの空間的ビジョンと，そのビジョンのための空間的開発戦略，新規開発の規模，種類および立地を誘導・制御するための戦略的政策を示す．2016 年時点では，ローカルプラン第 1 部の政策をいかに管理し，どこで開発するかを具体的に示したローカルプラン第 2 部（Land and Planning Policies Document）が作成中である（Nottingham City Council, 2016）．ローカルプラン第 2 部が承認されると，ローカルプラン第 1 部と第 2 部に基づき，個々の開発の計画申請が審査されることになる．

ローカルプラン第 1 部では，空間的ビジョンと，それを実現するための 11 項目の空間的目標が示されているが，その第 4 項目が，「タウンセンターを繁栄させ活気を与える」である．この目標では，すべてのセンターの階層とネットワークのバランスを保ちそれを向上するために，それぞれのセンターが属する階層に適するセンターの活性化策がなされることが示される．

次に，「実現戦略」の章には具体的な政策が示される．「セクション 1：持続的な成長」の政策 6「タウン・ローカルセンターの役割」では，ノッティンガム市のセンターを 4 階層に区分している（図 4.5）．シティセンターは市の中央部に位置し，それは中心商業地を含むノッティンガム市の中心市街地であり，ノッティンガム大都市圏全体の買い物核であり，イングランド全域から観光客を吸引する観光地である．市の北部にはシティセン

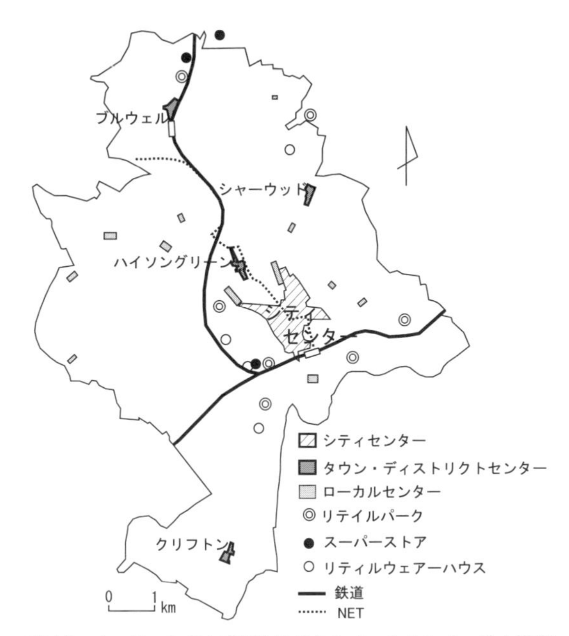

図 4.5　ノッティンガム市におけるセンターとセンター外大型店の分布
DTZ（2008）と Nottingham City Council（2016）により作成.

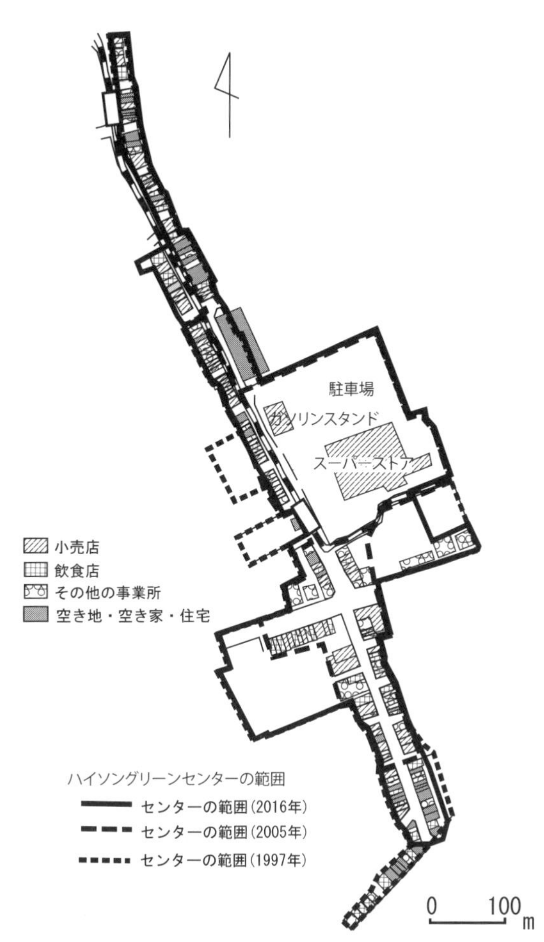

図 4.6　ハイソングリーン・センターの範囲と土地利用（2013 年）
City of Nottingham (1997), Nottingham City Council (2005), Nottingham City Council（2016）および 2013 年現地調査により作成.

ターに次ぐ階層として，ブルウェルだけがタウンセンターと位置付けられ，それが市北部の拠点である．さらに，その下の階層には，クリフトン，ハイソングリーン，シャーウッドの 3 地区のディストリクトセンターが設定され，それぞれ，市の南部，東部，中央部の買回品と日常品の拠点として位置付けられている．ローカルセンターは最下部の階層で，12 地区が市域に点在して徒歩圏内を商圏とする．さらに，ローカルプラン第 2 部では，ローカルセンターの下位に近隣センターが設定されている．近隣センターはセンター外であるが，周辺住民に食料品と日常的なサービスを提供して，上記のセンターの階層構造を補完する役割を担う．

なお，上述した 2014 年ローカルプランの前に，ノッティンガム市は，過去に 1997 年と 2005 年にローカルプランを作成している．1997 年，2005 年および現在作成中の 2016 年のローカルプランで示された，ハイソングリーン・センターの範囲を示したのが，図 4.6 である．2005 年のローカルプランでは，1997 年版ローカルプランで設定されたハイソングリーン・センターの面積が大幅に縮小された（Nottingham City Council, 2005）.

1997 年のローカルプラン刊行以降，ハイソングリーン・センターの南北両端で空き店舗が増えたが，そこはセンター内であるので小売店の連続性を守るために，住宅などの非事業所に転換するための開発許可を得ることは困難であった．そのため，ハイソングリーン・センターの南北両端では，空き店舗が生じた後にほかの事業所が入店することがなく，空き店舗のまま維持されたのである（写真 4.1）．そこで，それらのエリアをセンターから外すことにより，住宅への転換を容易にすることが図られた．しかし，2016 年のローカルプラン第 2 部では，ハイソングリーン・ディストリクトセンターの範囲をまた北と南方向に拡大して，1997 年のローカルプランの範囲に近づけることが提案された（Nottingham City Council,

写真 4.1 ハイソングリーン北端における空き店舗
(2010 年 9 月，筆者撮影)

2016)．それは 2005 年以降にハイソングリーン・センターの外側で事業所が増加したためであり，住宅に転換された不動産を以前の事業所利用に戻すことを意図したものであった．

4.4 ハイソングリーン・ディストリクトセンターの変化

ハイソングリーン・ディストリクトセンターは，ローカルプラン第 1 部で，インナーシティ北部の生活拠点として設定される．ハイソングリーンはノッティンガム市シティセンターから約 1.6 km 北西部に延びる主要幹線沿いに，19 世紀のビクトリア時代に建設されたテラスドハウスの地上階部分が小売店となって自然発生的に形成された．1960 年代になると，老朽化したテラスドハウスが再開発により破壊され，市営の集合住宅が建設された．そこに貧困なエスニック集団や黒人が居住して，ハイソングリーン一帯は貧困地区と見なされた．ハイソングリーンは 1981 年のノッティンガム市暴動の主な舞台であった．1987 年に市営住宅を壊して，スーパーストアを建設する再開発計画が発表されたが，住民は強固に反対した．しかし，ノッティンガム市議会は，一度の投票でスーパーストアを建設する再開発計画を承認した．1988 年の春の会合で，出店予定のアスダ・スーパーストアが 460 人の新規雇用を実現することを説明し，ノッティンガム市はコミュニティにとって近接性の高いディストリクトセンターを開発できることを説明した（Whysall, 1995）．

アスダ・スーパーストアは 1990 年に店舗面積 6040 m^2 で開業し，ガソリンスタンドが併設された．なお，アスダは 2009 年に店舗を 2385 m^2 拡張した（Broxtowe Borough Council, Erewash Borough Council, Gedling Borough Council, Nottingham City Council and Ryshcliffe Borugh Council, 2012)．アスダ・スーパーストアは，ハイソングリーンの利用者に，広大な無料駐車場を提供する．そのため，2008 年の買い物行動調査によると，アスダ・スーパーストアは，ノッティンガム市インナーシティ住民の主たる食料品の買い物先である．すなわち，ハイソングリーン・センターが，周辺のコミュニティをはるかに超える範囲から顧客を吸引し，ディストリクトセンターとしての機能を有するのは，アスダ・スーパーストアの存在によるところが大きい．しかし，スーパーストアの駐車場出入口付近ではしばしば渋滞が生じ，ハイソングリーン・センターの交通の障害となっている．また，スーパーストアと既存の商店街との間にある駐車場が，消費者の移動の障害となることが指摘されている．1992 年における消費者行動調査では，スーパーストアの利用者の主体は徒歩で来訪する近隣住民であり，スーパーストアはハイソングリーン・センターの商圏を拡大するというより，既存の商店街利用者であった顧客を奪ったといわれた（Whysall, 1995)．この点で，スーパーストアの開業は，ハイソングリーン・センターにおける既存の事業所の利益となることはそれほどなかった．

1990 年代に，ハイソングリーン・センターに NET の建設計画が発表され，小売店は建設期間中における販売額の損失を恐れて反対したが，2000 年に工事が始まり，2004 年 3 月にハイソングリーンの駅が開業した（Whysall, 2011)．

前述したように，ハイソングリーン・センター一帯には，パキスタン人とバングラデシュ人のイスラム教徒がノッティンガム市で最も集中する．また，ヒンドゥー教が主体であるインド人も多い．宗教は，人々の日常生活に決定的な影響を与える．イスラム教徒は飲酒が禁止され，ハラール食品が必要である．一方，ヒンドゥー教徒は牛肉などの肉類と一部の野菜が禁止される．また，イスラム教とヒンドゥー教では，女性の服装に関しても厳格な制限が多い．ハラール食品とイスラムの女性用衣装は，一般のスーパーマーケットでは販売されない．ここに，エスニック集団が自らの生活を維持するために必要な商品とサービスを提供する小売店・個人サービス施設の需要が生じる．イスラム教徒を主体とするコミュニティで最初に登場する事業所は，伝統的な料理を提供する小規模なカフェと，ハラール食品を提供する飲食料品店であり，それらの施設は，エスニック集団のコミュニティが移民の生活と自らのアイデンティティを維持するために不可欠である（Nasser, 2005）．また，その必要性により，エスニック集団の構成員がSMEsを起業する機会が生じる．

図4.6は，2013年におけるハイソングリーンにおける土地利用を示し，表4.2は，NETが開通する前の2001年から2013年までの業種別事業所数の変化を示す．前述のように，ハイソングリーンのセンターの範囲は，1997～2005年にかけて大幅に縮小されたが（City of Nottingham, 1997；Nottingham City Council, 2005），2016年に提案された都市計画図では，1997年の範囲にほぼ戻されている．そのため，表4.2は，最も広範囲である1997年のセンターの範囲内の事業所数を示す．1997年のセンターの範囲における事業所数は2001年の148店から2004年の141店に減少したが，2013年には177店に増加している．一方，

表4.2 ハイソングリーンにおける業種別事業所数の変化

業　種	2001年	2004年	2013年
食料品小売業	15	18	29
織物・衣服・身の回り品小売業	5	4	11
耐久品小売業	24	19	16
中古品小売業	6	5	1
その他の小売業	24	27	23
飲食店	23	24	37
その他の事業所	51	44	60
合　計	148	142	177
空き店舗・住宅	45	54	45

（2001年，2004年，2013年現地調査により作成）

すべての事業所に占める空き店舗割合は，2001年の23.3％から2004年の27.7％に増加し，2013年の20.3％に減少した．ハイソングリーン・センターでは，2004年以降事業所数が増え，空き店舗割合が減少しているので，順調に発展しているといえよう．なお，2005年の開発計画で設定されたセンター内の事業所数は，2004年の87店から2013年の101店に増加し，その変化率は16.1％である．一方，1997年のセンターの範囲内であるが，2005年のセンターの外に立地する事業所数の変化率は2004～13年までで40.7％である．2004年以降事業所が増加したのは，2005年で設定されたセンター内というよりは，センターの外側であった．これが，2016年のローカルプラン第2部でハイソングリーン・センターの範囲を拡大させた背景といえる．

表4.2によると，ハイソングリーンで空き店舗を含めた業種別事業所数で最も多いのは小売店であるが，それが全事業所に占める割合は，2004年で37.4％，2013年で36.0％とほとんど変化していない．小売店の中で，事業所数が増加したのは食料品小売業と織物・衣服・身の回り品小売業だけであり，それ以外の小売店は減少した．一方，非小売店で増加したのは飲食店（テイクアウトを含む）とその他の事業所であるが，特にサービス施設の全事業所に占める割合は2004年の11.3％から2013年の20.3％にほぼ倍増した．

次に，2013年に営業する事業所とエスニック関係の事業所を示したのが表4.3である．最もエスニック関係施設の割合が高いのは，食料品小売業，織物・衣服・身の回り品小売業，および飲食店（テイクアウトを含む）である．ハイソングリーンでは，スーパーストアが開業したにもかかわらず，食料品店が増加している．ここで，2013年の全事業所のうち2004年以降に開業したものの割合は54.2％であるが，エスニック関係事業所のうち2004年以降開業事業所割合は75.0％である．このことは，ハイソングリーン・センターにおいて増加した事業所の主体がエスニック関係であることを意味する．なお，2013年のエスニック関係事業所60店のうち，38店がイスラム教徒

表 4.3　2013年のハイソングリーンにおける業種別エスニック事業所

業　種	事業所数（2004年以降開業）	エスニック店舗（2004年以降開業）
食料品小売業	29（19）	20（15）
織物・衣服・身の回り品小売業	11（ 7）	7（ 5）
耐久品小売業	16（ 7）	0（ 0）
中古品小売業	1（ 0）	0（ 0）
その他の小売業	23（12）	1（ 1）
飲食店	37（19）	21（14）
その他の事業所	60（32）	11（10）
合　計	177（96）	60（45）

（2013年現地調査により作成）

とインド系であり，ポーランド系が14店である．

次に，2005年のローカルプランで設定されたセンター内における事業所の割合の変化を示したのが，表4.4である．食料品小売業と2013年に1店舗しかない中古品小売業を除くと，すべての事業所でセンター内の割合は減少している．特に，織物・衣服・身の回り品小売業と飲食店，その他の事業所の減少幅が大きい．また，事業所ではないが，空き店舗・住宅のセンター内割合は，2004年以降半分以上低下した．このことは，2004年以降に開業した事業所は，主として2005年に設定されたセンターの外，すなわち，ローカルプランにおけるタウンセンターファースト政策で事業所の立地が抑制されるべき，センター外で事業所が増加したことを意味する．上述したエスニック関係事業所も，2005年で設定されたセンターの範囲内で少なく，センターの外側で多い．

以上をまとめると，ハイソングリーンでは，2004年以降事業所数は増加したが，事業所の新設は，2005年のセンター内というよりその外側であった．それらは主として食料品と衣料品店，飲食店とサービス施設であり，それらの増加により，ハイソングリーンは小売店と個人サービス施設の割合が高まった．増加したのはエスニック集団向け事業所である．前述のように，ハイソングリーン周辺では，食品の摂取に関して制約の多いインド系住民とイスラム教徒が集中する．そのため，ハイソングリーンには，ハラール食品を必要とするイスラム教徒の必要性を満たす，小規模なスーパーマーケットとレストランが多い（写真4.2）．

表 4.4　2005年ローカルプランセンター内における事業所割合の変化（%）

業　種	2004年	2013年
食料品小売業	61.11	65.52
織物・衣服・身の回り品小売業	100.00	72.73
耐久品小売業	63.16	56.25
中古品小売業	60.00	100.00
その他の小売業	74.07	69.57
飲食店	63.89	51.35
その他の事業所	59.09	49.23
合　計	61.70	57.06
空き店舗・住宅	48.15	22.22

（2013年現地調査により作成）

写真 4.2　ハイソングリーン・センターにおけるエスニック系スーパーマーケット（2004年6月，筆者撮影）

上記のように，ハイソングリーンはエスニック系事業所を充実することにより，センターが再生されたといえる．ハイソングリーン・センターの事業所数は増加したが，増加の主体であるエスニック関係事業所は，2005年に設定されたセンター内より，センターの外側に立地する傾向にあった．すなわち，ハイソングリーンの発展を担ったのはエスニック系事業所であり，それらはセンター外に立地する傾向にあったのである．これは，一般に面積が限定されるセンター内の賃貸価格が高いことと，センターの外側に空き店舗が多く，出店の機会が多かったからであろう．

4.5 ローカリティを活用する中小センターの生存策

ハイソングリーン・センターは，19世紀から商店街として発展し，当初はローカル住民に最寄品を提供する役割を担っていた．1960年代にはハイソングリーンに市営住宅が建設されたが，貧困地区となった．1990年に，市営住宅が再開発により破壊され，広大な無料駐車場を有するスーパーストアが開業した．また，ハイソングリーン周辺の住宅地には，様々なエスニック集団が流入した．増加したエスニック集団の多様性に対応して，ハイソングリーンではエスニック関係の事業所が増加した．エスニック関係の施設は，2005年に縮小されたセンターの範囲の外側に立地する傾向にあった．これは，地価負担力が低いエスニック集団が，地価の高いセンター内の立地を避けたためと考えられる．2005年のハイソングリーン・センターの外側は，厳密には，センター外立地である．そのため，ノッティンガム市は2016年のローカルセンター第2部で，1997年の範囲に近い面積まで拡大することが提案された．2005年にセンターから外されたエリアが，新たなローカルプランが採用されてセンター内になることにより，特に地上階での住宅開発が規制され，住宅から事業所に転換する際の開発許可が得やすくなる．それにより，さらにエスニック関係の事業所が増加する可能性がある．このように，ハイソングリーン・センターは，ローカルな住民を対象とする典型的な伝統的ディストリクトセンターとして形成されたが，立地する事業所の種類は，エスニック集団の増加に対応して変化したのである．

ハイソングリーン・センターでは，安価で多種類の食料品を提供するスーパーストアの立地にもかかわらず，特定のエスニック集団を対象とする食料品店と，民族衣装を販売する衣料品店が急増し，また，個人サービス施設も増加した．それにより，ハイソングリーンはチェーン店ではなく小規模な独立経営の小売店と個人サービス施設が増加した．これは，ノッティンガム市のセンターの維持・強化政策に適合する．また，エスニック資源を活用して小売商業地を観光地として発展させることにより，エスニック集団に起業機会を与えて経済的に自立させるきっかけとなる．さらに，イギリスのホスト社会の白人が移民の文化に触れる機会を増やすことにより，文化的多様性の重要さをホスト社会とエスニック集団の双方に対し認識させることができる．

しかし，問題もある．前述のように，ハイソングリーン・センターの発展は，エスニック関係の事業所によるものであるが，それらは主として2005年に設定されたセンターの外に立地した．イギリスではセンター外の開発規制が厳しく，開発が許可されるセンター内の賃貸料が高額であるためである．すなわち，厳密にはセンター外であるセンターのすぐ外側が，資本規模の小さいSMEsにとってインキュベーターの役割を果たしていたのである．しかし，2016年にセンターの範囲が拡大され，センター縁辺部であった場所がセンター内になると賃貸料が高まることが予想される．センター縁辺部が従来と同様にインキュベーターとしての役割を維持できるであろうか疑問がある． 〔**根田克彦**〕

1) クリスタラーの中心地理論に基づくと，財とサービスの供給に関して，できる限り少数の中心地で財とサービスの供給をすべての人に供給することができ，空間的に公平なシステムが形成される（富田，1991）．

引用文献

伊東 理（2011）：イギリスの小売商業 政策・開発・都市—地理学からのアプローチ—，関西大学出版部．

富田和暁（1991）：経済立地の理論と実際，大明堂．

根田克彦（2006a）：英国における小売開発規制の新たな視点．地域開発，**498**：51-55．

根田克彦（2006b）：イギリスの小売開発政策の特質とその課題—ノッティンガム市の事例—．地理学評論，**79**：786-808．

根田克彦（2013）：イギリス，ノッティンガム市における居住地域構造の変化．奈良教育大学紀要（人文・社会科学），**62**（1）：71-80.

根田克彦（2016）：〈地域づくり叢書5〉イギリスにおける大型店の立地規制．まちづくりのための中心市街地活性化―イギリスと日本の実証研究―，pp.23-52，古今書院.

Broxtowe Borough Council, Erewash Borough Council, Gedling Borough Council, Nottingham City Council and Rushcliffe Borough Council（2012）：*Greater Nottingham retail background paper*（http://www.gedling.gov.uk/media/documents/planningbuildingcontrol/Greater% 20Nottingham% 20Retail% 20Background% 20Paper % 20June % 202012 % 20(2).pdf）.（2013年2月26日閲覧）

Broxtowe Borough, Gedling Borough and Nottingham City（2014）：*Aligned Core Strategies Part 1 Local Plan*（http://www.nottinghamcity.gov.uk/localplan）.（2016年5月28日閲覧）

City of Nottingham（1997）：*Nottingham local plan.*

Guy, G. and Duckett, M.（2003）：Small retailer in an inner city community：a case study of Adamsdown, Cardiff. *International Journal of Retail & Distribution Management*, **31**：401-407.

Heath, T.（2010）：Nottingham：A consistent and integrated approach to urban design. *Urban design and the British urban renaissance.*（Punter, J., ed.），pp.148-164, Routledge.

House of Commons All-Party Parliamentary Small Shops Group（2006）：*High Street Britain：2015.*（http://www.nfsp.org.uk/uploads/pdfs/High%20Street%20Britain%202015%20report.pdf）.（2008年11月25日閲覧）

Nasser, N.（2005）Expression of Muslim Identity in architecture and urbanism in Birmingham, UK. *Islam and Christian-Muslim Relations*, **16**：61-78.

Nottingham City Council（2005）：*Nottingham local plan*（http://www.nottinghamcity.gov.uk/sitemap/cd_planning-localplanreview1.htm）.（2007年7月27日閲覧）

Nottingham City Council（2010）：*Radford neighbourhood study：final report.*

Nottingham City Council（2016）：*Land and planning policies：Development plan document local plan part 2*（http://www.nottinghamcity.gov.uk/localplan）.（2016年5月18日閲覧）

Pacione, M.（2009）：*Urban geography：A global perspective, 3rd ed.* Abington：Routledge.

Portas, M.（2011）：*The Portas review：An independent review into the future of our high streets.* Department for Business Innovation and Skills（https://www.gov.uk/government/publications/the-portas-review-the-future-of-our-high-streets）.（2012年1月25日閲覧）

Swinney, P. and Sivaev, D.（2013）：*Beyond the high street：Why our city centres really matter. Centre for Cities*（http://www.centreforcities.org/publication/beyond-the-high-street）.（2014年1月19日閲覧）

Warnaby, G., Bennison, D., *et al.*（2002）：Marketing UK towns and cities as shopping destinations. *Journal of Marketing Management*, **18**：877-904.

Whysall, P.（1989）：Commercial change in a central area：a case study. *International Journal of Retailing*, **4**：45-61.

Whysall, P.（1995）：Regenerating inner city shopping centres：the British experience. *Journal of Retailing and Consumer Services*, **2**：3-13.

Whysall, P.（2011）：Managing decline in inner city retail centres：From case study to conceptualization. *Local Economy*, **26**：3-17.

【アメリカ合衆国，ボストン市のインナーシティ商店街活性化とエスニック集団】

アメリカ合衆国の都市では1950年代以降，富裕層を主体とする人口と事業所の郊外への離心化により，インナーシティの商店街が衰退した．富裕層の白人の郊外化により，インナーシティは人口が減少しただけではなく有色人種の割合が高まった．しかし，ニューイングランドのボストン市は，インナーシティの商店街の再生に，全米で最も早くから取り組んできた数少ない大都市の一つである（Smith, 2008）.

ボストン市における民族別構成比の分布を示したのが，図4.7である．黒人割合が高い地区は，市の南部にある地区であり，ロックスベリーとその南方の地区に黒人が集中している．また，ロックスベリー地区は，市内で最も失業率が高い．

ロックスベリー地区は，19世紀後半からボストン市の市街地に組み込まれ，アイルランドとドイツからの移民が多く流入し，工場労働者のコミュニティが形成された．さらに，ダッドリィストリートの交差点付近に，小売店，ホテル，映画館，銀行などが集中し，商業核が形成された．それがダッドリィスクエアーである．1940年代から1950年代にかけて，アメリカ合衆国南部から多くの黒人が流入し，1980年代にロックスベリー地区は衰退した．

ロックスベリー地区を活性化するために，ボストン市は，1999年にロックスベリー地区のためのマスタープラン作成の計画を公表した．それは，ローカル事業所を育成し，ダッドリィスクエアーのバスステーション前の再開発事業である．

図4.8は，2012年におけるダッドリィスクエアーの土地利用を示したものである．バスターミナルの北部では，再開発が進んでいる．バスターミナルの周囲には多くの飲食店と小売店が立地する．また，バスターミナル前の道路では，歩道が拡幅されるなどの環境整備が進んでいる．ダッドリィスクエアーにおける再開発事業により，事業所数は増加しており，活性化事業の効果は明らかである．しかも，チェーン店の比率は低く，ローカル事業者を優先している．すなわち，大企業に依存せず，ローカルな企業を優先するというロックスベリー戦略マスタープランの目的はある程度成功しているといえよう．しかし2006年以降，ファサードを改装していない店舗も多く，営業しているとは思えないような店舗もあり，一層の活性化努力が必要である．

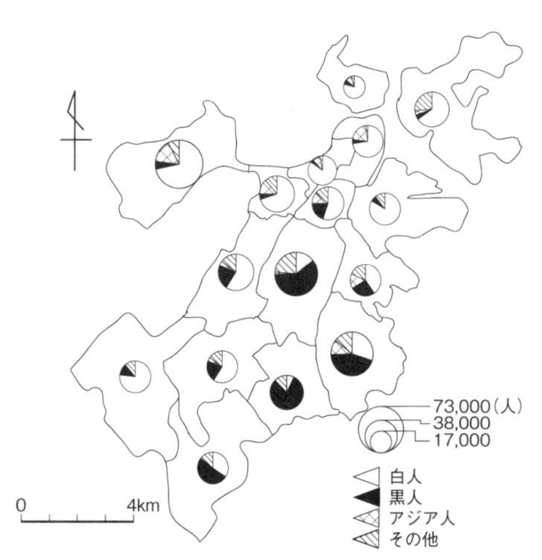

図4.7 2010年のボストン市における民族別構成比の分布
2010年センサスにより作成.

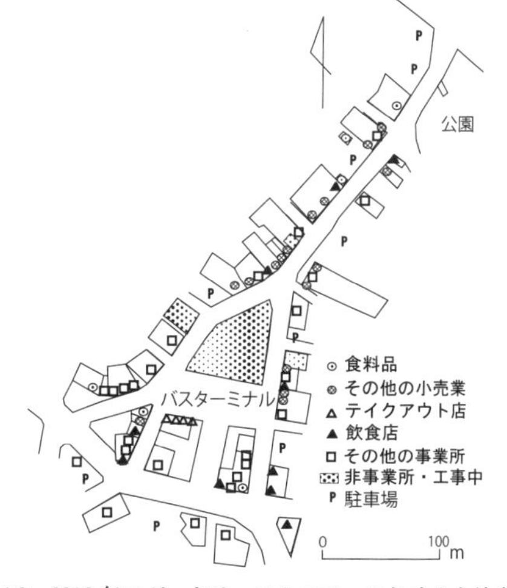

図4.8 2012年のダッドリースクエアーにおける土地利用
根田（2014）より.

引用文献

根田克彦（2014）：ボストン市におけるインナーシティの活性化戦略―ロックスベリー地区の事例―．奈良教育大学紀要（人文・社会科学），**63**（1）：87-97.

Smith, L. L. (2008) : You say you want a devolution? Lessons from the Main Street Program. *Local Economy*, **23** : 85-92.

5

東京の都市農業

東京といえば，高層ビルや商業施設，住宅などが集積する「都市」の側面を思い浮かべることが多いであろう．その一方で，東京は都市的拡大を遂げながら，農業や農地といった「農村」の側面も内包してきた．その過程で現れてきた都市農業は，都市住民にとっての単なる食料供給の場であるだけでなく，最も身近な農村空間を提供する場としても機能している．このような都市的要素と農村的要素とが共存する東京は，世界でも貴重な都市環境を有している．そこで，本章では東京の都市農業が都市のダイナミクスのなかで，どのように存立・維持され，東京独自の都市農業スタイルとして確立しているのか，都市住民との関係性に着目しながら考察する．

5.1　東京の都市農業の歴史と現状

5.1.1　都市農業の出現

東京における都市農業の起源は，江戸時代にまでさかのぼることができる．しかし，その当時は，一大消費地である江戸（東京）への食料を供給する近郊農村における農業，いわば都市近郊農業という形態であった．江戸では，参勤交代制の導入，江戸城改築や市街開発に従事する労働者の流入などにより人口が急増し，1765（元禄8）年には江戸の人口は80万人に達していたとされる．当初，幕府は農村に対して米麦の生産を強制して蔬菜（そさい）類の生産は制限していた一方で，膨大な人口を賄えるだけの蔬菜類の生産は近郊の農村に頼っていた．江戸の東部低地では「葛西もの」といわれるコマツナやネギなどの蔬菜類が栽培されたのに対して，西部の武蔵野台地上のいわゆる「山の手」では「西山もの」といわれるダイコンやニンジンなどの根菜類が伝統的に栽培されていた．

その後，明治期に入ると，鉄道の開通と延伸によって都心と近郊農村への交通アクセスは格段に向上し，鉄道利用の大衆化に伴って一部の近郊農村では都心への通勤者が居住する郊外住宅も見られるようになった．大正期の関東大震災以降，そのような近郊農村に移住する人々は増加し，都市圏は外へと拡大していった．都市の拡大の過程において，かつての近郊農村が市街地に取り込まれていき，いわゆる現在の都市農業という形態が出現した．このように，市街地内部に農地を内包している東京は，都市と農村とを明確に区分して都市内部に農地は残さなかった欧米とは都市形態が異なり，世界的に見ても貴重な都市環境を有しているとされる（Yokohari *et al.*, 2000；藤井ほか，2002）．巨大な人口を支える食料供給源であった東京の農業は，都市化の進展や輸送技術の進歩によってその役割を域外の農村地域へと遷移させながらも（菊地・飯塚，2014；Iizuka and Kikuchi, 2014），都市内部に展開していた農業の一部は残存し，販路形態や利用形態を変化させ，いわば東京の都市部において独自の農業スタイルを確立してきたのである．なお，都市農業の定義については，様々な議論がなされており，都市農業基本法（2015）では「市街地及びその周辺の地域において行われる農業」と規定されている．しかし，「市街地及びその周辺」という範囲が限定的ではないため，本章においては学術研究において慣習的に使用されてきた「都市計画法における市街化区域内において行われる農業」を都市農業の定義として適用する（鷹取，2000）．

5.1.2　都市化の進展と都市農業

東京都における農地面積の推移は人口の増加と大きく関連してきた．1950年代後半に始まる高度経済成長期には，東京都への人口流入が顕著となった．特に宅地開発をする余地が残存していた都市近郊，中でも東京西郊において住宅需要が増大した．それに伴って，地価が急速に上昇したため，多くの農家が農地を宅地に転換して不動産経営を始めた．その結果，東京都における農地面積は大きく減少した．そのような傾向をさらに進展させたのが，1968 年の新都市計画法の制定である．高度経済成長期の宅地需要増加に伴う地価の高騰を緩和させるために制定された同法は，適用する都市地域を設定し，その中の既存市街地，もしくは将来的に市街地化を図るべき区域を「市街化区域」，市街地化を抑制すべき区域を「市街化調整区域」と区分することによって，市街化区域内を効率よく開発することを目指した．つまり，市街化区域内に残存する農地の宅地転用を促進させることにより地価高騰の抑制を図ったのである．そのため，新都市計画法の下では，市街化区域に指定された地域の農地について固定資産税と都市計画税に対する宅地並み課税が行われるようになり，多くの農家が農地を宅地として売却するようになった．都市農業は拡大する都市化に直面して規模を縮小せざるを得なかったのである（Kikuchi and Obara, 2004）．

東京都における人口と農地面積の変化を 1955 年から 2015 年にかけて示した図 5.1 によれば，人口が 1955 年から高度経済成長終期の 1975 年にかけて約 300 万人増加したのに対して，農地面積は 1955 年の 3 万 4500 ha から 1975 年の 1 万 4000 ha と半分以下に激減していることが分かる．とりわけ，水田が 1955 年の 7146 ha から 1975 年の 1533 ha へと大きく減少した．それは，水田の宅地化だけではなく，コメの生産調整に伴う水田の畑地化も反映していた．また，樹園地が一時的に増加していることも特徴的である．これは，農家が農地を宅地化するための前段階として，カキやクリ，あるいはウメなどの比較的労力のかからない省力作物を利用した粗放的な果樹生産を行うようになったことによるものである．しかし，1990 年代から 2000 年代にかけては，樹園地も宅地に適した土地基盤の安定性から安易に開発され，その面積は減少した．いずれにしても，農産物供給の場としての農地の縮小は顕著であり，東京都の人口増加や人口流入に伴って，農産物の需要と供給としての生産量，あるいは農産物の生産基盤のギャップは大きなものとなった（菊地・飯塚，2014；Iizuka and Kikuchi, 2014）．

1995 年以降，人口の増加が再び顕著になったが，農地の減少は 1995 年の 8400 ha から 2015 年の 4245 ha と比較的低く抑えられている．このことは，市街化区域内の農地が，生産緑地に指定されるようになり，農地の減少がある程度抑制されてきたことによるものである（Kikuchi and Obara, 2004）．生産緑地とは，市街化区域内農地において都市環境保全や農地規模，営農継続の観点から一定の要件を満たすと指定することのできる保

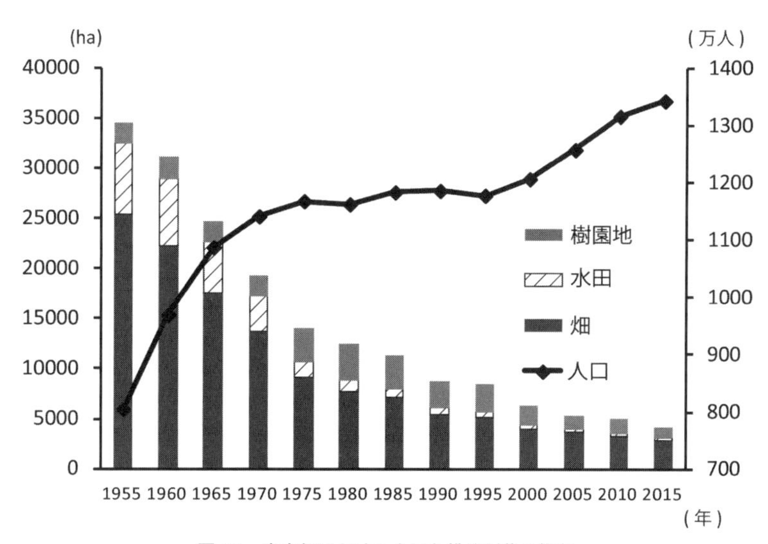

図 5.1 東京都における人口と耕地面積の推移
農林業センサスおよび国勢調査により作成.

全農地のことである．農地が生産緑地に指定される場合，優遇措置が適用され，固定資産税と都市計画税は農地並み課税となるほか，相続税納税猶予制度も適用される．そのため，農地に対する宅地並み課税に悩む農家にとって節税対策となり，農地の宅地化を防ぐことができる．しかし，この生産緑地制度においても高齢農家には大きな負担となる終身営農を条件としていることや，途中で離農した場合，猶予されている相続税に利子税を上乗せして納付しなければならないことなどの制度上の制限があり，指定することが見送られてしまうこともあることから農業維持に関しては限界もあるのが実情である（蔦谷，2009）．

5.1.3　東京の都市農業の類型

上述したように，東京における都市農業は都市化に翻弄されながらも現在に至るまで展開してきたのだが，現状はどうなっているのであろうか．東京都における市区町村ごとの耕地面積を示した図5.2を見ると，都市近郊の多摩地域に多くの農地が存在しており，とりわけ小平市や立川市などの北多摩地域と南多摩地域に集中していることが分かる．さらに，市街化の進展した練馬区や世田谷区などの区部においても農地が存在していることが分かる．

一方で，市区町村ごとの販売農家数を示した図5.3を見ると，図5.2と同様に市街化の進展した地域にも農業活動を行う人々が存在することが分かる．しかし，図5.2もあわせて比較すると，耕地面積における多摩地域と区部との差異よりも，販売農家数における同地域間の差異が小さいことが見て取れる．つまり，多摩地域の農家に比べて区部の農家は小規模であることがうかがわれる．このことは，区部の農家において，より集約的な農業が行われていることを示唆している．

このような都市農業における集約化には大きく2つの方向性がある．一つは高収益化を目指すことであり，もう一つは省力化により労働生産性を高めることである．特に，東京の都市農業において農産物直売やレクリエーション農業の導入が，これらの集約化を高める経営戦略として実践されている．実際に，自営の農産物直売所を有する農業経営体の割合を示した図5.4を見ると，杉並区，世田谷区，目黒区などの区部においても高い値の地域が見られるが，国分寺市や小平市，国立市な

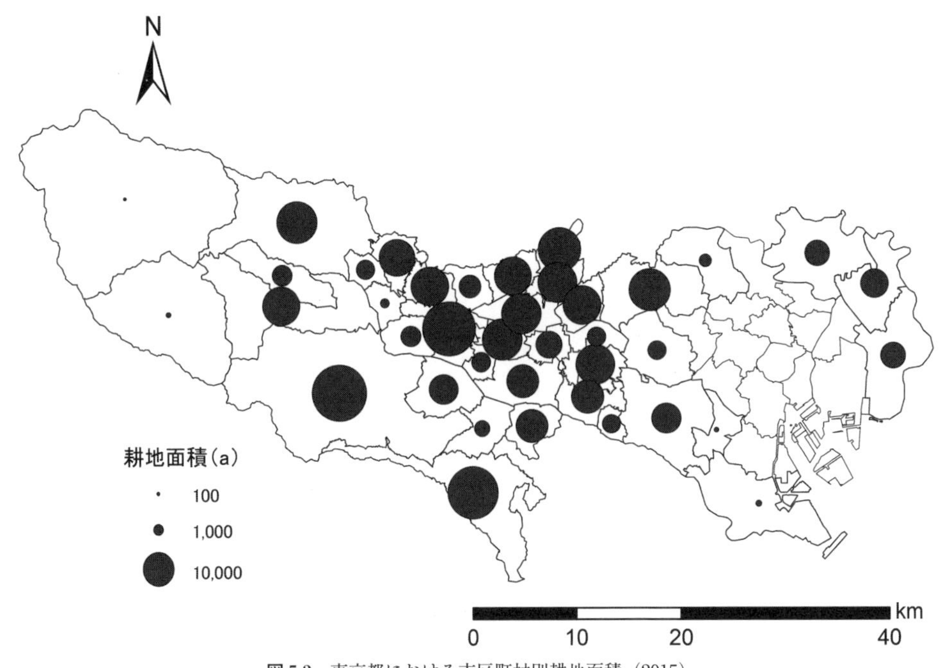

図5.2　東京都における市区町村別耕地面積（2015）
注：島嶼（とうしょ）部は除く．
農林業センサスにより作成．

どの多摩地域の市町村で特に割合が高いことが分かる．また，レクリエーション農業に関して東京都における市民農園の分布密度を示した図5.5を見ると，図5.4と同様に多摩地域と区部の外縁部において市民農園の集積が見られるが，とりわけ区部西部の練馬区や板橋区への集中度が高いことが分かる．このように，東京都における都市農業は大きく分けて2つの形態があるといえる．一つは，多摩地域における農産物直売所を中心とする農業である．そしてもう一つが，区部における農

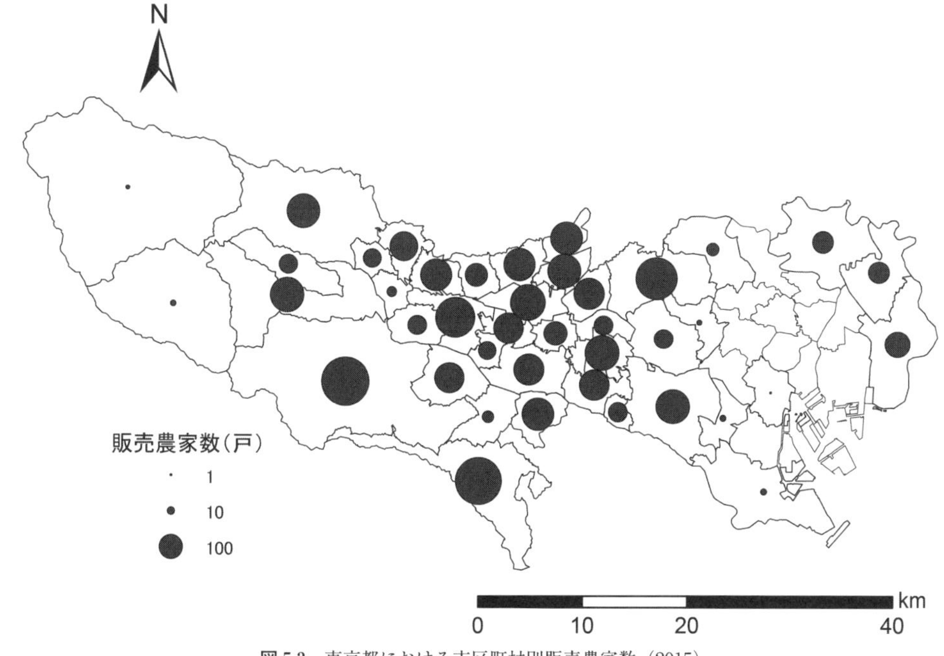

図5.3　東京都における市区町村別販売農家数（2015）
注：島嶼部は除く．
農林業センサスにより作成．

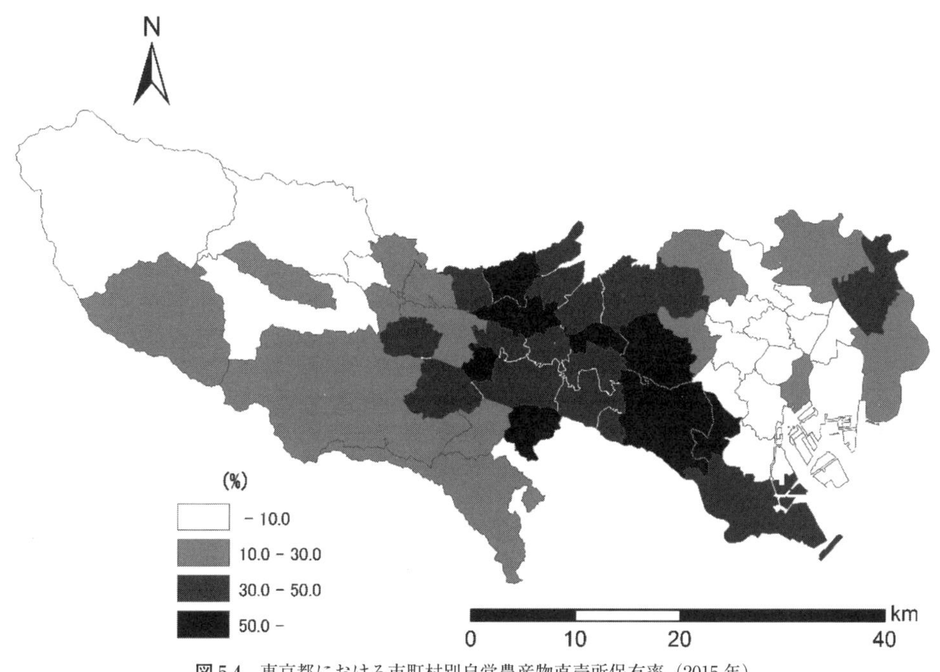

図5.4　東京都における市町村別自営農産物直売所保有率（2015年）
農林業センサスにより作成．

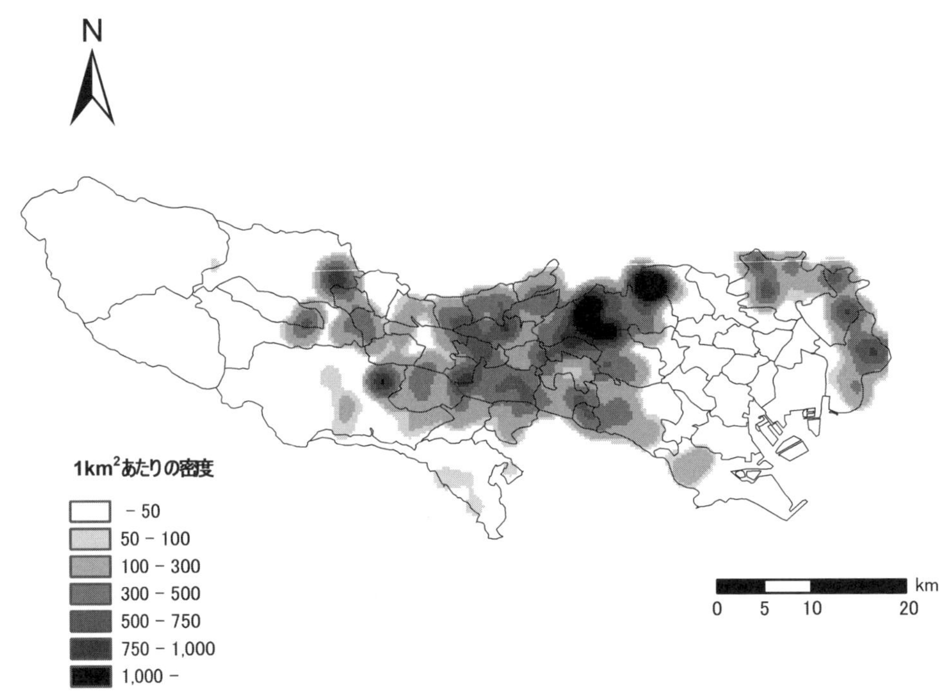

図 5.5 東京都における市民農園の分布密度（2015 年）
農林水産省「全国市民農園リスト」および各市町村ウェブサイトにより作成.

業体験農園などのレクリエーション農業である. そこで, 以下の節では, 東京都における 2 つの典型的な都市農業形態について見ていく.

5.2 農産物直売所の役割

5.2.1 ロードサイド型直売所とゲートショップ型直売所

都市農業が現在まで維持されてきた背景には, 都市に農地が内包されており, 消費者との距離が近いという立地条件を活かした農業経営上の戦略がある. その一つが, 農産物直売所経営である. 農産物直売所とは, 農家や農業経営者によって設立, 運営され, 自らの農地で生産された作物を販売する施設である（Takatori, 1998). Kikuchi *et al.*（2002）によると, 日本では多くの農産物は市場を通して販売されるが, 都市部においては農家や農産物直売所から消費者への直接的な販売が増加している. 特に小平市ではそのような直接的な販売形態が普及しており, 農産物直売所は経営形態とその性格から, ロードサイド型とゲートショップ型の 2 つに大分される.

ロードサイド型とは, 幹線道路沿いに立地しており, 場所によっては店員を雇用することがあるほど大規模な直売所である. ロードサイド型の農産物直売所を経営する農家は 1 ha ほどの比較的大きな農地を有しており, 40 歳から 60 歳にかけての生産年齢である農業専従者を有する専業農家であることが多い. そこでは, 消費者のニーズに合わせたホウレンソウやコマツナ, ジャガイモ, 豆類など多品目の野菜が少量ずつ多毛作で栽培されている. また, ロードサイド型の農産物直売所は幹線道路沿いに立地していることから, 交通条件がよく, より広範に不特定多数の都市住民を顧客として集めることができる.

その一方で, ゲートショップ型とは, 旧来の農村集落や農地に隣接しており, 小規模でしばしば無人の店舗になっているものである. ゲートショップ型の農産物直売所を経営する農家は, 経営耕地面積の比較的小さい兼業農家が多い. 彼らは専業農家よりも年間の農作業の平準化や土地利用の合理化を重視して, 多品目少量生産で農業経営を行うことにより直売に対応している. ゲートショップ型の農産物直売所は, 農村集落内にあるという立地条件や小規模であることから, 直売所周辺に居住する都市住民によって支えられている．ゲートショップ型の直売所の中でも，有人のものでは販売を通じた都市住民とのコミュニケーションも生じる一方で，無人のものは生産者が特定できても購入者は特定できないため，そもそも都市住民との信用や信頼関係の上に成立しているのである．小平市においては，ロードサイド型とゲートショップ型の農産物直売所がともに存在することにより，より広範に顧客を獲得している．さらに，農産物直売所では，農産物の販売空間と生産空間が一体となった新たな農村空間としてルーラリティ（rurality；農村らしさ）が再構築されており，都市住民はそのようなルーラリティを求めながら農産物購入を通じて消費している．

では，実際に直売所農家はどのような農業経営を行っているのか，典型的な例として小平市の農家の事例を紹介しよう．

5.2.2　直売所農家の事例

農家Nは青梅街道沿いに立地しており，新田開発による幅40 m，奥行約500 mの短冊状の地割の景観を維持している．しかし，都市化の影響により，かつて2 haほどあった農地のうち0.7 haが相続を契機に売却され，現在は1.3 haの農地で営農が行われている．1.3 haの農地は0.8 haが野菜畑として，0.5 haが果樹園として利用されている．20年前までは，ウド栽培が中心であり，収穫されたウドは市場に出荷されていた．しかし，20年前に親の世代から農業経営を継承したことを契機にして，農家Nはウド栽培から野菜栽培に経営戦略を転換した．ウド栽培は地下の室で行い，重労働であったことや酸欠などの危険が伴っていたこと，加えて周年で農業収益が得られなかったことが大きな理由であった．

農家Nは周年で農業収益を得られることや，収穫した農産物に自分で価格がつけられること，そして自分の生産物の評価が直接得られることなどを理由に，農産物を直売所で販売する農業経営を野菜栽培への転換を契機にして行うようになった．農家Nの農産物直売所は幹線道路（青梅街道）に目立つように立地し，直売所運営には経営者の母や妻などが従事している（写真5.1）．農産物直売所で販売するため，農業は多品目少量生産となり，年間50～60種類の農産物が生産される．また，果樹もナシやキウイ，ブドウ，ブルーベリー，カキなど多種類のものが少しずつ栽培される．基本的には，収穫後すぐに直売所に並べるため，直売所の販売計画に基づいて作物の播種と収穫が行われている．宅地から連続して細長い圃場を所有しているため，宅地に近い場所では軟弱野菜の葉物が栽培され，宅地から遠くなるにつれて果菜類，豆類，根菜類，そして果樹と耕地利用が変化している（写真5.2）．

現在の直売所の経営では近隣（半径500 m以内）の都市住民がお得意様として農作物を購入してくれるため，安定した収入が得られる．加えて，幹線道路に目立った形で直売所が立地し，直売所のディスプレイも新鮮でおいしそうに見えるように工夫しているため，通りがかりの人が飛び込みで利用することも少なくなく，特に，小平霊園を訪ねる人の利用が多い．直売所を介して都市住民

写真5.1　都市農家による農産物直売所（東京都小平市）（2016年10月，筆者撮影）

写真5.2　多品目少量生産の圃場景観（東京都小平市）（2016年10月，筆者撮影）

と交流することにより，都市住民のニーズも販売品目などに反映されている．例えば，タアサイは都市住民のニーズによって10年前から栽培するようになった．さらに，都市住民の農作物の安全安心に対するニーズが高まったことと呼応して，農家Nは減農薬や減化学肥料による栽培にも取り組んでいる．

農家Nにおける農業収入と不動産収入はそれぞれ農家所得全体の60％と40％であり，農業収入の約90％は農産物直売所からの収益である．残り10％の農業収入は，地域の小学校への給食用の農産物を提供することから得られる収益である．したがって，都市農業は農産物直売所を介して都市住民に支持されることによって維持・発展できることを，農家Nの事例は示している．このような都市農業の維持・発展戦略は，農家Nの次世代の後継者も育っていることから地域に適応したものとなっているといえる．

5.3 レクリエーション農業の役割

5.3.1 レクリエーション農業としての農業体験農園

都市農業では，消費者である都市住民が近隣に居住することから，余暇機能に特化したレクリエーション農業も盛んに行われている．このようなレクリエーション農業もまた都市農業が維持される戦略の一つである．レクリエーション農業とは，消費者参加型農業とも呼ばれるように，消費者が農作業の全部，あるいは一部に携わる農業形態のことであり，市民農園や摘み取り農園などのことを示す（飯塚，2012）．中でも，練馬区における取り組みから全国に普及しつつある農業体験農園は，農家と消費者である都市住民を結び付けるものとして近年注目されているレクリエーション農業である（写真5.3）．自由に作付けできる市民農園とは異なり，農業体験農園では農家の指導の下に決められた野菜を作付けする．また，農業経営として認められており，農園自体が農家によって直接運営されている点も市民農園とは異なっている．利用者である都市住民にとっても農家による技術指導があることや，より食味がよく，見た目もきれいな野菜ができることから人気のある農業形態となっている．そこで，本節では，練馬区における農業体験農園の実情について見てみよう．

写真5.3 農業体験農園の景観（東京都練馬区）（2009年9月，筆者撮影）

練馬区において農業体験農園が導入された背景には，農家と自治体におけるそれぞれの問題が関係している．農家にとっては，1991年に改正された生産緑地法により農地が再編され，より集約的あるいは省力的な新しい農業経営形態の導入が模索されていた．その一方で自治体にとっては，農地保全の手段として期待された従来の市民農園があまり功をなさなかったこと，クラブハウスなどの設備面の大きな投資に見合うだけの利用がなされていないことなどから，新たな市民農園事業を画策していた．そこで，区内の篤農家（とくのう）数名と区の行政担当が協力して法制度や税制度対策を練り，1996年に第1号の農業体験農園が開設された．以来，次第にその数を増やし，2016年現在では17園が開設されている．

農家が一般の消費者に農業指導する練馬区の農業体験農園という農園形態は，全国的にみても画期的な試みであり，その取り組みは「練馬方式」と呼ばれて全国に広がりつつある．1998年には，農業体験農園運営の確立化を目指して「練馬区農業体験農園園主会」（以下，園主会）が組織されている．園主会では，区の担当者も交えた会議が定期的に持たれ，そこでは栽培技術や運営に関しての情報交換がなされている．また，年1回の旅行会や写真教室を開催するなど，農園主間の交流や親睦を深める活動もなされている．さらに，園主会の活動は広がりを見せており，2002年には練馬区外の生産者を含む35名により「東京都農業体験農園園主会」が組織された．そして2009年には，練馬区農業体験農園園主会の取り組みが日本農業賞大賞を受賞するまでに至っている．このように農業体験農園の取り組みは展開してきたのであるが，次項では農家における実践的な取り組みの事例として，次節で農業体験農園の事例を具体的に見てみよう．

5.3.2 農業体験農園の事例

農業体験農園Ⅰの園主Ⅰ氏は，練馬区土支田地区にある農家の農業主であり，現在72aの経営耕地を所有している．農家Ⅰの家族構成は農業主であるⅠ氏とその妻，高校生の娘2人，Ⅰ氏の母の5人であるが，農業に従事しているのはⅠ氏と母の2人のみである．Ⅰ氏は大学卒業後，3年間会社に勤務していたが，1986年に農業主であった父が急逝したことを契機として，会社を辞めて農業に専念することとなった．経営耕地のうちの32aは直売用の野菜を栽培し，作目は直売向けであることから，トマト，キュウリ，ナス，キャベツ，ブロッコリー，ダイコン，コマツナ，ホウレンソウ，タマネギ，ニンジン，ダイズ（枝豆用），トウモロコシと多岐にわたっている．残りの40aは農業体験農園として利用している．

かつて農家ⅠはⅠ氏の父と母の2人によるキャベツの市場出荷や共選出荷を中心に行っており，市場出荷では収穫したキャベツをトラックで大田市場に直接出荷していた．しかし，1986年に父の後を継いでⅠ氏が農業主となると，Ⅰ氏は会社勤務で培ったノウハウを活かし，新たな経営形態に取り組んでいった．1994年頃からはハウストマト栽培を皮切りに直売にも力を入れ始め，1999年には収穫時に重労働を伴うキャベツの市場出荷をやめ，今までのキャベツ畑をすべて農業体験農園に転換した．粗放的に使っていた農地を有効に使えることや，それほど労働力を投入せずとも定期的な収入が得られることが農業体験農園導入のきっかけとなったのである．

農業体験農園Ⅰには2009年時点で122区画があり，2008年度の抽選倍率は約2.5倍となっている．講習会は春作と秋作にそれぞれ月1回程度の間隔で5回ずつ開かれている．講習会では，その日行う作業内容についての説明と事務的な連絡，練馬区で行われている農業イベントについての情報が伝えられる．講習会が終了すると利用者はそれぞれ個々に作業につくが，Ⅰ氏はそのまま農園に残り，利用者の個別の質問に応対する．利用者同士の間でも作業内容に関して相談し合い，そこからさらにⅠ氏のところに相談に来るという光景も何度か見られた．利用者の習熟度によって作業スピードが異なるため，農業体験農園Ⅰでは特に作業終了の時刻を定めておらず，基本的に作業が終わった人から解散するというかたちをとっている．お昼時にはクラブハウスとして利用しているビニールハウスの中で，農園で収穫された野菜を使った料理を持ち寄って高齢者のグループが談笑していたり，利用者の若い母親同士が世間話をしていたりと，農園が交流の場となっている様子が垣間見られる．このような利用者間あるいは農家と利用者の間の交流を深めることを目的として，農業体験農園Ⅰでは夏と秋の年2回の収穫祭と年末の餅つきが行われている．それらのイベントが行われる際には，普段は農園に来ない利用者の家族も加わったり，お手伝いをしたりすることもあり，利用者間のコミュニティの拡大にもつながっている．

5.3.3 都市農業における農業体験農園

図5.6に練馬区の農業体験農園における農村的空間構造を示した．それによると，農業体験農園を支える基盤は都市住民であり，農業体験やルーラリティの享受を通じて農家を核とする地域コミュニティが形成されている．農業体験農園を中心とするコミュニティは，従来の農村コミュニティの基盤である地縁・血縁組織による関係性ではなく，耕地の有効利用や緑地空間の確保，農作業を通じた生活の質の向上などを目的とした，いわば都市的な合理性や利害，人々の意識に基づく関係性で成り立っている．それらの関係性が，都市住民の余暇・レクリエーション活動を通じた都市農業の支持基盤となる．つまり，このような農

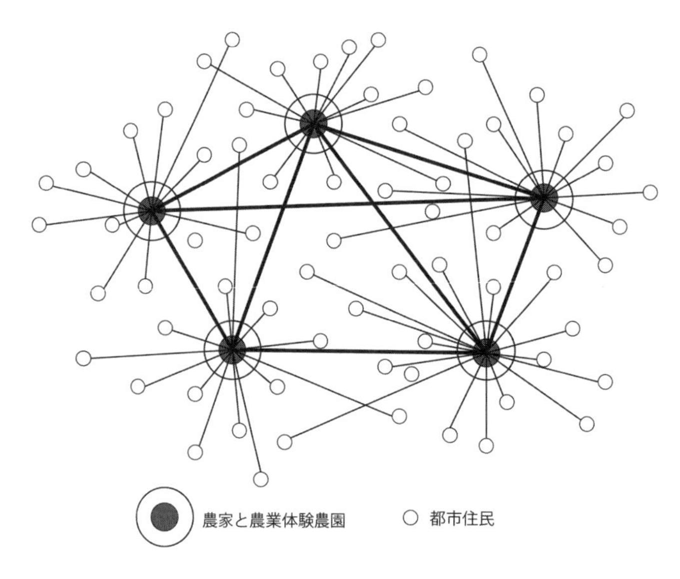

図 5.6　農業体験農園によるネットワークモデル

家を中心とする新しい地域コミュニティが形成されることが農業体験農園の大きな特徴であり，そのコミュニティが都市農業の存続を確かなものにしているのである．さらに，農園の利用料は農家にとっての定期的な収入となり，経済的な面においても農家をサポートすることにもつながる．農業体験農園は，社会的側面と経済的側面の双方において都市農業を持続させているのである．

5.4　都市農業の未来

以上のように東京における都市農業の現状について見てきた．東京における都市農業の特徴は，都市化の影響を大きく受けながらも，身近な消費者としての都市住民との関係を重視することによってしたたかに存続してきたことにある．まず生産の面においては，多品目少量生産を中心として，都市住民の消費ニーズに応える農産物直売という販路を見出している．またコミュニティの面からは，農業体験農園に代表されるレクリエーション農業を行うことによって都市住民とのつながりを創出し，都市農業の基盤を維持している．

いずれの都市農業の取り組みにおいても，アーバニティ（urbanity；都市らしさ）に裏付けられた地理的条件の下に存立しながら，その背景にはいわゆるルーラリティ（農村らしさ）が介在している．そのようなアーバニティとルーラリティ，そして都市農業の関係性について，Kikuchi (2008) をもとにモデル化したものが図 5.7 である．都市農業において農産物直売所とレクリエーション農業は，農産物の販売や農作業などを通じて都市住民と農家とを結び付け，それらが一体となったコミュニティを形成させる役割を担っている．また，農産物直売所とレクリエーション農業の取り組みを通じて，都市住民の多様なニーズによって引き起こされる都市的経済活動が，農産物生産という農村的経済活動によって補完される．さらに，農産物直売所を経営するための農業生産やレクリエーション農業が都市農地で行われることにより，過度の都市化が抑制され，都市的土地利用と農村的土地利用が調整される．このようにして，都市農業が従来は相反するアーバニティとルーラリティの共生に資するだけでなく，土地利用や経済活動，コミュニティ活動を通じて農家と都市住民の共生や共働にも資している．また，アーバニティ側に位置付けられる都市住民から見ると，農産物直売所やレクリエーション農業といった都市農業の取り組みを通じてルーラリティを自らの生活に引き付けている．つまり，都市住民の生活においてルーラリティの消費が体現化されているのである．このようなアーバニティとルーラリティ

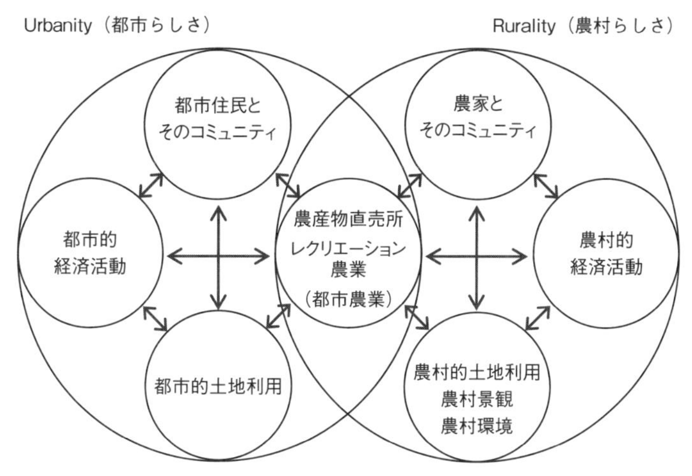

図 5.7 都市農業の持続可能モデル
Kikuchi（2008）に筆者加筆.

のつながりが維持されるためには，都市農業の持つ多機能性を活かしながら，農産物生産の優位性を活用した維持・発展戦略が必要であり，それは都市住民を巻き込むことで達成される．

現実的な問題として農家の高齢化は避けられない問題であり，利用者対応や講習会の準備，交流イベントの開催など，農家側にとって比較的負担の大きい農業体験農園の形態がすべての農家に普及するのは困難であると考えられる．その一方で，積極的に生産を行っている篤農家にとっては，農産物直売所は販路として小規模すぎる面もあるであろう．しかし，東京における都市農業は，これまで消費者である都市住民との関係性を重視しながら展開してきたのであり，つねに新たな農業維持対策を模索してきた．実際に，東京の伝統野菜を「江戸東京野菜」として保存する取り組みも，少しずつ広がりを見せ始めている（大竹，2009）．江戸東京野菜には 2017 年現在，練馬ダイコンや寺島ナスなど 45 品目が指定されており，登録商標によって消費者の認知度も高まってきている．江戸東京野菜は今後の展開が期待されており，農産物直売やレクリエーション農業と組み合わせることにより，東京の都市農業における新たな高付加価値化やブランド化戦略として機能するであろう．このように，東京における都市農業は都市という地理的条件による利害を調整しながら維持・存続されてきたのである．〔飯塚　遼〕

引用文献

飯塚　遼（2012）：都市地域におけるレクリエーション農業の進展とその都市農業における役割—東京都練馬区を事例として—．埼玉地理，**34・35**：1-11.

大竹道茂（2009）：江戸東京野菜—物語編—，農山漁村文化協会.

菊地俊夫・飯塚遼（2014）：東京における食料問題とその解法．地学雑誌，**123**：575-586.

蔦谷栄一（2009）：都市農業を守る—国土デザインと日本農業—，家の光協会.

鷹取泰子（2000）：東京近郊における都市農業の多機能性システム—東京都練馬区西大泉地区を事例として—．地学雑誌，**109**（3）：401-417.

藤井美波・横張 真・渡辺貴史（2002）：江戸時代末期の江戸における農地の分布形態の解明．都市計画論文集，**37**：931-936.

Iizuka, R and Kikuchi, T.（2014）：Current situation and critical issues of primary food supply in Tokyo. *European Journal of Geography*, **5**（2）：61-76.

Kikuchi, T.（2008）：Recent progress in Japanese geographical studies on sustainable rural system：focusing on recreating rurality in the urban fringe of the Tokyo metropolitan area. *Geographical Review of Japan*, English Edition, **1**：90-102.

Kikuchi, T. and Obara, N.（2004）：Spatio-temporal changes of urban fringes in Tokyo metropolitan area. *Geographical Reports of Tokyo Metropolitan University*, **39**：57-69.

Kikuchi, T., Oishi, T. and Saitoh, R.（2002）：Recreating of the rurality in the urban fringe of Tokyo metropolitan area：a case study of Kodaira City. *Geographical Reports of Tokyo Metropolitan University*, **37**：93-102.

Takatori, Y.（1998）：The location of farm shops and the sustainable mechanism of their existence in the Kanto

district. In *Sustainable rural systems in the context of global changes*, (Epps, R., ed.) pp.124-131, University of New England.
Yokohari, M., Takeuchi, K., Watanabe, T. and Yokota, S. (2000) : Beyond greenbelts and zoning : a new planning concept for the environment of Asian mega-cities. *Landscape and Urban Planning*, **47** (3-4) : 159-171.

【ヨーロッパにおける市民農園】

18世紀後半のイギリスで誕生した市民農園（Allotment；アロットメント）は早い時期から海峡を渡って大陸ヨーロッパに伝わり，独自の発展を遂げた．特にドイツでは，クラインガルテン（Kleingarten）（写真5.4と5.5）やシュレーバーガルテン（Schrebergarten）と呼ばれる市民農園が社会福祉政策や都市計画の下に各都市に整備された．ドイツの市民農園は食料供給というより，都市住民のレクリエーションや健康維持を目的とする性格が強く，付属施設として各区画に「ラウベ」(Laube) と呼ばれる小屋があることが特徴である（写真5.6）．ラウベは利用者にとっての憩いの空間や自己表現の空間であり，それぞれのラウベはきれいに維持管理されている．ラウベに宿泊することはできないものの，農作業しながら休暇をゆっくり過ごす場所でもあり，時には友人やほかの農園利用者を招いてパーティやバーベキューなどが行われるコミュニケーションの場所ともなる．ドイツの都市住民にとってのルーラリティは，このラウベに体現されているのである．

写真5.4 クラインガルテンの掲示板
（2016年8月，筆者撮影）

写真5.5 クラインガルテン
（2016年8月，筆者撮影）

写真5.6 ドイツ・ミュンヘンのラウベ付きクラインガルテン
（2016年8月，筆者撮影）

6
オーストラリアの食肉産業

本章では，オーストラリアの食肉産業，特に牛肉生産に焦点を当てて，地域産業のグローバル化の様相を明らかにする．オーストラリアの牛肉生産は現在に至るまで国を支える基幹産業として重要であり，その役割は将来においても変わらない．しかし，オーストラリアの牛肉生産には，オージービーフとしてブランド化されたことに象徴されるように，生産形態を大きく変えてきた一面がある．オーストラリアのローカルな産業であった牛肉生産は，グローバル化して国際市場との関わりを強めるにつれて，肉牛の生産形態を grass fed beef（牧草で肥育した牛肉）から grain fed beef（穀物で肥育した牛肉）に大きく変えてきた．そのような変化は，モノと金の国際的な移動や取引を反映するだけでなく，人や情報，および技術やサービスのやり取りにも反映されている．つまり，ローカルな現象であるオージービーフの生産は，モノ，金，人，情報，技術，サービスのグローバルな流動や交換に呼応したグローカルな現象として捉えることができる．

6.1 オーストラリア農業と伝統的な肉牛生産

オーストラリア農業を取り巻く環境は，地域的に変化の著しい降水量や周期的に起こる干ばつ，肥沃度の低い土壌，市場まで遠距離であることなど，決して有利なものではない．こうした環境の中で，人々は地域の自然条件に適応しながら，広大な土地を粗放的に利用し，肥料や大型機械，灌漑施設などに資本を集約的に投入して，市場までの距離の制約をあまり受けない羊毛やコムギを商品生産する農牧業を発展させてきた．また，オーストラリアの農産物の多くは輸出商品として生産されており，国際的な市場価格や産地間競争の影響をつねに受けてきた．換言すれば，オーストラリア農業は自然条件に適応しながら，規模の経済を利用してコストを節約して，距離の制約を克服することで国際競争力のある輸出商品を生産してきたと言える．

オーストラリアの農業地域区分は年降水量の分布と対応しており，それは農業が自然条件に適応しながら発達したことの証左にもなっている．年降水量 750 mm 以上の地域では酪農や果樹園芸，およびサトウキビ栽培が，500～750 mm の地域ではコムギ栽培やヒツジ・肉牛の肥育経営が，そして 500 mm 以下の地域ではヒツジや肉牛の粗放的な放牧経営が発達している．基本的には，降水や掘抜き井戸により家畜の飲料水や灌漑用水が比較的確保しやすいところでは，穀物生産と牧草栽培とを組み合わせた牧羊業が混合農業として発達し，気温が高く乾燥しがちな地域では，塩類化した水やまばらな自然草地に適応できる肉牛が粗放的に放牧されている．つまり，オーストラリア農業の基幹的な生産品目の一つである肉牛生産は，伝統的に降水量の少ない地域の自然草地で大規模な放牧によって行われてきた．しかし近年では，様々な内的な（ローカルな），あるいは外的な（グローバルな）環境条件の変化が既存の肉牛生産地域に大きな影響を及ぼしている．

6.2 オージービーフ生産の発展とその担い手

オーストラリアにおける肉牛生産は，1980 年代後半のオージービーフというブランドの確立とともに変化した．オージービーフの生産は食料流通の国際化を象徴するものであり，生産地域は国際市場の価格やニーズの変化にすばやく対応しなければならなかった．そのため，大規模化・省力化によるコストの節約と資本投下による施設装備の充実が生産者に求められるようになり，そのことが従来の肉牛放牧や牛肉生産の担い手であった家族農場の減少につながった．具体的には，オーストラリアの牛肉は国際価格や市場ニーズの影響を受けてgrass fed beef（牧草で肥育した牛肉）からgrain fed beef（穀物で肥育した牛肉）に変化し，その生産は大草原の大規模な放牧場に代わって，企業的な大規模フィードロット（肥育場）が担うようになった．このことは，1980年代後半以降，日本や韓国における牛肉の輸入自由化に呼応してフィードロットが急増したことにも反映されている（図6.1）．

実際，日本市場では，アメリカ合衆国産の牛肉消費が1990年代以降，BSE（牛海綿状脳症）によって低迷する中，オージービーフの需要が増加した．それと相まって，オージービーフのフィードロットの飼養容量も急増するようになった．しかもフィードロットでは，フライパンや電子レンジで調理しやすい霜降り状の赤身肉の柔らかい牛肉が，日本市場のニーズに応じて大量に生産されるようになった．そのため，フィードロットの肉牛生産は1990年以降100万頭を超え，オーストラリアから輸出される牛肉の約50％がフィードロットで生産されたgrain fed beefになっている．さらに，「オージービーフ」のキャンペーンとともに，日本におけるオーストラリア産牛肉の需要がさらに高まり，フィードロットで生産されたオージービーフの約70％は日本市場向けとなった．

従来のオーストラリアでは，肉牛生産は内陸の

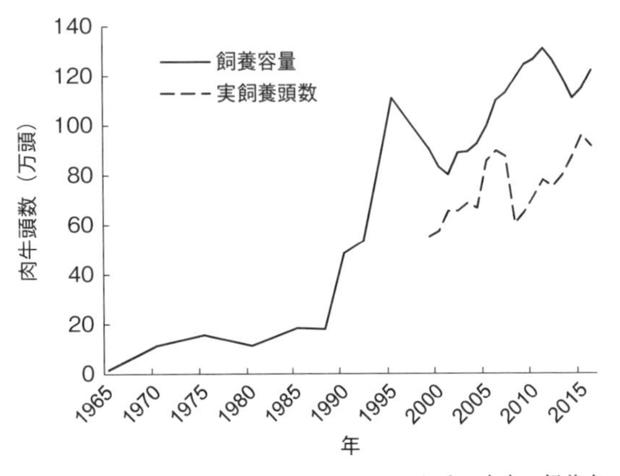

図6.1 オーストラリアのフィードロットにおける肉牛の飼養容量と実際の飼養頭数の推移
Australian Lot Feeders Association資料より作成．

乾燥地域や半乾燥地域の広大な家族農場での放牧を中心にして行われ，自然草地を飼料基盤にしていた．このような大規模場で粗放的な肉牛の放牧農場は5000 ha以上の規模で展開し，その規模の大きさからステーションとも呼ばれている．しかし近年では，1000 haから2000 haの耕地面積で，1万頭以上の肉牛を肥育する大規模フィードロットがグレートディバイディング山脈西側の穀倉地域に立地するようになり，そこで肉牛が穀物を集約的に給餌されて肥育され，牛肉が生産されている．オーストラリアにおけるフィードロットの分布を示した図6.2によれば，フィードロットが従来の肉牛生産地域と異なる地域に展開していることが分かる．つまり，フィードロットは主にクインズランド州南部からニューサウスウェールズ州にかけての地域に分布している．これらの地域では，適度な気温と降水量に恵まれていたため，麦類やトウモロコシなどの穀物生産が，あるいは穀物生産と牧羊業を組み合わせた混合農業が伝統的に発達している．

フィードロットによる牛肉生産は，オージービーフとして国際市場で優位性を維持するため，消費者のニーズに応えなければならなかった．オージービーフの最大の市場である日本の消費者のニーズは，柔らかくて美味しい「霜降り牛肉」であり，そのような牛肉の生産には，タンパク質が豊富な大量の穀物を集中的に給餌して肥育しなければならない．そのため，フィードロットは穀物生産地域内に，あるいは穀物生産地域に近接して立地した．さらに，肥育素牛や牛肉の輸出港までの有利な交通アクセスも，クインズランド州南東部からニューサウスウェールズ州にかけてフィードロットが集積する大きな要因となった．

オーストラリアには2012年時点で，1030のフィードロットが立地し，損益分岐点の1000頭以上の肥育容量を持つフィードロットの数は101であった．これらの肥育容量は全体の85％を占めている．101のフィードロットは肥育容量と所有する装備や施設などから，小規模フィードロットと中規模フィードロット，および大規模フィードロットに類型化することができる．小規模

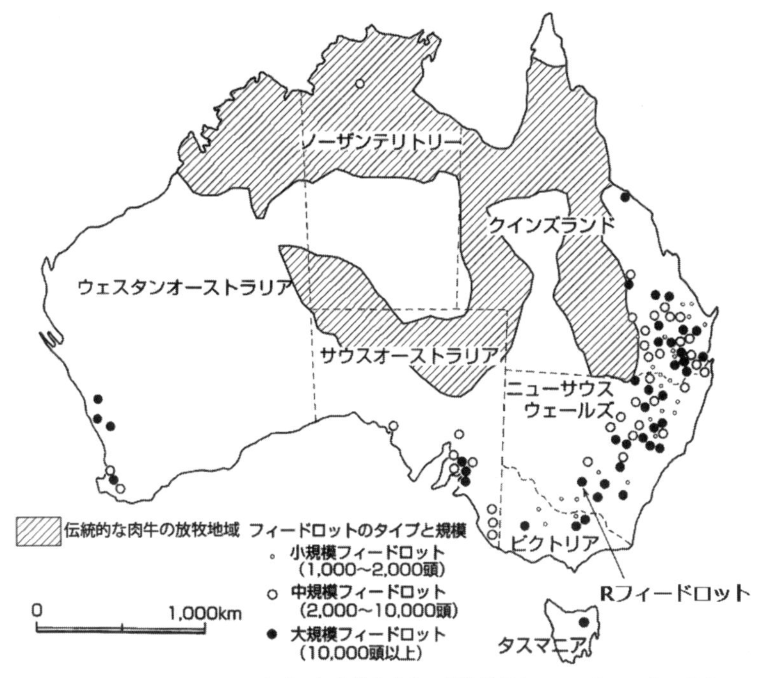

図 6.2　オーストラリアにおける伝統的な肉牛の放牧地域とフィードロットの分布
Australian Lot Feeders Association 資料により作成.

フィードロットは1000頭以上2000頭未満の肥育容量を持ち，施設装備をほとんど保有していない．中規模フィードロットは2000頭以上1万頭未満の肥育容量を持ち，飼料調整施設を保有している．他方，大規模フィードロットは1万頭以上の肥育容量を持ち，飼料調整施設と畜殺施設，および食肉加工施設などを保有している．大規模フィードロットの数は40あり，それらで生産されるオージービーフは全体の生産量の70％以上を占めている．近年では，中小規模のフィードロットは施設装備への多額な投資を必要とするために淘汰され，オージービーフの生産は大規模フィードロットに集約される傾向にあり，それらの立地もクインズランド州からニューサウスウェールズ州に移動する傾向にある．

6.3　大規模フィードロットにおけるオージービーフの生産

ニューサウスウェールズ州のリベリナ地方の農村中心地であるヤンコやリートンの近くに立地するRフィードロットは，オーストラリアを代表する大規模フィードロットの一つである（図6.2

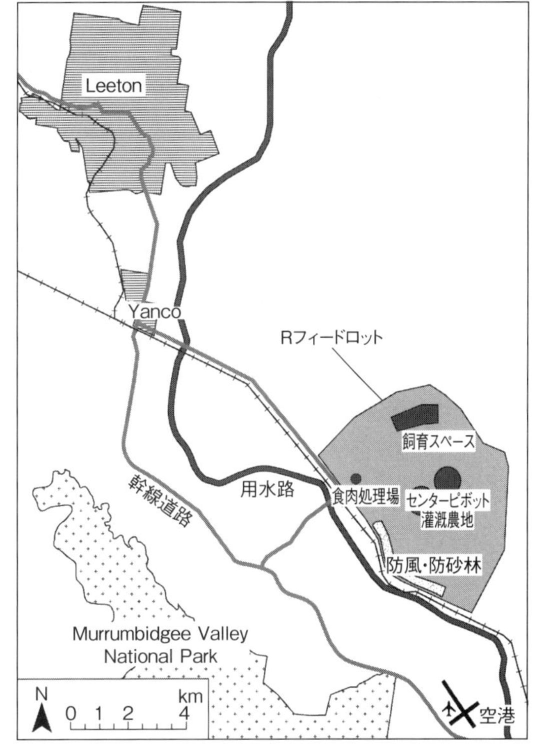

図 6.3　ニューサウスウェールズ州内陸部のヤンコ周辺におけるRフィードロットの位置
オーストラリア連邦10万分の1地形図などにより作成.

と図6.3)．R フィードロットの立地するリベリナ地方はグレートディバイディング山脈の西側の内陸部にあり，主要な港湾都市（シドニー）までの距離が約600 km と離れているが，港湾都市とは鉄道や幹線道路で結ばれており，港湾都市までの近接性は時間距離で6時間と必ずしも低くない．また，リベリナ地方はオーストラリアの穀倉地域の一つであり，穀物（麦類やトウモロコシ）生産と羊飼養を組み合わせた混合農業が発達しているだけでなく，オーストラリアを代表する稲作地域でもある．R フィードロットに近接したヤンコは日本人が第2次世界大戦前に入植して稲作を始めた地域として知られており，現在でもオーストラリアの稲作地域の中心地でもある．ここで展開する稲作とフィードロットは飼料の提供を通じておおいに関係することになる．

R フィードロットの施設配置が図6.4に示されている．これによれば，敷地では肥育用のフィードロットと穀物栽培用の灌漑農地が大きな面積を占め，飼料調整施設や畜殺・食肉加工施設のほか，周辺への畜産公害を抑制する糞尿処理施設や排水用貯水池などもある．フィードロットでは1日1頭あたり14 kg の穀物が給餌され，体重400 kg の素牛は約240日間，約700 kg になるまで肥育される．畜殺・食肉加工施設はダウンブラー加工（肉塊をぶら下げたまま切り分ける方法）やオールイン・オールアウトの冷蔵などができるようになっており，安全衛生管理が徹底されている．このような大規模フィードロットを維持するためには，薄片状にした穀物を蒸して配合する飼料調整施設，および畜殺施設や食肉加工施設が最低でも必要となり，その建設費用は莫大なものになる．

フィードロットの生産規模が大きくなるにつれて，大規模で最新の施設装備への投資が増え，従来の家族農場では資本調達が困難になってくる．そのため，大規模フィードロットは外国企業の投資に依存するようになり，1990年代初頭から外国資本の傘下の企業的フィードロットが多くなっている．このような企業的フィードロットは輸出用のオージービーフの生産を東アジア市場の拡大とともに増大させているが，同時に農村における家族農場の生産を奪い，家族農場を確実に衰退させ減少させている．その結果，家族農場主体の中小規模のフィードロットも減少する傾向にある．他方，大規模フィードロットは外国の食品資本や

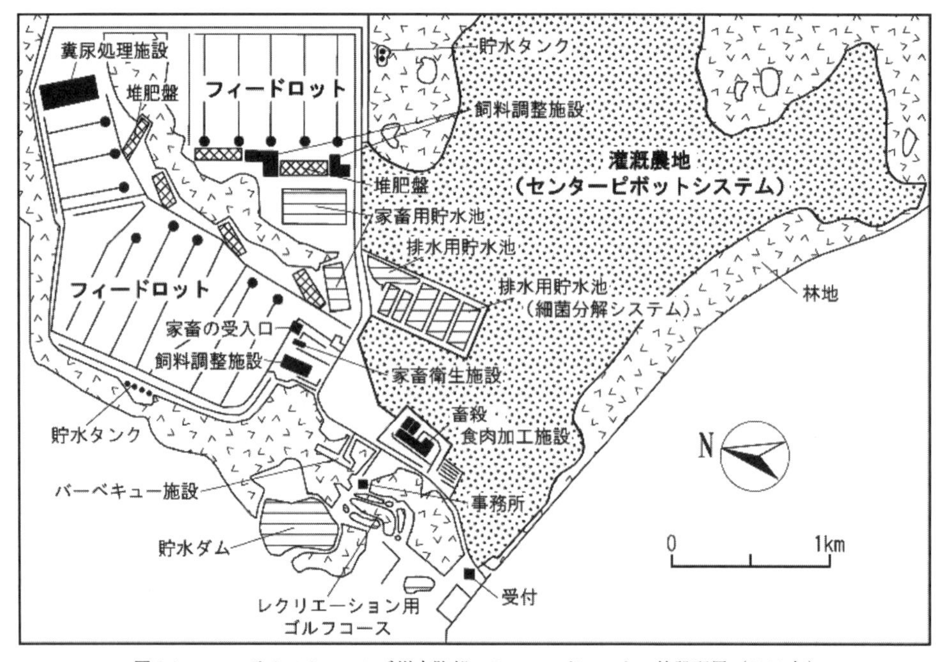

図6.4　ニューサウスウェールズ州内陸部のＲフィードロットの施設配置（2002年）
Ｒフィードロット資料より作成．

食肉資本の傘下となり，あるいは食肉資本と特約や契約を結び，企業的な経営に変化している．企業的な大規模フィードロットは消費地のニーズに適応しながら，国際市場での優位な位置を築きあげてきた．このような大規模フィードロットに参入した外国資本の多くは日本の大手食肉資本であり，R フィードロットも日本の大手食肉資本の傘下にある．

フィードロットによるオージービーフ生産の成功は，市場ニーズに適応した商品の提供によるものであった．オージービーフの主要な市場は日本であり，日本人の口に合った牛肉の生産が産業発展の原動力となった．具体的には，口の中でとろけるような脂ののった霜降り牛肉の食味と，牛肉の安全性が日本の消費者の基本的なニーズであった．霜降り牛肉の生産は穀物を給餌するフィードロットによって達成された．また，牛肉の安全性はアメリカ合衆国産牛肉の BSE 問題を契機に重要な要素となり，市場でのオージービーフのセールスポイントになった．そのため，オージービーフ生産は肥育素牛や飼料の供給地と受け入れ方法にも注意を払うようになった．

例えば，R フィードロットでは，安全性が高いと評価された肥育素牛が周辺の契約農場から購入され（図 6.5），仔牛の誕生から牛肉になるまでトレースできるシステムが構築されている．R フィードロットは肥育しやすさと日本人の嗜好を考慮してアンガス種とマレイ・グレイ種，およびそれらを掛け合わせたものを素牛にしており，適正に育成されたことを示すキャトルケア認証と出荷者証明書の提出を生産者に求めている．また，肥育牛の成長や給餌の記録は随時，耳に着けたナンバータッグに基づいてコンピュータ管理されている．肥育素牛を生産する農場の多くはグレートディバイディング山脈の低丘陵地域に立地し，それぞれの農場の規模は 500 ha から 1000 ha である．素牛生産の農場では 1 ha あたり 1 頭以上という適正な放牧密度に配慮して，輪換放牧（農場をいくつかの牧区に分け，牧区を順番に利用して放牧する方法）によって適正な移動と運動を行うことで，健康な素牛を生産している．

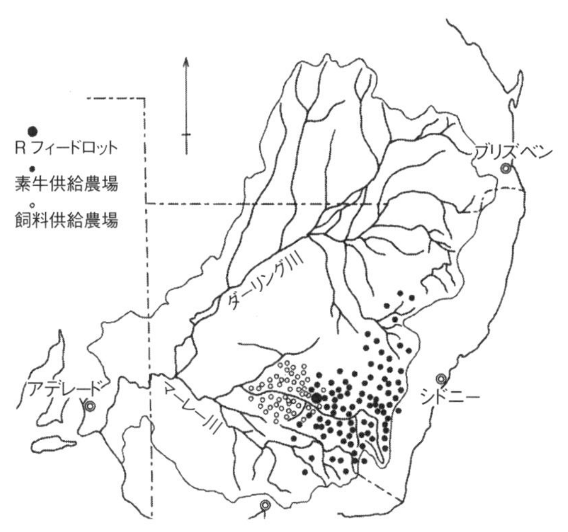

図 6.5 オーストラリア・ニューサウスウェールズ州の R フィードロットにおける素牛供給圏と飼料供給圏（2005 年）
R フィードロット資料および聞き取り調査により作成．

さらに，肥育用の飼料穀物も無農薬・無化学肥料で，あるいは有機栽培で栽培されたものを周辺の契約農場から購入しており（図 6.5），穀物栽培者は出荷時に無農薬・無化学肥料栽培を証明するグレインケア認証を提出することも義務付けられている．例えば，R フィードロットに飼料を提供している農場の多くはリベリナ地方の稲作や混合農業の農場である．リベリナ地方の稲作農場は約 300 ha の農地を所有し，その農地を 3 つに区分し，約 100 ha の農地をそれぞれ輪作して利用している．具体的には，1 年目の 3 つの農地は，稲作と麦作とヒツジの放牧にそれぞれ利用される．2 年目には稲作地であった農地は麦作地に，麦作地は放牧地に，放牧地は稲作地に利用される．そして 3 年目には前年に麦作地であった農地は放牧地に，稲作地は麦作地に，放牧地は稲作地に利用される．つまり，稲作→麦作→放牧の 3 年輪作が行われ，麦作による麦類が R フィードロットに飼料として提供されている．農地は水田として湛水することにより土壌中の害虫や病原菌が死滅するため，農薬の散布が不要であり，湛水により養分が運ばれてくるため肥料も不要となる．そのため，稲作農場で生産された麦類は無農薬・無化学肥料栽培として認定され，R フィードロットに飼料として供給されることになる．

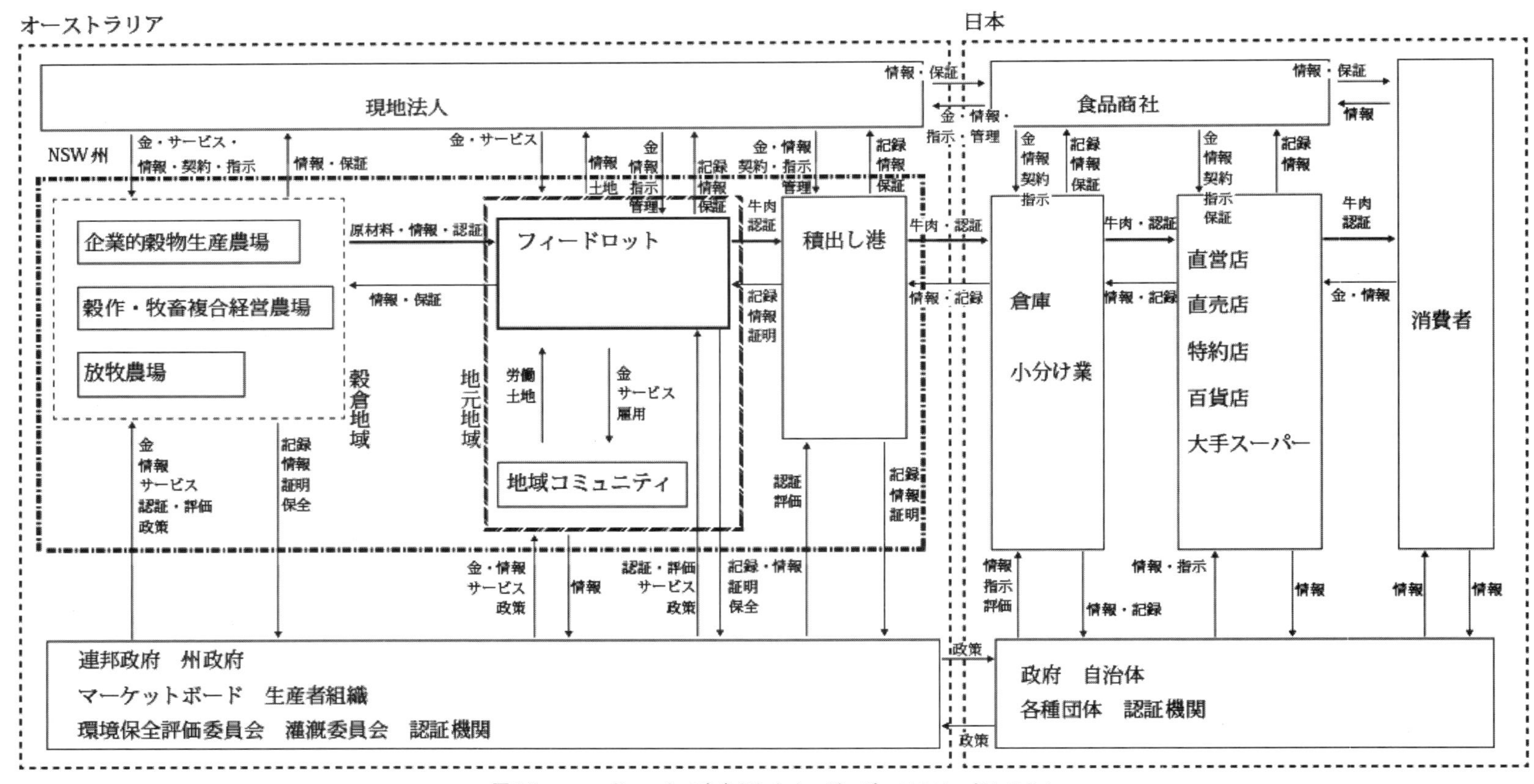

図 6.6　フィードロットで生産されたオージービーフのフードシステム
現地調査により作成.

6.4 オージービーフのフードシステム

フィードロットにおけるオージービーフの生産は，単に低廉な牛肉を大量に供給するだけでは，国際市場において競合する他国（主にアメリカ合衆国）に対抗することができない．フィードロットによるオージービーフのフードシステム（生産から消費までの流れ）を示した図6.6によれば，フィードロットで肥育される素牛は豪州肉牛生産者協議会（CCA）の安全認証を受けてフィードロット周辺の特約・契約農場から提供されていることや，フィードロットで給餌される穀物もオーストラリア持続的農業協会（NASA）による安全認証を受けたものがフィードロット周辺の特約・契約農場から提供されている．つまり，オージービーフは低廉でおいしい牛肉を安全・安心という付加価値ともに消費者に提供していることになる．このような付加価値はBSEなどによって牛肉の安全・安心性が消費者から求められることに対する生産地側の対応でもある．消費者のニーズは代価とともにフィードロットにもたらされ，フィードロットから素牛生産農場や穀物生産農場にも伝えられる．オージービーフ市場の開発や定着にとって，市場のニーズを商品流通のフィードバックとして適切に把握し，市場のニーズに見合う商品を生産することが重要である．

オージービーフのフードシステムは国際市場を取り込んだグローバルな現象である．しかし，国際市場に適応するオージービーフの生産はフィードロットを中心に地域の素牛生産農場や穀物生産農場を包摂したローカルな現象でもある．オーストラリアの大規模フィードロットは外国資本を中心とした企業経営であるが，地域社会との結び付きが強いことも大きな特徴になっている．例えば，Rフィードロットはその雇用の約80％を地元（ニューサウスウェールズ州リートン）採用にしており，主要な出荷先である日本を学ぶための援助や日本に留学するための奨学金を地元の高校に提供している．これらの意味からも，オーストラリアのフィードロット産業は地域社会との結び付きを活用し，ローカリティを重視しながら，グローバルな牛肉市場で他産地との競争を展開している．これは，一つのグローカルな（glocal）現象でもある．

6.5 オーストラリアの食肉産業のグローバル化とその空間構造―結びにかえて―

オーストラリアの食肉産業，特に牛肉（オージービーフ）の産業のグローバル化は，3つの空間が重層的に機能することで成立している（図6.7）．すなわち，1つ目はフィードロットを中心とするローカル（地域）レベルの空間であり，2つ目はオーストラリア国内のインターステート（州間）レベルの空間である．3つ目は国際市場を含めたグローバル（地球規模）レベルの空間である．1つ目のローカルレベルの空間では，フィードロットの基盤となる土地と水，および労働力が提供されるとともに，生産の要素となる飼料と素牛も提供される．それらの要素が提供される適地の一つは，オージービーフのフードシステムで説明したように，ニューサウスウェールズ州のリベリナ地方である．リベリナ地方はマレー・ダーリン川の灌漑地域として水利用に恵まれ，混合農業地域として穀物栽培と家畜飼養を伝統的に両立してきた．また，家族経営農場が比較的多く残存し，それらの子弟や女性の余剰労働力が利用できたことも，フィードロットの立地の大きな要因になった．

2つ目のインターステートレベルの空間では，フィードロットで生産された牛肉を輸出するための港湾との結び付きや交通条件が重要であり，それはフィードロットと国際市場ないしは消費地との結節点として機能する．また，港湾には商品の流通やそれに伴う代価の管理，および消費地からのニーズや情報を集約する現地法人の立地し，港湾はモノと金と情報の結節点としての機能を強めている．さらに，素牛の飼養技術支援や飼料作物の栽培技術の支援，および素牛や飼料の品質や安全性の保証もインターステートの空間レベルで行われている．フィードロットで利用する水の管理もマレー・ダーリング川流域でコントロールされるた

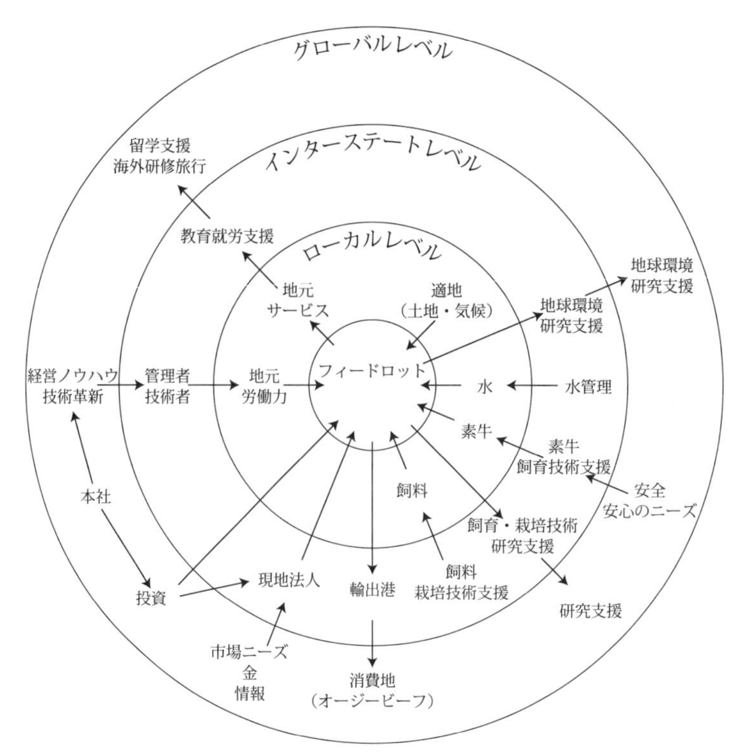

図 6.7 オーストラリアの食肉産業におけるグローバル化のモデル的状況

め，インターステートの空間レベルでの広がりが必要になる．加えて，フィードロットの管理者や上級の技術者もローカルな空間レベルにこだわらず，インターステートの空間レベルで採用されている．全体的には，インターステートの空間レベルはローカルレベルと次に述べるグローバルレベルとの繋ぎ手として位置付けることができる．

他方，グローバルレベルの空間では，オージービーフの消費地との結び付きが重要であり，そこではモノと金のやり取りだけでなく，商品の安全性やニーズなどの情報とサービス，および信頼などのやり取りも重要になる．これらのやり取りの質と量が高度化することにより，ローカルな牛肉生産という現象がグローバル化するようになる．そして，国際市場でブランド化されたオージービーフの生産はグローカルな現象として捉えることができるようになる．グローカルな現象はモノ，金，情報，サービスなどの直接的な交換にとどまらず，人の結び付きや移動，あるいは技術革新とそのノウハウのやり取りなどにまで及んでいる．例えば，地球環境に負荷を与えないフィードロットの肉牛飼養の研究が世界各地の大学や研究機関で行われており，その成果のフィードバックはローカルな生産現場で実装化されている．あるいは，地元の高校生がフィードロット企業の奨学金を利用して日本に留学したり，日本に教育旅行に出かけたりすることも，ローカルな空間とグローバルな空間を結び付ける役割を担っている．彼らの多くはオージービーフの市場である日本を理解し，フィードロットや食肉関連企業の労働力として貢献することになる．　〔**菊地俊夫**〕

【日本における肉牛生産―米沢牛の事例―】

日本の四大和牛ブランドの一つとも称される米沢牛は農産物の地域ブランドとして以下の２つの要件から定義されている．第一には，米沢牛は山形県置賜３市５町（米沢市・南陽市・長井市・高畠町・川西町・飯豊町・白鷹町・小国町）において，米沢牛銘柄推進協議会の認定した生産者が，登録された牛舎で18ヶ月以上飼育した黒毛和種の未経産雌牛である．第二には，米沢牛は生後月齢32ヶ月以上の黒毛和種で，その枝肉は公益社団法人日本食肉格付協会が定める３等級以上の外観と肉質・脂質に優れていることを基本としている．

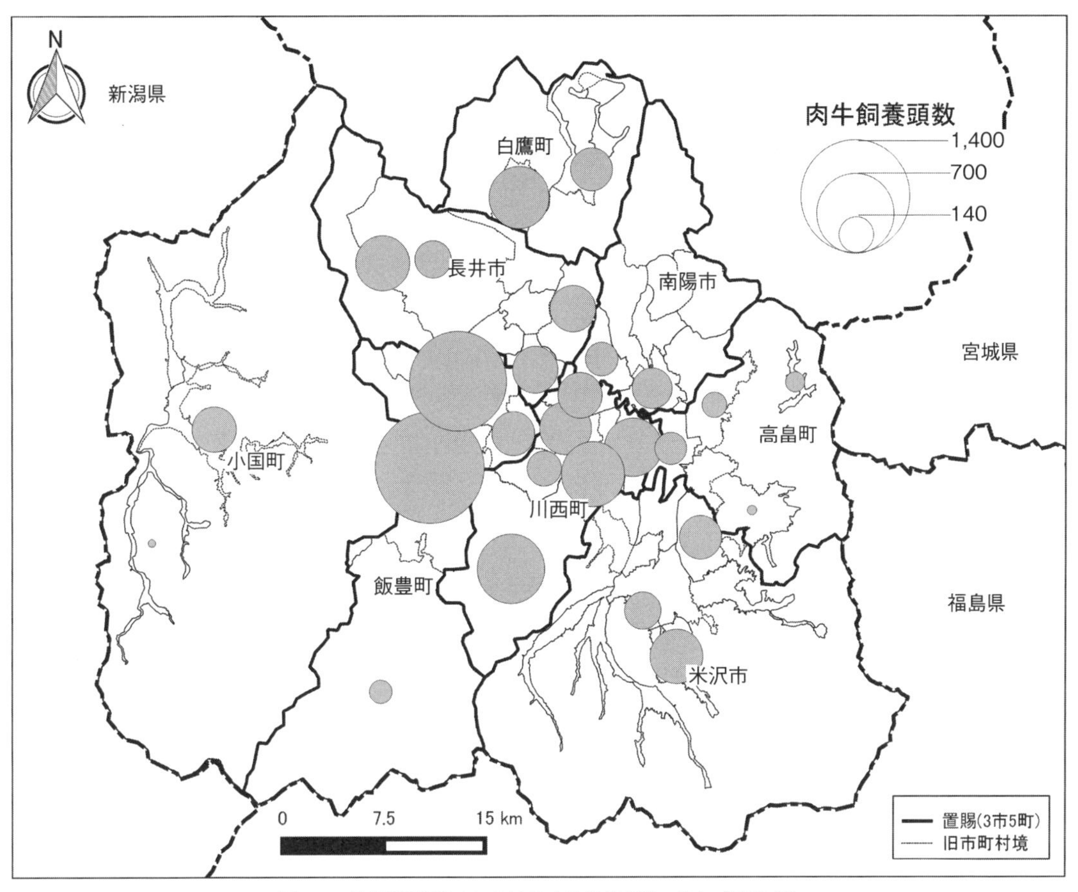

図 6.8　山形県置賜地方における肉牛飼養頭数の分布（2010年）
農林業センサスにより作成.

山形県置賜地域における2010年の肉牛頭数の分布を見ると（図6.8），肉牛は飯豊町と川西町では，それぞれ2728頭と2057頭分布しており，肉牛生産が置賜地域の中で卓越していることが分かる．飯豊町と川西町で生産される肉牛の約90%は米沢牛のブランドで市場出荷されており，２つの町は米沢牛の生産の中心といえる．飯豊町と川西町における生産農家１戸あたりの飼育頭数は，それぞれ39頭と18頭であり，それらの数値は肉牛飼養の方法に大きな違いがあることを反映している．川西町の肉牛飼育は副業の伝統を残し，水稲作などと組み合わせた形態である（写真6.1と6.2）．川西町の農家Iは，水田を３ha所有し，稲わらや砕け米，およびダイズや麦類などを飼料にして，約20頭の黒毛和牛を米沢牛として副業的に飼養している．小規模な牛舎が母屋に隣接して建てられていることも，米沢牛飼養の副業的な性格を象徴している（写真6.3）．

他方，飯豊町では水稲作と組み合わされていた肉牛飼養が専門化し，肉牛生産は副業から専業に変化する傾向を強めている．米沢牛を専門的に生産する飯豊町の農家Tは，約900頭の肉牛を舎飼い中心で生産しており，子取りから肥育，そして販売までの一貫的な経営を行っている．かつては，母屋に併設された牛舎で小規模な肉牛飼育が行われていてが，現在は母屋から離れた場所に建設された４棟の大型畜舎（１棟の収容規模は 100 頭から 200 頭）で肉牛飼養が行われ，自動の糞尿処理施設や給餌施設が完備されている（写真 6.4）．飼料は麦・トウモロコシ・ダイズ・ふすまを独自にブレンドしたものが朝昼晩に自動的に給餌され，補助的に稲わらも給餌されている．米沢牛の特徴である霜降り状のきめの細かい脂質を維持するためには，良質の濃厚飼料を給餌しなければならず，稲わらや残米や農場副産物を給餌していた伝統的な肉牛生産とは様相が大きく異なる．また，米沢牛生産を専門化するためには経営規模を大きくしなければならず，従来の家族経営の肉牛生産は，農家Ｔのような法人経営のそれに変化しつつある．

写真 6.1　山形県置賜地域における水田と畜舎からなる農家景観（2016 年 8 月，筆者撮影）

写真 6.2　山形県置賜地域における水稲作と組み合わせて米沢牛を生産している農家（2016 年 8 月，筆者撮影）

写真 6.3　米沢牛を副業的に飼養している農家の畜舎（2016 年 8 月，筆者撮影）

写真 6.4　米沢牛を専門的に飼養する肉牛生産の専業農家の畜舎（2016 年 8 月，筆者撮影）

7
グレートプレーンズの資源と人々

グレートプレーンズは，アメリカ合衆国の西部に南北に広がる半乾燥の草原地域である．ここでは，先住民の時代から今日まで，地域資源を利用して，時代によって様々な人々が生活し，様々な産業が展開した．野生動物を利用した先住民，草原でウシを放牧したカウボーイ，コムギ栽培に挑戦した開拓農民，テンサイ栽培者と製糖業者，大規模灌漑装置を利用したトウモロコシ生産者，ウシの肥育業者，企業的養豚場経営者，大規模酪農家，食肉工場を経営するアグリビジネス，そして食肉工場で働く労働者などである．グレートプレーンズには，地域資源を利用して生活した人々の記録が残されている．そして，将来のグレートプレーンズはどのような世界になるのだろうか．

7.1 地域資源の認識と活用

7.1.1 先住民と野生動物の利用

グレートプレーンズ（Great Plains）はアメリカ合衆国の西部にあり，ロッキー山脈の東側にほぼ南北に広がる半乾燥の草原である．今日，この地域はコムギ栽培地域として，また，食肉生産地域として知られる．しかし，多くのアメリカ人にとって，また日本人にとっても，グレートプレーンズはイメージの薄い，存在感の乏しい地域である．

じつは，グレートプレーンズには，前コロンブス期から今日まで，時代によって様々な人々が暮らし，経済活動を行ってきた．それぞれの時代に，グレートプレーンズに暮らした人々は，地域資源を認識し，活用して，独自の生産様式と生活様式を作り上げた．ただし，いずれの資源も有限であり，それを活用する人々の経済と社会も恒久的ではなかった．

前コロンブス期からグレートプレーンズの資源を活用したのはアメリカ先住民であった．先住民の生活様式は自然環境に適応した形態であり，アメリカ東部では原初的な農業が，西部ではどんぐりなどの堅果類の採集と加工が行われたが，グレートプレーンズでは野生動物の狩猟が中心であった．シャイアン，カイオワ，クロー，アラパホ，コマンチなどの先住民にとって，バッファロー（アメリカバイソン），エダツノレイヨウ，ノウサギ，コヨーテをはじめとした豊富な野生動物は，生活の基盤であった．

先住民にとって特に重要な存在はバッファローであった（写真 7.1）．バッファローは群れをなして生活する大型の野生動物で，獰猛でも俊敏でもないので，狩猟には好適であった．先住民は，鉄砲などの狩猟の道具を持ってはいなかったが，集団で群れを追って，崖から落として，必要量を獲得した．しとめたバッファローは，余すところなく利用された．肉，内臓，脳，骨髄，血液はいずれも食料となった．皮革は住居，衣類や寝具，ボートなどに活用された．先住民の生活様式は，バッファローなどの野生動物の資源を持続的に利用した，自然と共生する生活様式であった．このような先住民の生活は，アメリカ人がこの草原地域に進出するまで継続した．

写真 7.1 草原のバッファロー（1999 年，筆者撮影）

7.1.2 アメリカ大砂漠

アメリカ東部の開拓に従事したのは，西ヨーロッパや北ヨーロッパからの移民であった．これらの人々にとって，北アメリカ大陸の東側の自然環境は，出身地の自然環境とよく似ていた．西ヨーロッパや北ヨーロッパで形成された森林文化は，北アメリカ東部の森林地帯で入植を行うために十分に役立った．森林を伐採する斧や鋸（のこぎり）などの道具，丸太小屋などの木造住宅，穀物・牧草などの農作物，ウシ・ブタ・ウマなどの家畜が導入された．地理学者テリー・ジョーダンの表現を借りると，ヨーロッパからの移民はアメリカ東部の自然環境に「前適応」していたわけである．ヨーロッパの森林地域では混合農業が基本的な農業形態であったが，アメリカ原産のトウモロコシを先住民から取り入れることにより，アメリカ型農業様式が誕生した（矢ケ﨑，2010）．

開拓がアパラチア山脈を越え，さらにミシシッピ川を越えて西に向かって進行するにつれて，西ヨーロッパや北ヨーロッパから来た人々とその子孫は，それまで経験したことのない自然に直面するようになった．人間が新しい自然に直面すると，経験と知識を基盤として，それを認識し評価する．経験と知識は，移住前に暮らしていた社会・経済・文化の中で形成されたものである．すなわち，異なる社会・経済・文化の伝統で育った人々は，同じ自然環境について，異なる評価と認識を持つことになる．

ミシシッピ川からロッキー山脈に至る広大な土地は，元々フランスの領有地であった．これは，フランス人による植民が，セントローレンス川，五大湖，ミシシッピ川という水域に沿って進展した結果であった．アメリカ合衆国第3代大統領トーマス・ジェファーソン（在位 1801-1809）は，ナポレオンと交渉して，当時，ルイジアナと呼ばれたこの広大な土地を1803年に取得した（「ルイジアナ購入」）．こうして，19世紀のはじめに，アメリカ合衆国はミシシッピ川の航行権を獲得するとともに，国土はほぼ2倍に増大した．しかし，旧フランス領の土地の多くは草原であり，しかも，西に向かうにつれて草丈は低くなった．

19世紀前半に制作されたアメリカの地図には，この草原を指して，Great American Desert という表記が用いられた．すなわち，アメリカ大砂漠である（図7.1）．というのは，アメリカ東部を開拓した人々は西ヨーロッパや北ヨーロッパの出身者であり，こうした人々にとって，木の生えない環境は不毛である，すなわち砂漠として認識されたからである．もしもイベリア半島出身の人々がこの草原を見ていれば，異なる評価を下したことは間違いないだろう．広大な草原は，家畜を放牧するために絶好の環境として認識されたことだろう．

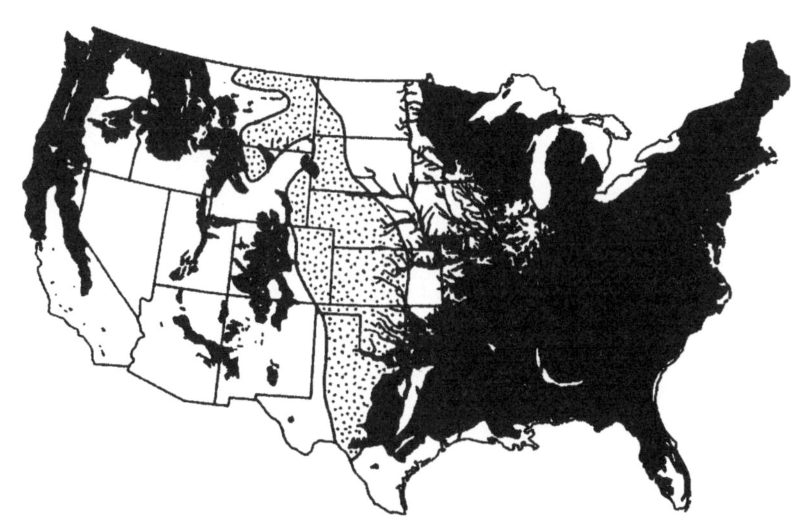

図 7.1 アメリカの原生林（黒色部）と「アメリカ大砂漠」（点描部）
矢ケ﨑（2010）より．

7.1.3　草原と牛とカウボーイ

広大な草原に関する知識が蓄積されるにつれて，そして人口が増加し始めるにつれて，砂漠のイメージは徐々に改善された．アメリカ大砂漠と認識された草原で最初に経済活動を展開したのは，カウボーイ（cowboy）であった．南北戦争後，アメリカ東部の大都市では牛肉に対する需要が増大したが，肉用牛の供給は十分ではなかった．冷蔵装置が未発達だった当時，ウシは生きたまま大都市の家畜置場まで運ばれ，食肉工場で解体され，肉小売店に供給された．一方，温暖な気候に恵まれたテキサスはテキサスロングホーン牛の繁殖の適地であったし，東部市場とテキサスではウシの価格に大きな差が存在した．鉄道がグレートプレーンズに到来したことを契機として，1860年代から1880年代まで，テキサスからアメリカ東部の大都市まで，ウシを運搬するビジネスが展開した．

テキサスの牧場主は，カウボーイを雇って，600頭から3000頭のウシを仕立てて，天然の草原で放牧しながら，北のキャトルタウンを目指してウシを移動させた．キャトルタウンとは，東から西に向かって延びる鉄道の西端にある鉄道駅である（写真7.2）．テキサスのウシの繁殖地からキャトルタウンまで，キャトルトレイルと呼ばれたルートに沿って，ウシの移動が行われた．これはロングドライブと呼ばれ，3月にテキサスを出発したウシの群れは6月上旬までにはキャトルタウンに到着した．カウボーイにとっては，草原はアメリカ大砂漠ではなく，ウシを放牧させる適地であった．カウボーイからウシを受け取った家畜業者は，ウシを鉄道貨車に積み込んで，東部の大都市まで運搬した．なお，鉄道が西へと延びるにつれて，キャトルタウンやキャトルトレイルも西へと移動した（矢ケ﨑ほか，2006）．

写真 7.2　キャトルタウンの記憶（カンザス州ダッジシティ）（2013年，筆者撮影）

7.1.4　草原の開拓とコムギ農場

草原という地域資源に基づいたカウボーイと放牧の経済は持続することはなかった．一つは食肉産業の構造が変化したことが理由であった．19世紀末までに中西部にコーンベルト（トウモロコシ地帯）が形成されて，トウモロコシを飼料とするウシの肥育が活発化した．肥育されたウシはシカゴに移送され，大規模食肉工場で解体された．そして，冷蔵された食肉は，鉄道で東部市場に出荷されるようになった．同時に，グレートプレーンズには東部から開拓民が進出して，草原の開拓に従事するようになり，カウボーイによるウシの放牧の時代も終わりを告げた．

東部の森林地域を開拓した人々は，草原という新たな環境に直面して，開拓のための新しい道具や方式を考案することが必要となった．それらは，住宅の建設，水の確保，草の除去，牧柵の建設であった．

グレートプレーンズでは木材資源に乏しいため，住宅建設にあたって，地元にある新たな素材が利用された．開拓民は土をブロック状に掘り起して，ソッドハウス（芝土の家）を建設した．河川から離れた場所では水の確保が難しかったので，井戸を掘り，風車を建てて，風力によって浅い井戸水を汲み上げた．草原にそびえる風車は，開拓に成功した人々の存在の証でもあった．また，農地を開墾するために，地下深くまで根を張った草を除去する必要があったが，これは鋼鉄製のプラウ（犂（すき））をウマに引かせることにより可能になった．

年間降水量500 mm以下のグレートプレーンズでは，800 mm以上の年間降水量を要するトウモロコシ栽培は難しかったので，コムギ栽培が農業経営の中心になった．コムギは乾燥に強いため，天水を利用することによって栽培可能であった．

夏季の休閑期にできるだけ水分の蒸発を抑えるために，耕耘作業が繰り返され，少ない雨を可能な限り土壌に浸透させた．すなわち，乾燥農法の活用である．一方，土地が比較的平坦なため，新たに開発された農業機械の導入が容易であった．ホームステッド法（1862年）に基づいて公有地の払い下げを受けて，また，鉄道会社が販売する土地を購入して，グレートプレーンズにはコムギ農場が増加した．

開拓民がグレートプレーンズに進出すると，ウシの群れを率いるカウボーイと農民との間に衝突が生じた．カウボーイにとって，増加する農民は草原を自由に移動するにあたって障害となった．一方，農民にとっては，カウボーイが率いるウシの群れが農場を荒らすことが悩みの種であり，農場の周りを牧柵で囲うという対策が必要となった．そして有刺鉄線が発明され普及することによって，農場を簡単に保護することが可能になった（写真7.3）．こうして，1880年代には，カウボーイと農民との間に牧柵戦争が起きたが，時代はもはや農民に味方していた．牧柵戦争に敗れたカウボーイが放牧を続けるためには，さらに西へと移動することを余儀なくされた．

こうしてグレートプレーンズにコムギ農業地帯が形成された．しかし，ほぼ20年周期で発生する大干ばつが農民を苦しめることになった．1887年に始まった大干ばつは10年近くも続いた．さらに，1930年代に起きた干ばつは長期化した．継続した耕耘作業によって細かくなった土壌は，干ばつによって乾燥し，強風によって吹き飛ばされた．このような砂塵あらしはダストストームと呼ばれ，グレートプレーンズの農業地域に壊滅的な被害をもたらした．農地も農家も砂に埋もれ，農業は崩壊した．スタインベックが書いた『怒りの葡萄』の世界である．また，地域主義画家の一人であるアレクサンドル・ホーグは，侵食シリーズとして，干ばつで崩壊した地域の様相を描いた（矢ケ﨑，2007）．

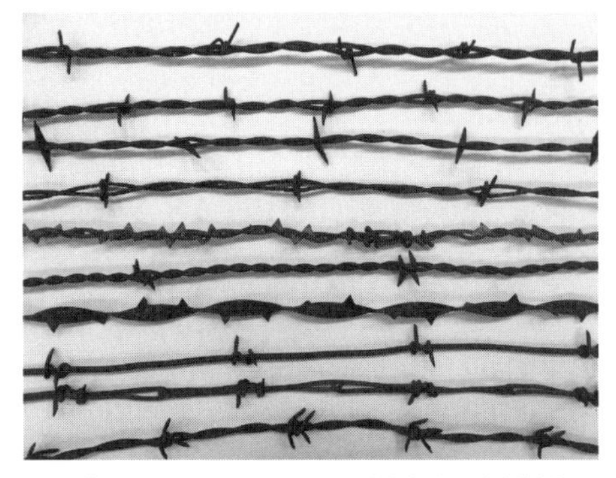

写真7.3　グレートプレーンズを変えた有刺鉄線（2017年，筆者撮影）

乾燥農法という人間の農業活動が，グレートプレーンズの社会と経済の崩壊を招いたことは明らかであった．もっとも，再び雨が降り出すと，東部から新たに人々が入植し，農業に取り組むようになった．グレートプレーンズでは，干ばつと降雨という自然の影響を受ける不安定な社会と経済が継続した．

7.2　河川水に依存した経済と社会

7.2.1　河川灌漑とテンサイ糖産業

半乾燥のグレートプレーンズの中で，水に恵まれた場所がある．それはロッキー山脈に水源を持つ河川である．豊富な水量に恵まれた河川は，グレートプレーンズにおいて経済発展の軸として重要な役割を演じた．19世紀末から，プラット川流域やアーカンザス川流域では，農業を目的として河川水を利用する水路灌漑事業が進展し，土地利用の集約化に寄与した．

「アメリカのナイル」とも呼ばれたアーカンザス川の場合，コロラド州南東部からカンザス州南西部にかけて，19世紀末から水路灌漑事業が進展した．ロッキー山脈における雪解け水によって，アーカンザス川は季節的に増水と減水を繰り返した．1870年代から民間資本によって水路が建設され，水利権が獲得された．地元受益者が出資して互助灌漑会社が設立されたし，地域外の大資本が進出して営利灌漑会社が設立された．サンタフェ鉄道の開通は地域の発展の促進要因となった．もっとも，初期の灌漑会社はいずれも経営が破綻した．灌漑事業は，テンサイ栽培の導入と製糖工場の建設によって，安定化することになった（矢ケ﨑，2000）．

アーカンザス川流域では，1900年から1907年

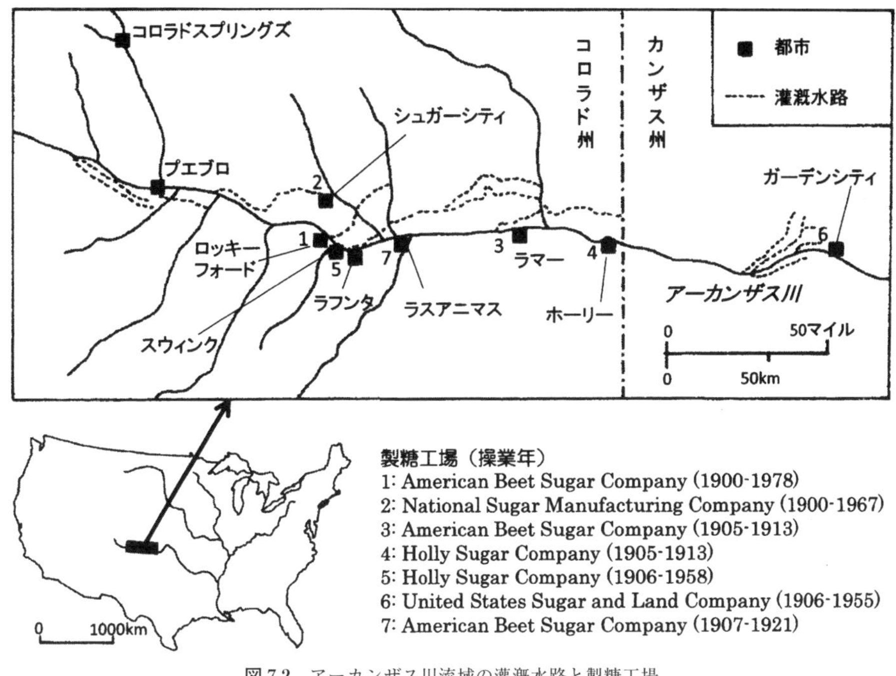

図 7.2 アーカンザス川流域の灌漑水路と製糖工場
矢ケ﨑（2014）より．

の間に7つの製糖工場が建設された（図7.2）．テンサイはこの地域の経済にとって最も重要な農作物になった．製糖工場は，テンサイ栽培農民，農業労働者，製糖工場の従業員，関連施設の雇用者など，多くの雇用を創出した．このような製糖工場に出資したのは，製糖業界では著名なオックスナード兄弟，ボルティモア資本，コロラド資本であった．製糖業は，最後の製糖工場が1978年に閉鎖されるまで，アーカンザス川流域の経済にとって重要な存在であった（矢ケ﨑，2000）．

7.2.2　ロシア系ドイツ人の社会

アメリカ西部でテンサイの栽培や収穫に当たったのは，ロシア系ドイツ人，メキシコ人，日本人などの移民であった．アーカンザス川流域では，特にロシア系ドイツ人が重要な役割を演じた．ロシア系ドイツ人は，19世紀末から第1次世界大戦の勃発までグレートプレーンズに流入し，エスニック社会を形成した．

ロシア系ドイツ人はヴォルガジャーマンとも呼ばれる．七年戦争の後，ロシアの女帝，エカチェリーナ2世の招きに応じて，多くのドイツ人がヴォルガ川の流域に移住して農業開拓にあたった．1760年代中頃には，ヴォルガ川の下流域に104ヶ所のドイツ人植民地が形成された．エカチェリーナ2世が提供した様々な優遇措置を受けて，ロシアの草原にドイツ人による文化島が設立され，1世紀にわたって維持されたわけである．しかし，1870年代にドイツ人に対する迫害が始まると，彼らは南北アメリカの草原に移住して新たな生活を始めた．グレートプレーンズで発展し始めたテンサイ糖産業は，ヴォルガ地域からのドイツ系移民を引き付ける要因となった（矢ケ﨑，2014）．

ロシア系ドイツ人は勤勉な農民として知られたし，子どもの数が多いため，家族労働力によるテンサイ栽培には好適であった．というのもテンサイ栽培には，間引きと除草に多くの労働力が必要であったし，秋の収穫期には手作業による収穫は重労働であったからである．製糖工場の存続にとってテンサイの安定した供給は不可欠であったので，ロシア系ドイツ人は頼りになる労働者集団であった．テンサイ栽培地域にはロシア系ドイツ人の社会と文化が維持され，ドイツ語が一般的に話された（写真7.4）．

しかし，1950年代にはテンサイ糖産業は衰退を始め，製糖工場が相次いで閉鎖された．テンサ

写真 7.4　ロシア系ドイツ人とテンサイ栽培
フィニー郡歴史協会所蔵.

イの栽培は継続し，操業を続ける製糖工場に鉄道で運搬されたものの，1970 年代には連邦政府による砂糖統制が廃止され，テンサイ糖産業はさらに衰退し，ロシア系ドイツ人の社会も姿を消した．

なお，ネブラスカ州の州都リンカーンには，ヴォルガ川流域から移住した人たちの子孫が，ロシア系ドイツ人アメリカ歴史協会（American Historical Society of Germans from Russia）を組織し，ヴォルガジャーマンの歴史と文化の継承に努めている．西ヨーロッパの森林地域からヴォルガ川流域の草原地域に移住し，草原の環境に適応したロシア系ドイツ人にとって，グレートプレーンズの環境は移住地として好適であった．

7.3　地下水資源に依存した経済と社会

7.3.1　巨大な地下水資源の発見と技術革新

1960 年代以降，グレートプレーンズでは新しい資源が発見され，その利用が盛んになったため，新しい経済と社会が展開した．それは，オガララ帯水層と呼ばれる地下水資源であった．これはロッキー山脈から運ばれた堆積物が形成した地層に，数千年もの時間をかけてたまった地下水で，その範囲は日本の国土の 1.2 倍に及ぶ．ただし，この地下水資源は有限であり，揚水した分だけ地下水面は低下する．

19 世紀の開拓時代に設置された風車は，浅い地下水を揚水するために貢献した．一方，新たな技術革新によって，地下深くに存在するオガララ帯水層の水資源を使用することが可能になった．

写真 7.5　センターピボット灌漑装置
（コーナーキャッチャー付属タイプ）
（1999 年，筆者撮影）

すなわち，深井戸を掘る技術と，揚水ポンプの改良であった．地元で産出される天然ガスは，揚水ポンプを稼働するための燃料として活用されるようになった．さらに，センターピボット灌漑と呼ばれる自動式の大規模灌漑装置が普及した．

センターピボット灌漑装置はフランク・ザイバックが 1949 年に考案したものである．ザイバックは 1952 年に特許を取得し，ネブラスカ州ヴァレーでセンターピボット灌漑装置の製造・販売を開始した．その後，当初の水圧稼働方式から電動稼働方式へと改良が進んだ．ヴォルモントインダストリーズ社の Valley ブランドの装置が最も普及している．深井戸を中心に，長さ約 400 m の装置が移動しながら灌漑する．ラテラルと呼ばれる導水管はタワーと呼ばれる支柱（7 本）で支えられ，それぞれに 2 つの車輪がついている．ラテラルから地面近くまでチューブが下がり，その先端のノズルから散水する（写真 7.5）．

センターピボット灌漑装置が急増した 1990 年代には，1 基を設置するために，装置自体の価格（標準的な仕様のものは 3 万 5 千ドル）に加えて，深井戸の掘削や揚水ポンプのエンジンなどを含めると 8 万ドルもかかった．最近では，節水機能を備えた灌漑機器の改良が進み，装置の価格は 6 万～7 万ドルもする．これはセンターピボット灌漑の一つの欠点である．しかし，この灌漑装置は非常に効率的かつ省力的である．圃場（ほじょう）が平坦でなくても，傾斜地であっても，車輪によって移動しながら灌漑できる．また，水量を調整することにより，水の効率的な利用が可能であり，労働力もかからない．この自動式灌漑装置の普及によって，グレートプレーンズの原野には，緑色の円形の畑が連なる農業景観が形成された．

7.3.2 総合的畜産地域の形成

センターピボット灌漑の普及に伴って生産されるようになったのはトウモロコシであった．トウモロコシを栽培するためには年間降水量800 mmが必要であるため，グレートプレーンズでは天水を利用した栽培は不可能である．しかし，オガララ帯水層の水資源を利用することによって，新しいトウモロコシ栽培地域が誕生した．表7.1が示すように，アイオワ州とイリノイ州を中心としたコーンベルト諸州がトウモロコシ生産の中心であるが，グレートプレーンズの広がるネブラスカ州やカンザス州で生産量が増加しており，特にカンザス州における増加が著しい．この地元産のトウモロコシを基盤として，ウシの肥育業が発展した．これは，新しいコーンベルトの形成とも表現することができる．

空中写真を見ると，ウシの肥育牧場である大規模フィードロットの存在を確認することができる．緩やかな傾斜地に，ペンと呼ばれる無数の小区画が設けられ，子牛は肥育の完了までの120日をここで過ごす．ウシは，ペンの外側に沿って設けられた飼料供給用の溝に顔を突っ込んで，餌を食べる．飼料は，成長に応じて牧草からトウモロコシ中心へと調整される．ウシの生育や健康状況は事務所で管理され，飼料を効率よく与えて太らせる．飼料を貯蔵する穀物倉庫が付属し，目印となっている（写真7.6）．企業的フィードロットでは，顧客のウシを預かって肥育する受託肥育が一般的である．アグリビジネス企業が経営する，数万頭規模を肥育する大規模フィードロットもある．

肥育の完了したウシは，グレートプレーンズに立地する食肉加工業者に販売され，工場で食肉に解体される．タイソンフーズ社など，アグリビジネス企業が経営する食肉工場がいくつも立地し，1日の処理能力が6000頭といった大規模な食肉工場もある．ここでは，解体ラインに沿って，ウシの枝肉が解体され，部位ごとに肉の塊のまま冷凍され，箱詰め牛肉が生産される．冷凍箱詰め牛肉は，食肉の流通形態を革命的に変えた．

グレートプレーンズでは，ウシを積んだ大型トラックや，冷蔵装置のついた大型保冷トラックをよく目にする．グレートプレーンズのカンザス，ネブラスカ，コロラド，テキサスの諸州は，統計を見ても，ウシの処理頭数が多い．19世紀後半にカウボーイがウシを放牧させながら移動した草原は，1世紀の時を経て，トラックドライバーが箱詰め冷凍肉を満載した保冷トラックを運転する牛肉産地へと発展した．まさに，カウボーイからカーボーイへの変化であった．

じつは，グレートプレーンズで生産される食肉は，牛肉だけではない．ここには新しい企業的養

表7.1 主要なトウモロコシ生産州（1970年，2010年）

州	1970年	2010年
アイオワ	859 (21.0)	2153 (17.3)
イリノイ	736 (18.0)	1947 (15.6)
ネブラスカ	360 (8.8)	1469 (11.8)
ミネソタ	390 (9.5)	1292 (10.4)
インディアナ	372 (9.1)	898 (7.2)
カンザス	80 (2.0)	581 (4.7)
オハイオ	232 (5.7)	533 (4.3)
サウスダコタ	102 (2.5)	570 (4.6)
ウィスコンシン	144 (3.5)	502 (4.0)
ミズーリ	173 (4.2)	309 (2.5)
合衆国総計	4099 (100%)	12477 (100%)

（Statistical Abstract of the United States により作成）
単位は百万ブッシェル

写真7.6 グレートプレーンズのフィードロット（2013年，筆者撮影）

豚業が発展した．元々ブタはアメリカ合衆国の農家ではどこでも飼われており，農民にとっての重要なタンパク質源であった．秋になると，森の中で木の実を食べて太ったブタを，家族で処理し，樽に詰めた塩漬け豚肉を作るとともに，ハムやソーセージなどに加工する作業が行われた．このような伝統的なブタの利用を企業化する動きは，サウスカロライナ州を中心とするアメリカ東部で始まった．ここでは衰退するタバコ産業に替わる産業として，農家による養豚業が始まった．

しかし企業的養豚業は，人口の多いアメリカ東部では多くの課題に直面した．ブタの悪臭や汚物の処理が問題視されたからであった．他方グレートプレーンズでは，人口が希薄なため，悪臭や汚物の問題が深刻にはならなかった．さらに，企業的養豚業には多量の水が必要であるが，オガララ帯水層の豊富な地下水がこの問題を解決した．こうして，テキサス州北西部からオクラホマ州西部のパンハンドル地方，カンザス州南西部には企業的養豚業が集積し，大規模食肉工場が立地して，新しい養豚地帯が誕生した．日本ハム株式会社も，1995年にテキサス州北西部のペリトンに子会社のテキサスファーム社を設立して養豚事業を開始した．しかし，2016年には，テキサスファーム社は養豚・食肉加工販売企業のシーボードフーズ社に譲渡された．なお，シーボードフーズ社はオクラホマ州ガイモンに大規模な豚肉加工工場を経営し，この地域における養豚業の発展の中心的な役割を担ってきた．

グレートプレーンズの地下水資源を利用して発展したもう一つの産業は，大規模酪農業である．牛乳は腐りやすいので，伝統的には消費市場に近接して立地した．しかし，生乳の処理や保冷・運搬技術の進歩によって，長距離輸送が可能になった．また，アメリカ合衆国では酪農用飼料として牧草アルファルファ（ムラサキウマゴヤシ）が一般に使用されるが，アルファルファは十分に灌漑すれば，1年に数回の収穫が可能である．グレートプレーンズでは，豊富な地下水資源を利用して，アルファルファ栽培が盛んになり，この地元の飼料を使用した大規模酪農が盛んである．こうした酪農家の中には，ヨーロッパから移住した酪農家，地元の農民による酪農事業，カリフォルニア州から移転した大規模酪農業者などが見られる．

7.3.3　多民族社会の形成

グレートプレーンズは，元々圧倒的に白人の多い世界で，開拓農民は白人であった．西部開拓ではホームステッド法が重要であるが，160エーカー（約65 ha）の土地を取得できるのは，アメリカ人あるいはアメリカ人になることを宣言した外国人であった．1790年，国籍法により，アメリカの国籍を取得できるのは白人と規定されていた．テンサイ栽培の進展に伴ってメキシコ人や日本人が増加したが，彼らは季節的な農業労働者であった．一方，ロシア系ドイツ人はホームステッド法の下で土地を獲得することができた．

白人が多数を占める社会から多民族社会への転換は，1980年代以降，大規模食肉産業の進展に伴って進行した．それは，グレートプレーンズに建設された大規模食肉工場が，労働者として多様な人々を雇用するようになったためである．

例えば，カンザス州南西部のガーデンシティでは，メキシコ人のほか，ヴェトナム人やラオス人の難民が労働者として雇用されたため，東南アジア系社会が形成された．1980年代から1990年代に，大規模食肉工場における雇用の拡大に伴って東南アジア系人口は増加し，1990年代末の最盛期には5000人の東南アジア系の人々がこの町で暮らした．その結果，学校，郵便局，病院など，公共施設では，英語，スペイン語，ヴェトナム語の多言語表記がなされるようになった．ヴェトナムレストランや中国レストラン，仏教会など，新しいエスニック要素が出現した．白人がヴェトナムレストランで食事をする姿もめずらしくはなく，特にフォーは人気がある（写真7.7）．

ヴェトナム人・ラオス人の難民は，時間の経過とともに社会経済的な地位が向上し，世代交代が進むと，就業機会に恵まれたほかの都市へと転出した．一方，最近では，食肉工場の労働者として，ビルマ（ミャンマー）人が増加している．彼らは一区画のアパート群に集住し，エスニック社会を形成している（矢ケ﨑，2011）．

写真 7.7 カンザス州ガーデンシティのヴェトナム系レストラン（2013 年，筆者撮影）

7.4 バッファローコモンズ？—大平原の将来像—

7.4.1 地下水資源の持続的な利用

本章では，グレートプレーンズの地域資源を利用して，様々な人々が時代によって多様な生活と経済を営んできたことを概観した．19 世紀末からは，水資源は特に重要である．河川水や地下水は，19 世紀末からの経済発展と人口増加を可能にした．特に，20 世紀後半に発展した大規模灌漑農業と企業的畜産業は，豊富な地下水を基盤として形成された．しかし，冒頭でも述べたように，オガララ帯水層の地下水資源は有限である．揚水に伴って地下水位は低下し，地下水が枯渇すれば経済は崩壊することになる．

1980 年代から，地下水の枯渇への懸念は継続して話題になり，限られた地下水資源を持続的に利用するための取り組みが行われてきた．各地に設けられた地下水管理地区はそのための組織である．新規の井戸の掘削を規制したり，井戸の間隔をとったり，メーターを設置して水使用量を計測したり，節水意識を高めるような啓発活動など，様々な取り組みが行われてきた．また，節水型のセンターピボット灌漑装置の改良が進んできた．その結果，地下水の枯渇はしばらく引きのばされたように見える．

もっとも，地下水資源の利用は，グローバルな経済の動向にも左右される．トウモロコシが高値で取引されれば，揚水経費をかけても採算がとれる．揚水経費に影響を及ぼすのは天然ガス価格でもある．最近では話題にならなくなったが，トウモロコシがバイオエタノール原料として高値で売れれば，家畜用飼料は減少する．しかしトウモロコシの価格が下がれば，高い揚水経費のかかる灌漑農業は衰退し，地下水需要は低下する．すなわち，地下水が枯渇する前に，灌漑農業自体が衰退する可能性もあるのである．

さらに，オガララ帯水層の地域は広域であり，地下水面までの深さ，帯水層の厚さ，地下水の利用形態は異なる．したがって，地下水資源に基づくローカルな経済の動向は，地域によって異なることになる．また，州によって，水利権や水利用規制などが異なることは言うまでもない．ローカルな視点でグレートプレーンズの動向を読み解くことが重要である．

7.4.2 再びバッファローの世界に戻るのだろうか？

グレートプレーンズでは，経済の発展と衰退が交互に訪れ，人口の流入と流出が繰り返されてきた．流出した人々は，1930 年代の大干ばつの時代に典型的に見られたように，低賃金労働者として他地域の経済を支える存在となった．グレートプレーンズの産業は，ウシ，農産物，エネルギー，食肉など，自然環境や世界の市場価格の影響を直接的に受ける．グレートプレーンズは，アメリカ合衆国の中の第三世界として理解することができる．

アメリカ全体では人口は増加しているにもかかわらず，グレートプレーンズの多くの地域では人口が減少している．19 世紀に連邦政府は，1 平方マイルあたりの人口密度が 2 人以上 6 人未満（1 km^2 あたり 0.8～2.3 人）の地域をフロンティアと定義し，2 人未満の地域は未開拓の荒野であった．グレートプレーンズの中には，人口流出の結果，1 平方マイルあたりの人口密度 6 人未満の地域が，すなわち，19 世紀後半のフロンティアあるいは荒野の状況にある地域が増加している．こうした現実を踏まえて，アメリカ人の地理学者ポッパーらは，1980 年代にバッファローコモンズというアイデアを提唱して話題になった（Popper and Popper, 1987；1999).

グレートプレーンズの歴史，そして新たな経済発展を促したオガララ帯水層の水資源がいずれは枯渇することを考慮に入れて，ポッパーらは，連邦政府の農業政策を批判した．そして，貧困と人口流出が今後も継続するので，地方都市は廃墟化し，グレートプレーンズはいずれ荒野に戻るだろうと予言したのである．彼らの主張は，自然保護のために草原を公有地化し，バッファローのための保護生息地，すなわちバッファローコモンズに戻すべきだというものであった．バッファローコモンズは，自然保護運動を展開する人々にとって理論的な枠組みとなった．

最近のセンサス地図を見ると，アメリカの西半分には1平方マイルあたりの人口密度が6人未満の地域が広大に広がる．また，2000～2010年の人口減少率が10％以上の郡（カウンティ）はグレートプレーンズに集中する．カンザス州の場合，105郡の中で，この10年間の人口減少率10％以上の郡は22を数えた．1890～2010年のセンサス年で人口が最大となった年を見ると，2010年が最大であった郡はわずかに18であった．その他の87郡では2000年以前に最大に達し，その後，人口が減少に転じたわけである．興味深いことに，1890～1930年に最大となったのは68郡にも達した．2014年から2044年までの30年間の人口増減の推計を見ると，州全体では人口は14.9％の増加が見込まれるものの，84郡で人口が減少することになるという（Kansas Statistical Abstract 2015）．グレートプレーンズの人口減少は今後も継続するだろう．

グレートプレーンズにはどのような将来が待っているのだろうか．しばらくの間は，節水型の灌漑装置の普及や品種改良によって農業が継続し，水資源に依存する畜産業も維持されることだろう．しかし，水の利用が難しくなったときに，人間の存在が希薄になり，バッファローなどの野生動物が主役となる世界に戻るのだろうか．それとも，新しい資源が発見され，新しい技術が開発され，現在の私たちが想像することができないような新しい地域変化が起きて，新たな章を書き加える必要が出てくるのだろうか．いずれにせよ，グローバルな動向を踏まえつつ，ローカルな視点でグレートプレーンズを描くことは，地理学の果たすべき役割である．　　　　〔**矢ケ﨑典隆**〕

引用文献

矢ケ﨑典隆（2000）：アメリカ合衆国アーカンザス川流域の甜菜糖産業．歴史地理学，**42**（4）：1-22.

矢ケ﨑典隆（2007）：北アメリカの砂漠．世界の砂漠―その自然・文化・人間―（堀　信行・菊地俊夫　編），pp.133-158，二宮書店.

矢ケ﨑典隆（2010）：食と農のアメリカ地誌，東京学芸大学出版会.

矢ケ﨑典隆（2011）：アメリカ合衆国ハイプレーンズを事例としたエスニック地誌の方法．東京学芸大学紀要人文社会科学系II，**62**：63-77.

矢ケ﨑典隆（2014）：アメリカ合衆国カンザス州南西部の甜菜糖産業とロシア系ドイツ人．歴史地理学，**56**（2）：1-24.

矢ケ﨑典隆・斎藤　功・菅野峰明 編（2006）：アメリカ大平原―食糧基地の形成と持続性―増補版，古今書院.

Popper, D. E. and Popper, F. J.（1987）：The Great Plains：from dust to dust：a darling proposal for dealing with an inevitable disaster. *Planning*, **53**（6）：12-18.

Popper, D. E. and Popper, F. J.（1999）：The buffalo commons：metaphor as method. *The Geographical Review*, **89**：491-510.

【ロサンゼルス市民の飲料水】

ロサンゼルスの年平均降水量は 500 mm 未満で，グレートプレーンズの地方都市，ガーデンシティの年平均降水量よりも少ない．このように乾燥した自然の下で，どうしてアメリカ第 2 位の人口を持つ大都市圏が形成されたのだろうか．この謎を解く鍵の一つは水である．

スペイン植民地時代の 1780 年代に，民間入を入植させる集落であるプエブロが建設された．これがロサンゼルスの起源であり，その水源はロサンゼルス川であった．ただし，スペイン時代とメキシコ時代を通じて，この地域は辺境であり，人口増加は緩やかであった．一方，アメリカ領となったのち，1870 年代から人口が急速に増加した．それは，温暖で乾燥した環境が健康にとって理想的だと認識され，鉄道交通の発達とともに，アメリカ東部から人々の移動が活発化したからである．20 世紀に入ると，増加する人口に食料を供給するために農業が盛んになり，ローカルな需要を満たすために様々な産業が発展した．ロサンゼルスは総合的工業都市となり，アメリカ西部における中心的な存在となった．今日，ロサンゼルスと周辺都市を含むロサンゼルス大都市圏には，1800 万人余りの人口が暮らしている．

都市の発展に伴って，ロサンゼルスでは飲料水を確保するために様々な取り組みが行われてきた．基本的な発想は，水資源の豊富な地域からロサンゼルスまで水を運んでくることである．そうした発想に基づく水利事業は 20 世紀初頭に始まった．

最初に注目されたのが，ロサンゼルスの北方，シエラネヴァダ山脈の東側に位置するオーウェンズ湖とオーウェンズヴァレーであった．ここからロサンゼルスに水を供給するために，ロサンゼルス水路の建設が 1909 年に始まった．全長 233 マイル（375 km）に及ぶ水路は 1913 年に完成し，水の供給が始まった（写真 7.8）．この事業のために，ロサンゼルス市はオーウェンズヴァレーに土地を購入し，水利権を獲得した．強引な買収はオーウェンズヴァレーの住民の反感を買い，住民とロサンゼルス市との間に対立が生じるとともに，地元の社会や経済の衰退を引き起こした．さらに，ロサンゼルス市が水資源を確保するために，オーウェンズヴァレーの北にあるモノ湖から水を導水すると，モノ湖の水位が低下し，豊かな自然の破壊が生じた．1970 年代以降，モノ湖の水位低下は環境問題として認識され，ロサンゼルス市と環境保護団体との間で対立が起きたことも知られている．

このように，遠隔の水資源は巨大な人口を支えるロサンゼルスにとって生命線である．都市発展のために，大きな代償が払われてきたことを認識する必要がある．なお，1941 年からは，コロラド川水路によって，ロッキー山脈を水源とするコロラド川の水がロサンゼルス大都市圏に供給されるようになった．さらに，1960 年代には州立事業としてカリフォルニア水路が建設され，カリフォルニア州北部のシエラネヴァダ山脈の水が，セントラルヴァレーを経由してロサンゼルス大都市圏に供給されるようになった（写真 7.9）．

写真 7.8　ロサンゼルス水路（1986 年，筆者撮影）

写真 7.9　モハヴェ砂漠を流れるカリフォルニア水路（1986 年，筆者撮影）

8 フランス中央高地における過疎化と農村再編

農村における人口減少と過疎化の問題は，日本のみならずヨーロッパなどの先進国でも共通の問題である．産業としての農業がその地位を低下させる中，農村の農業就業人口の減少と都市部への人口流出は過疎化を進める主要因となってきた．本章では，ファッションや文化などの面で華々しいイメージがある一方，世界でも有数の農業大国で先進国の中でも 1990 年代以降に農村人口が増加しているフランスを取り上げ，過疎化の展開とそれに伴う農村再編を，人口動態や政策の変遷，ツーリズムとの関係に注目して論じる．中でも，フランス最大の山間農村地帯である中央高地（マッシフ・サントラル）を事例に，なぜフランスの農村では人口が回帰しているのか，その背景にある要因や地域的差異や特徴について考える．

8.1 フランスにおける人口増減と過疎

8.1.1 過疎とは何か

日本語の「過疎」という単語を辞書で引くと，過密との対比によって説明される場合が多い．これらの記述は，都市と農山村との人口の偏在によって生ずる現象，すなわち1960年代以降の高度経済成長に伴い労働力人口が農山村から都市部へと移動し，地域社会の維持が困難化した流れを説明している．一方，フランス語には日本語の「過疎」に相当する単語は存在せず，強いて日本語を充てるとすると「人口減少（Dépeuplement）」という語が該当する．これは，日本が先進国の中でも特に過疎や限界集落といった集落衰退に対して強い危機意識を持っており，いわゆる日本人が言う「過疎」への意識が希薄な欧米では議論の中心は人口減少そのものであり，その社会的なつながりやコミュニティの衰退は日本ならではの関心事であることを示している．こうした過疎概念の相違の背景には，日本とヨーロッパの農村における集落・コミュニティ形態の差異がある．すなわち，日本の農村では共同農作業を基礎とした横のつながりがコミュニティの維持において重要であるのに対し，ヨーロッパでは粗放的畜産やコムギ栽培などを基礎とした個人農場が営農の主体であることから，日本のような共同作業や結（ゆい）といった水平的なつながりが希薄なのである．こうした事情を背景に，フランスでの過疎に関わる研究は，過疎そのものというよりも農山村に関わるほかの議論の中で補完的に論じられてきた．よって，フランスにおける過疎の分布を特徴付ける主要因は人口動態であり，中でも都市と農村間の人口移動が重要な要素となる．

8.1.2 都市と農村における人口変動の特徴

フランスにおける過疎化の展開は，産業革命に始まる工業化と農村から都市への人口流出に伴う農村流出（exode rural）に始まった．これは，19世紀初頭から1970年代まで100年以上にわたって継続し，農村における手工業と農業の地位を大きく後退させた．このように農村流出が長く続いたフランスであるが，1970年代後半から農村では人口の流出が停滞し，1990年代からは人口が増加に転じた．

表8.1に，フランスにおける都市・農村別の人口増減を整理した．人口移動の分類は，フランス人口統計研究所が用いる「都市極」,「周辺都市」,「農村」の3類型を用い，それぞれを雇用人口からさらに細分類した．まず，1万人以上の雇用を有する「都市極」から見ると，1960年代から1970年代中盤にかけて都市極の中心部で約24万人の人口増加を示すのに対し，郊外では65万人を超える増加が確認でき，すでに1960年代には都市郊外化が大きく拡大している．これらは主に農村からの人口流入に起因し，農村部では中心地外縁や就業地から遠

表 8.1 フランスにおける都市・農村別人口増減（1962～2007 年）

分類		総人口（人）	人口増減（人）					
			1962～1968	1968～1975	1975～1982	1982～1990	1990～1999	1999～2007
都市極	中心部	17,061,750	194,800	48,000	-75,250	-17,500	19,400	51,500
	郊外	20,015,800	345,600	314,600	154,550	152,900	80,500	121,900
周辺都市	単一型	10,362,200	27,650	85,300	154,300	132,700	85,800	127,600
	多核型	3,201,700	350	3,600	20,650	21,600	18,100	36,300
農村	就業中心地	3,140,900	33,800	21,700	8,250	-300	2,600	13,200
	中心地外縁	270,200	-1,800	-1,050	1,850	2,000	500	2,100
	孤立農村ほか	7,743,300	-52,700	-60,750	-15,300	-6,400	4,800	59,800
総計		61,795,550	547,700	411,400	249,050	285,000	211,700	415,400

注：灰色の網掛けは人口減を示す．　（フランス人口統計研究所センサスにより作成）

隔地である孤立農村において1962年から1975年までの13年間に10万人を超える人口減少が見られる．

1970年代後半以降になると，こうした傾向は大きく変化する．まず，都市極の中心部において1980年代末にかけて人口が減少し，代わって周辺都市で人口の増加が顕著となる．中でも特定の中心都市に就業地を依存する「単一型」の周辺都市で増加が大きく，その数は1975年から15年間で約30万人弱であり，郊外化が大都市以外の中小都市でも進展し始めたことを示している．一方，注目すべきは1975年からの農村であり，中心地外縁においては人口減少が増加へと転じ，孤立農村でも人口減少が緩やかになっている．そして，1990年代以降になると，孤立農村においても人口減少が人口増加へと転換し，1999年から2007年にかけて約6万人の人口増加が見られるようになる．

8.1.3 「空白の対角線」と国土の不均衡

人口が増加する農村がある一方で，過疎化がいかなる地域で顕在化しているのかを明らかにするため，1990年代以降の人口密度変化を図8.1に示した．まず，人口の減少が目立つのは，フランスの東北部から中南部を横断し，スペイン国境へと至る地帯である．この人口減少地帯は「空白の対角線（Diagonale du vide）」と形容され，国土の不均衡発展における問題地域と認識されている．具体的には，かつての石炭・鉄鉱地域であるロレーヌ地方のメッツやナンシーなどの工業都市周辺，あるいは条件不利地域であるマッシフ・サン

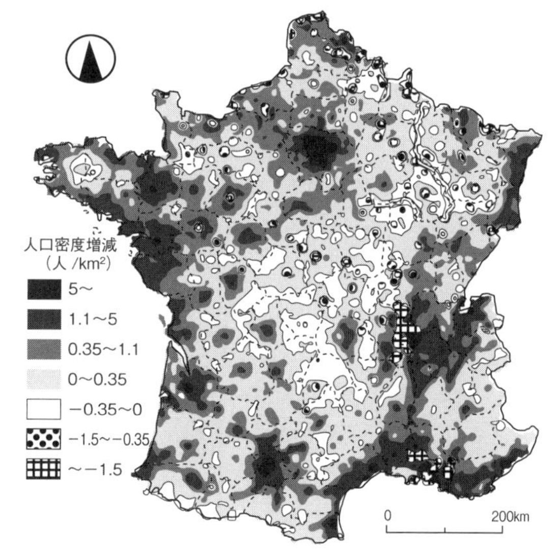

図 8.1 フランスにおける人口密度増減（1999～2009 年）
フランス人口統計局（2012）により作成．

トラルやスペイン国境地帯のピレネー山脈が空白の対角線における核心地域である．

一方，1999年からの10年間で人口が増加している地域は，主にパリ，リヨン，マルセイユの三大都市とその周辺に加え，トゥールーズやボルドー，モンペリエといった中核都市，またはビアリッツやラ・ロシェルといった海浜のリゾート都市とその周辺である．農村部について見ると，雇用を有する小都市とその周辺で人口が点的に増加しているものの，小都市や雇用地から離れた地域において過疎化が進んでいることが読み取れる．同じ農村部においても，過疎化の進行度合いには地域差が存在し，複雑なモザイクを形成していることが分かる．

8.2　フランス中南部に見る人口減少地帯

複雑に展開する農山村の過疎化を見るために，具体例として人口減少が顕著なフランス中南部を取り上げてみよう．フランス中南部は，高原状の台地となだらかな山地が卓越し，牧草地を中心とした牧畜景観が広がる農村地帯である．一方で，目立った観光資源や産業に乏しく，過疎化が早くから進展してきた地域でもある．

フランス中南部における過疎の進行をミクロに見るために，1968 年および 2011 年の人口と高齢化率を図 8.2 に図示した．まず 1968 年では，大都市リヨンとその周囲，そしてグルノーブル，クレルモン・フェランといった県庁所在都市，あるいはリヨンから南へ延びるローヌ川の沿岸に人口が集中している．また，リヨンの周囲の約 30 km 圏内では高齢人口比が低く，同じくグルノーブルやアヌシーから約 20 km の範囲やそのほか小都

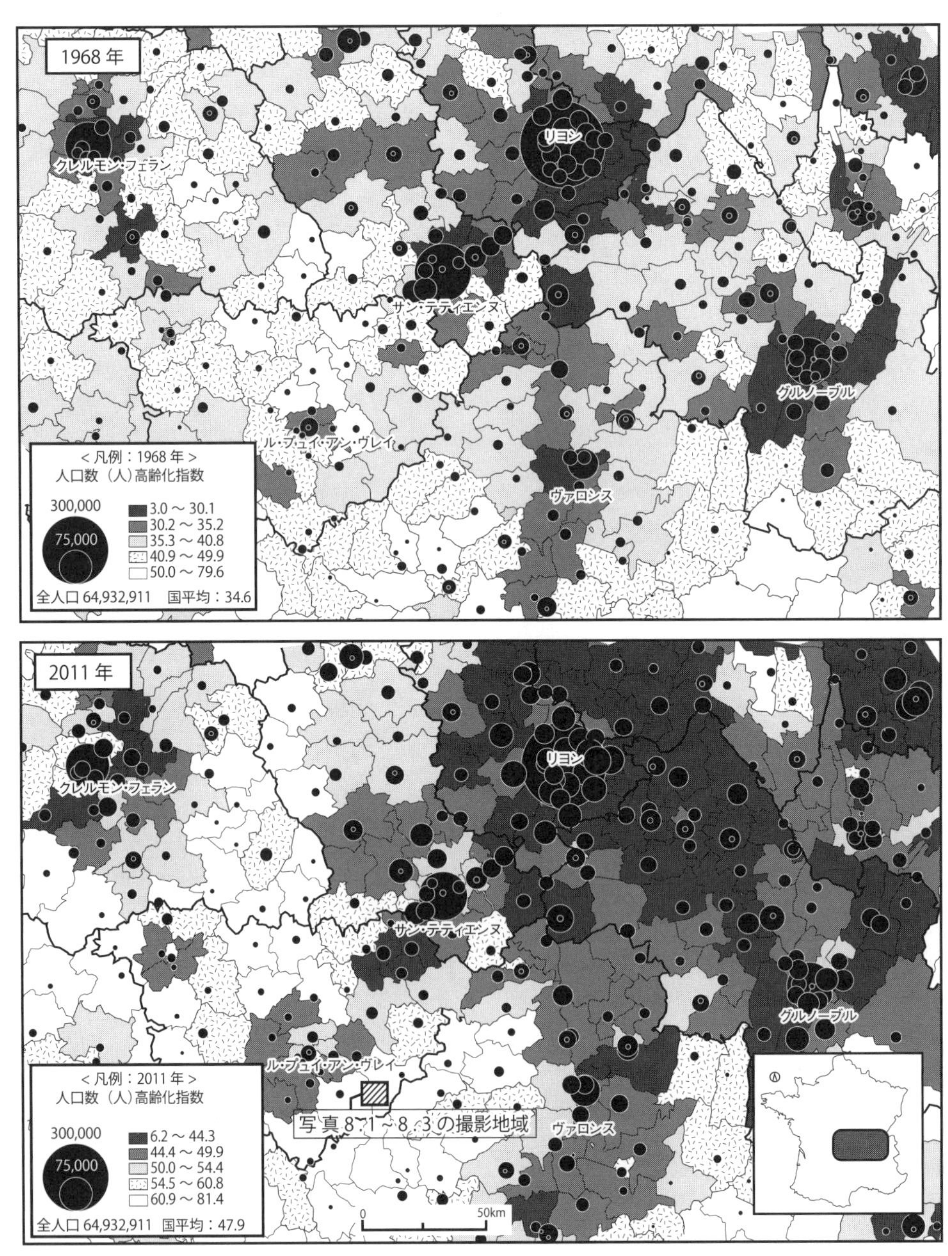

図 8.2　フランス中南部における人口増減と高齢化率（1968 年・2011 年）
フランス人口統計研究所センサスを用い，Géoclip により作成．

市の周囲でも同じ傾向が見られる．これらの都市では，鉄道やバスなどの公共交通機関が整備されているほか，若年者の雇用先や生活圏が確保されており，人口の集中化が進んでいる．一方で，小中都市とその周辺を除く地域では，高齢化指数が全国平均の34.6をいずれも上回っており，特に西側のマッシフ・サントラルに位置する山間部やグルノーブルの南側において過疎化と高齢化が顕著である．

この人口分布と高齢化の傾向は，2011年の地図を見ると大きく変化していることがうかがえる．まず，人口の分布に変化があり，リヨンの影響圏が同心円状に拡大し，グルノーブルやサン・テティエンヌ，ヴァロンスなどの中規模都市との間にあった空白地帯を含め，連担した人口分布地域を形成している．また，リヨンと中規模都市の周辺部では高齢化指数が減少し，若年者の割合が高まっている．他方，過疎化の進展はこの40年で新たな格差を生み出し，特にサン・テティエンヌよりも西側の山間地帯で高齢化の進行が顕著となっている．中でも，クレルモン・フェランやル・プュイ・アン・ヴレイなどの中核都市から半径約20 km以上離れた地域では，多くの自治体で過疎化の進行が見られており，「空白の対角線」の中にさらに空白地帯が形成されつつある．

フランス中南部の中でも，人口減少が進むオート・ロワール県東部にある山間農村地域の景観を検討してみよう（写真8.1～8.3；撮影地域は図8.2を参照）．この地域は，酪農と肉牛肥育の盛んな牧畜地帯であり，主な就業先や都市機能はすべて県庁所在地のル・プュイ・アン・ヴレイに集積している．そのためこの県庁所在地以外に目立った規模の都市を持たないオート・ロワール県では，多くの地域で人口流出が進行している．写真8.1は，ル・プュイ・アン・ヴレイの郊外にある集村の景観である．オート・ロワール県の農村部では数十戸から100戸程度の家屋が集住集落を形成し，こうした集落がさらに複数集まりコミューン（8.3.1項で詳述）を形成している．写真8.1の集村にあるモナスティエ村は，人口約1700人を有する中規模村であり，医療機関やスーパー，老人

写真8.1　オート・ロワール県東部山間地域の集村（2011年7月，筆者撮影）
家屋が集住するモナスティエ村．医療機関やスーパーなどが立地する比較的条件のよい村である．

写真8.2　集落から離れた孤立農場（2011年3月，筆者撮影）
同じオート・ロワール県東部．集落から離れているが定住している農家もおり，買い物や医療で日常的に他集落まで出かける．

写真8.3　無居住化した家屋と納屋（2011年3月，筆者撮影）
住居跡や農業納屋などは集落から離れた放牧地などに多く見られ，いずれも古い石造りの伝統建築である．

施設などが立地することから周辺農村では比較的に生活条件の良い村である．一方，このような集住村の外側の地帯には，集落から離れて生活する農家や世帯の家屋が孤立して点在している（写真8.2）．これら孤立して立地する世帯では車での移動が欠かせないが，日常的な買い物は他集落や中心村に出かけることで生活が可能である．しか

し，冬季は吹雪などによって外出が困難になることもあり，高齢になった場合は小都市や中核都市の老人施設などに入居することが多い．また，地域の中には山間部の厳しい生活条件によって無居住化した家屋も多く，牧草地や放牧地の中に古い伝統建築の住居跡が点在する（写真 8.3）．

オート・ロワール県の事例に見るように，農村部における過疎化は一様に進行しているわけではなく，就業地や小都市，中心村との位置関係，公共交通機関の有無や生活インフラストラクチャーの整備など，様々な要素との関連の中でモザイク状に展開しているといえる．

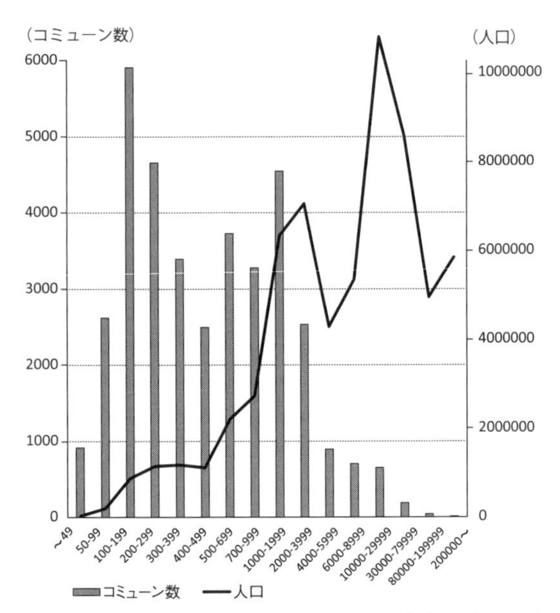

図 8.3　フランスにおける規模別コミューン数と人口（2013 年）
フランス人口統計研究所センサスにより作成．

8.3　過疎問題における自治体と政策の役割

8.3.1　コミューンにみる自治体の持続性

農山村の過疎化との関わりにおいて，自治体がいかに存続するかは重要な要因である．これに関連し，フランスでは日本で見られるような消滅自治体やそれに伴う合併がきわめて少ない．特にそれが表れているのが，教会の教区（paroisse）に由来すると言われるフランスの最小自治体「コミューン（commune）」である．零細かつ膨大な数で知られるコミューンは，1975 年以降の 40 年間にわたってほとんど数が変わらず約 3 万 6700 自治体を維持し続けている．約 4 万 4000 のコミューンがフランス革命時に自治体として登録され，その後ナポレオン帝政下を通してその数は約 3 万 7000～4 万の間を推移し，約 200 年以上にわたって大きな合併や廃止が進まず存続している．

フランスにおけるコミューンを，人口規模別に図 8.3 に示した．フランスのコミューン数で最も多い人口規模は 100～199 人で，その数は 5908 自治体である．さらに 999 人以下のコミューンはフランス全体の 73.8%（2 万 7002）を占め，小規模で零細な自治体が大半である．一方，最も人口の多いコミューンは 1 万～2 万 999 人規模のコミューンであり，コミューンの数では全体のわずか 2% であるが，フランス総人口の約 30% がこのコミューン規模に属している．全体で見ると，フランスでは，1000 人を超えるコミューンに人口の 84.8% が居住しているが，残りの人口はコミューン全体の 7 割以上を占める小規模な零細コミューンに居住している．

フランスのコミューンは都市コミューンと農村コミューンに大別され，その内訳は農村コミューンが全体の 80.1% と大半を占める（表 8.2）．農村および都市コミューンを通勤極の規模から見ると，農村コミューンのうち 47.5%（13951）は雇用者数が 1 万人を超える大通勤極の外郭地域，およびその周辺地域に属している．同様に，都市コミューンについても大通勤極の極内とその外郭地域に 68%（4967）のコミューンがあり，雇用の中心地にコミューンが集中している．また，大通勤極の外郭地域とその周辺に位置する複数極への通勤地域は，ともに農村コミューンが 85% 前後と高い割合を占め，農村に居住しながら雇用規模の大きい都市部へ通勤している様子がうかがえる．また，大通勤極のような特定の通勤極に依存しない小規模な複数極へ通勤するコミューンが 6856 も存在し，複数都市の恩恵を享受することが可能な農村が一定数存在している．一方，どこの通勤極にも依存しない孤立コミューンは全体の 20%（7410）あり，このうち農村の比率は 96.9% に達する．フランスにおける過疎化は，農村に分布するこれら

表 8.2 農村と都市から見たコミューンの割合（2010 年）

分　類	農村コミューン（数）	都市コミューン（数）	農村比率（%）	都市比率（%）
大通勤極（1 万人以上）	0	3,256	0	100
├極の外郭地域	10,580	1,711	86.1	13.9
└複数極への通勤地域	3,371	609	84.7	15.3
中通勤極（5 千〜1 万人）	0	447	0	100
└極の外郭地域	795	8	99	1
小通勤極（5 千人以下）	0	873	0	100
└極の外郭地域	587	0	100	0
複数極通勤コミューン	6,856	179	97.5	2.5
孤立コミューン	7,180	230	96.9	3.1
合　計	29,369	7,313	80.1	19.9

（フランス人口統計局（2010）により作成）

表 8.3 フランスにおける自治体の重層性

	名称（数）	発足年	主な役割等
基礎領域	地域圏（region/26）	1982	地方の総合整備・経済発展，複数県の調整（交通，インフラなど）
基礎領域	県（department/96）	1871	地域自治の中心，社会保障など
基礎領域	コミューン（commune/36682）	1884	共有資産・インフラ・地域環境の管理，教育環境の確保
サブ領域	郡（canton/2054）	1789	県行政の補助的役割，役割は低下気味
サブ領域	ペイ（pays/368）	1995	就業県の維持，LEADER 事業（観光・雇用など）
サブ領域	コミューン連合（communaute commune/2581）	1992	農村土地利用計画，経済振興，交付金管理など

（フランス内務省地方団体総局資料により作成）

孤立コミューンにおいて顕在化している．

雇用の不足や人口減少が進む中，零細かつ小規模なコミューンが維持される要因として考えられるものとして，コミューンの行政業務が農業や年金生活者による無償労働で成り立っていること，あるいはコミューンがもともと零細であるために，合併しても国が補助対象とするような規模になり得ないということがあげられる．そのほかに，過疎自治体におけるコミューン存続の背景として，フランスにおける自治体の重層性があると考えられる（表 8.3）．フランスには基礎的な行政自治体として，法で定められた地方自治体である地域圏，県，コミューンの 3 領域があり，これらによって市民の生活や社会インフラストラクチャーが管理されている．一方で，3 つの基礎自治体のほかに，ローカルな範囲で地方団体の補完的役割を担うサブ領域が存在し，政策や事業，補助金などに合わせて管理行政を柔軟に活用している．サブ領域の活用例としては，コミューンでは規模の面から対応が難しい農村振興計画であればペイ（pays）と呼ばれる広域的な地域領域が活用される．また，水道インフラストラクチャーの整備や清掃，生活道路の維持など一つのコミューンで管理が難しいものは複数コミューンが組織する「コミューン連合」がその役割を担っている．過疎化が進行する自治体であっても，管理が難しい部分はサブ領域との相互補完関係を活用することによって，住民の生活基盤が維持されている．

8.3.2. 農業・農村政策における過疎と高齢者

過疎という問題に対し，フランスがいかなる政策的な対応を取ってきたのかについて，農業・農村政策を中心に整理した（表 8.4）．まずあげられる政策は，脱中央集権と地方分権化を目指し，1970 年代から拡充されてきた条件不利地域政策である．農村政策としての性格を有する条件不利地域政策は，地域間の格差是正を行うため，小規模農家や山地農家への優遇や経営支援に始まり，山村・山岳地域の観光化助成や兼業化奨励，産地のブランド化などを中心に行ってきた．これらの政策には，欧州地域開発寄金の設置（1975 年）や条件不利地域支払（1975 年），山岳地帯整備法（1985 年）や新観光ユニット（1985 年）などが該当し，補助金政策によって人口減少を食い止め，過疎が進む山村地域の定住化と社会維持が図られている．

一方，農業地域において大きな影響を及ぼした政策は，離農終身補償金（1962 年）と青年農業者自立助成金（1973 年）である．これらは，高齢者の早期離農促進と若年者への集約化を行うことによって小規模零細が卓越していたフランス農業の，規模の拡大を目指した構造政策の一部である．これにより，フランスにおける農家数は 1970 年代以降急減し，1979 年に 120 万人を超えていた農家人口は，2010 年には半分以下の 49 万人となり「小農なきフランス」と形容されるまでになっ

表 8.4 フランス農業・農村における過疎化・高齢者に関わる主な政策

年	政策名	EU	種類	備　考
1962	離農終身補償金（IVD）		△□	山間地域の高齢農業者の引退促進と生産性向上が目的
1967	IVD の拡充		△□	60 歳からの受給が可能に.
1973	青年農業者自立助成金		□	若年農業者への経営支援・土地集積・生産の近代化
1975	欧州地域開発基金	●	○△	地域間の格差是正のための欧州基金
1975	条件不利地域支払	●	△□	山間・山岳地域における小規模農家への優遇と格差是正
1985	山岳地帯整備法		○△	山村地域の兼業化や観光化を促進し，ブランドと商品化を推進
1985	新観光ユニット（UTN）		○△	山村・山岳地域の観光化に対する助成
1992	LEADER 事業	●	○	農村の過疎化，公共サービス低下，地域経済の対策が目的
1995	農村地域再生コミューン（ZRR）		○△	コミューン間の不均衡や条件不利コミューンの格差是正

政策対象：○農村，△条件不利地域，□農業.　　（DATAR, 2002；Gerbaux, 1994 により作成）

た（図 8.4）. 一方で，1 戸あたりの平均耕地面積は 1979 年の 23 ha から 2010 年には 56 ha まで拡大し，100 ha を超える大規模農家数は，40 年間で 3 倍近くの 9 万 3000 戸となった. 農家数の減少と特定農家への規模集約化は，山村部における人口減少を進め，過疎化の進行を早めた. 一方，農業分野における離農者の発生は，農村部周辺の小都市や雇用地域における他産業発展の源泉ともなり，1990 年代以降の農村部の特定地域に人口増加を促した.

また，フランスが離農終身補償金において，多くの高齢離農者の確保を可能にした要因として，フランス国民が有する労働観と農業文化がある.

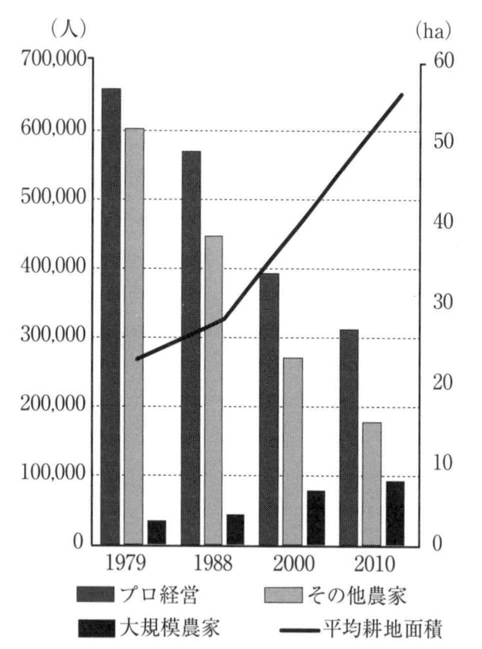

図 8.4 オート・ロワール県における農家数と耕地面積の推移（1979～2010 年）
AGRESTE Recensements agricoles により作成.

まず，農業に定年制度があるフランスでは，高齢者が引退した後に農業を行うことは基本的にない. この背景には，フランス農家における自立と個人の原則があげられる. 子世代との別居を基本とするフランスでは，引退に伴う農業継承は子世代への完全なる経営移譲となり，新農場主はすべての経営の主導権を取るという子世代農家の自立的性格がある. また，定年制度によって引退後の「生きがいとしての農業」が成立しにくい背景には，退職後に労働を望まないフランスの国民性と，長期にわたって時間を拘束してきた農業から解放される喜び，そして定年後の自由な生活に対する良好なイメージがあるといえる. 特に，定年後の良好なイメージを支えているのはツーリズムの存在であり，中でも 2006 年より定年を迎え始めたベビーブーマー世代は国内観光の重要な存在として注目されている（フランスにおける戦後のベビーブーマーはいわゆる日本の団塊世代よりも年齢に幅があり，1942 年から 1974 年生まれまでの世代を指す. 彼らは，「栄光の 30 年」と呼ばれる好景気時代に就職し，若いうちから長年にわたり資本を蓄積した豊かな世代とされている）. また，日常的な畜産・農作業によって十分なバカンスの享受が困難であった農民達は，定年後のツーリズムへの期待が特に大きく，早期退職が進みやすかったといえる. これについて次節でもう少し詳しく見てみよう.

表 8.5　フランスにおけるバカンス目的地の変化（%）

分類＼年	1964	1975	1980	1990	2013
農　村	35.2	29	28.3	26	34.3
山	13.9	20.1	17.2	17.6	10.6
海	33.9	41.4	46.5	43.6	22.3
都　市	14.2	6.1	4.2	9.3	29.4
その他／周遊	2.8	3.4	3.8	3.5	3.2

（INSEE 観光調査統計により作成）

注：1964〜1990 年の都市は「その他」も含む．

8.4　過疎地域における農村資源とツーリズムの意義

8.4.1　バカンス地の移動と農村・過疎地域

フランスでは農村の一部で人口減少が進む一方，過疎地域においても多くの自治体が存続していることを見てきた．こうした農山村や過疎地域における自治体存続の背景として，ツーリズムの存在に着目したい．

世界最大の観光集客国家であるフランスでは，フランス人の国内観光も卓越しており，バカンスを国内で過ごす割合が 81.6%と高い（Dauphin, *et al.*, 2008）．フランスの国内バカンス推移を目的地別に整理すると（表 8.5），まず，フランスにおけるバカンス先の傾向として，「海から都市・農山村へ」という目的地の移動がある．戦後，法定年次休暇制度の充実と高度経済成長に伴うマス・ツーリズム化によって，多くのフランス人が海浜リゾートに集中し，1975 年から 1990 年にかけては国民の 40%以上が海でバカンスを過ごしていた．一方，こうした海浜の高級リゾートへの滞在が難しい世帯においては安価で手軽な農村休暇が消費されてきたこともあり，農村バカンスは労働者階級の「安っぽい休暇」というイメージが定着していた．しかし，海外富裕層や外国人観光客の流入によって海浜リゾートの地価・滞在費が高騰し，混雑が常態化したことから，1990 年代以降は再び農山村がバカンス地として注目されるようになる．表 8.5 を見ると，2013 年において農村および山でバカンスを過ごす割合は 44.9%と最も高く，1990 年に 43.6%であった海でのバカンス滞在は 2013 年には 22.3%と大きく後退している．

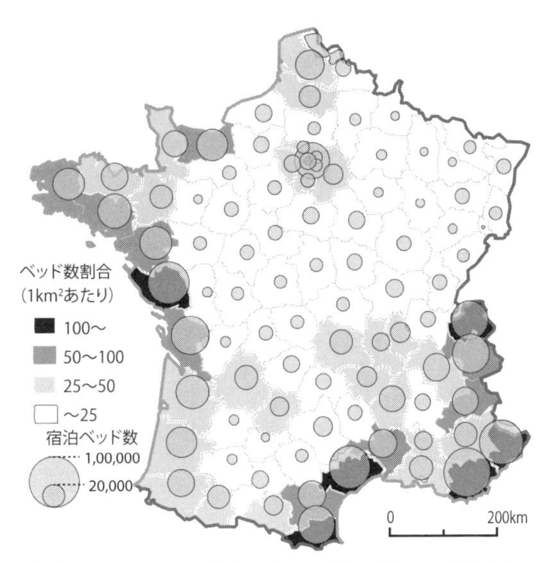

図 8.5　フランスにおける宿泊ベッド数と平均ベッド数割合（2015 年）
フランス人口統計局センサスにより作成．

農村および海浜リゾートにおけるバカンス滞在とツーリズムの関係を図 8.5 で見てみよう．宿泊ベッド数は，海浜部では主に地中海沿岸のラングドック地方やコート・ダジュール地方に多く集中する一方で，大西洋沿岸のブルターニュ地域圏の沿岸からアキテーヌ地域圏の南にかけても同様に広く分布している．このことは，地中海沿岸からアルカシヨンやラ・ロシェル，バイヨンヌといったフランス西海岸の保養都市へとバカンス地が移動しつつあることを示している

一方，農村を見ると，過疎化が進む「空白の対角線」の中でも，リヨンからマッシフ・サントラルの南部から西部にかけての山間地帯で宿泊ベッド数と面積あたりのベッド数割合が内陸部の中でも比較的高くなっている．過疎化と人口減少が進む中で，バカンス先としての農山村には依然として多くの国内需要が存在し，奥地山村であっても設備が充実した滞在者向けの宿泊施設が立地し，家族連れや中高年層を中心に滞在客を集めている．バカンスでの目的地選択において，フランス都市住民は観光客や外国人で混雑する海浜リゾートよりも，大西洋沿岸や山間地域の静かな農村地帯を選択するようになり，これらツーリストの存在が過疎地域の経済を支える一因となっている．

表 8.6 フランスにおけるバカンスの宿泊先（2011 年）

施設分類	年間宿泊総金額		
	（100 万ユーロ）	フランス人（%）	外国人（%）
ホテル	162	6.1	47.2
キャンプ場	96	9.0	4.4
貸別荘，民宿，農家民宿	185	16.3	12.7
その他	43	2.8	7.0
合計（商業的宿泊施設）	486	34.2	71.2
別荘・セカンドハウス	161	16.3	1.8
家　族	414	38.7	18.2
友　人	92	8.2	5.8
その他	32	2.7	3.0
合計（非商業的宿泊施設）	700	65.8	28.8
総　計	1186	100.0	100.0

（フランス人口統計研究所センサスにより作成）

8.4.2 フランス農山村における「人々の還流」

フランスの農山村を含むツーリズムがどのような滞在形態で消費されているのかについて，宿泊の形態別に見てみよう（表 8.6）．滞在の形態は，ホテルや宿泊施設といった商業的な宿泊（34.2%）よりも，別荘やセカンドハウス，家族や友人の家といった非商業的な宿泊（65.8%）が主要な形態である．また，非商業的な宿泊利用のうち，38.7%が家族の家で，16.3%が別荘・セカンドハウスで滞在している．そして，商業的な宿泊利用においても，ホテルを選択するものは 6.1%にすぎず，最も多い宿泊先は貸別荘・民宿・農村民宿となっている．農山村での長期滞在には民宿や貸別荘，農家民宿が宿泊に適しており，バカンスや休暇が生み出すツーリズム需要によって奥地山村や過疎地域への人々の来訪と消費活動がもたらされている．また，セカンドハウスや別荘は海浜部だけではなく内陸部にも多数分布し，中でもジュラ山脈からマッシフ・サントラル，ピレネー山脈などの人口減少が進む過疎地域の山間地帯にも多く分布している．これら山間地域では，定住家屋率が 72%以下と低いことから，統計上は転出世帯が増加していても，バカンスや長期休暇の際に他地域の世帯が滞在することで人口が還流していることを示唆している．特にフランスの農山村では，両親の死去や老齢化で無居住化した実家の家屋は，子ども世代に別荘やバカンス用に継承されることが多く，二地域居住や別荘の賃貸先として新たな利用価値が付与されている．フランスでは別荘所有者にも行政区域における選挙権が与えられており，過疎山村であっても別荘やセカンドハウス所有者による人々の断続的な出入りが存在し，この点が地域自治体を存続可能にする一つの要因であろう．

8.5 過疎地域の存続条件

フランスにおける農村流出は，19 世紀初頭から高度経済成長期の 1960 年代末にかけて 100 年以上にわたり継続し，フランス農村部で展開する過疎化の分布を特徴付けてきた．1970 年代以降は脱中央集権や地方分権化の諸政策，さらに石油危機に端を発するフランス経済の停滞によって，都市部における人口増加の停滞と郊外化の進展が起こった．過疎化の進展は，人口の郊外分散過程の中で，雇用力の多寡や中小都市との距離などの条件によってモザイク状に展開してきた．1990 年代に入り，農村における人口回帰が始まると，過疎化の分布は地理的条件の差異によって地域的な格差が明瞭となり，「空白の対角線」地帯の中にさらに空白地帯が形成されるようになっていた．

このような人口減少の進展の中で，過疎地域が存続するために重要な自治体として，コミューンの存在を取り上げた．零細多数を特徴とし，きわめてローカルな範囲で展開するコミューンは，目的に合わせた複数のサブ領域によって支えられており，この自治体組織の重層性と相互補完関係が過疎地域の集落維持と関連している．一方，過疎関連の政策としては，条件不利地域政策のほかに，早期離農を促進する農業政策が注目された．この農業の構造政策によって，農家数は 1979 年からの 30 年間で半分以下にまで減少し，地方分権化政策とともに農外就業地としての小都市や地方就業地の人口増加と過疎地域の孤立をもたらす一因ともなった．

しかし一方で，フランスには日本で見られるような消滅自治体や合併がきわめて少ないという特徴があり，それを支える背景として本章ではツーリズムの存在に言及した．欧米先進国の中でも長期休暇制度の整備が進んでいるフランスでは，1990年代以降のバカンス地としての農山村への再注目があり，過疎地域を含めた隅々にまで立地する農村民宿や貸別荘に人々の還流がもたらされている．また，世代間で受け継がれる農村部の家屋は，別荘やセカンドハウスとして利用され，過疎地域であっても人々の季節的な出入りが断続的見られる．こうしたフランス農村における人々の還流は，フランス特有の文化・社会的背景に依拠し，過疎地域の持続と集落の存続において重要な意味を持っている．　〔**市川康夫**〕

引用文献

Dauphin, L., Garrec, M.A., and Tardieu, F. (2008)：Les vacances des Français depuis 40 ans. *Le tourisme en France, édition 2008*：31-40.

【アイルランド過疎化地域の羊飼養農家と農村ツーリズム】

産業としての農業がその地位を低下させる中，農家がいかに収入を確保するかは重要な課題である．とりわけ平地に比して営農条件や自然条件に様々な制約を有する山間地域のヨーロッパの農村では，農業政策による補助金や農業以外の副収入が経営を支える大きな要素となっており，中でも農業経営へのツーリズムの導入は山間農村において重要である．

写真8.4はアイルランドのゴールウェイ州ナフイー湖沿岸の斜面地帯で畜産を営む農家による農村ツーリズムの事例である．ここはコネマラ地方と呼ばれる西部アイルランドの沿岸部の不毛の丘陵地帯であり，厳しい自然条件から耕種農業が難しく，古くからヒツジを中心とした畜産が営まれてきた．この農場を訪れる観光客は，農場主である牧夫による伝統的な羊飼養と牧羊犬のデモンストレーションを見学し，この地方の農村文化や伝統について説明を受けることができる（写真8.5）．よく鍛錬された牧羊犬には知能の高いボーダー・コリーが，ヒツジには上質のラム肉「コネマラ丘陵のラム肉」として原産地呼称も取得している地方のブランド品種が用いられている．見学は大人10ユーロ，子ども5ユーロで3～9月までの期間に見学が可能である．山間地域における羊飼養の経営は，大規模な酪農や肉牛経営と異なり高収入が見込めないため，こうした農村文化の伝統をツーリズム資源化することで経営を成り立たせている．

写真8.4　アイルランド羊飼養農家のツーリズム概要（2011年8月，筆者撮影）
牧羊犬のデモンストレーションのほか，ナフィー湖でのボートハイクなどもできる．

写真8.5　牧羊犬とヒツジの説明をする牧夫（2011年8月，筆者撮影）

9
アマゾンの恵みと河畔民の生活

ブラジル・アマゾンでは，1960 年代後半の「アマゾン作戦」により開発の制度的枠組みが整備され，1970 年代の「国家統合計画」の下で植民と開発が本格化した．しかし「土地なき人を人なき土地へ」のスローガンの下，アマゾンに送り込まれた貧農たちは深刻な困難に直面して入植地からの離散を余儀なくされた．その背景には，政府が土地所有の不平等や貧困といった国家的課題を，アマゾンをスケープゴートに解決しようとしたことや，入植者たちがアマゾンで継承されてきた河畔民の伝統的な生活様式を等閑視し，それぞれの故郷で慣れ親しんだ農業様式を継承したことがある．本章ではブラジル・アマゾナス州マウエスにおける日系人の農場経営を事例に，アマゾンに適応した河畔民の伝統的な生活様式とその変遷を詳説する．

9.1 マウエスの自然と日系社会

9.1.1 自然環境

アマゾン川流域の平野は，河川の増水時にも冠水しないテラフィルメ（terra firme）と呼ばれる広大な台地と，それを侵食する河川沿いに分布する氾濫原のヴァルゼア（várzea）という，大きく2つの地形から構成されている（松本，2012）．これらには，単に地形的な差異だけではなく，土壌や地質，植生，水文環境，動物資源などにも顕著な違いが認められる．アマゾン川流域の河畔に居住する人々は，その多様な生態空間の差異を熟知し，自らの生活様式を巧みに適応させて生きてきた．このようなアマゾン河畔民（ribeirinhos）の伝統的な生活様式を検証し，環境資源の賢明な利用（wise use）に関する生態知を次世代に継承し

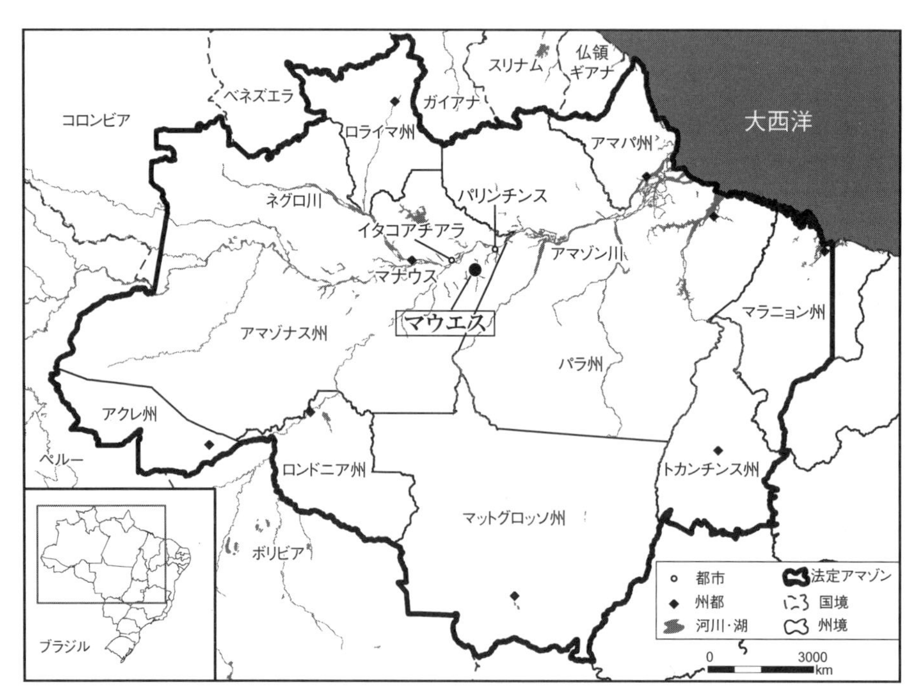

図 9.1　法定アマゾンと研究対象地域

法定アマゾンとは，アマゾナス州，パラ州，ロライマ州，アマパ州，アクレ州，ロンドニア州，トカンチンス州の北部 7 州に，中西部のマットグロッソ州と北東部のマラニョン州の一部を加えた範囲．

ていくことは喫緊の重要課題である．

アマゾン川の中流域に位置する調査地のマウエスは，アマゾナス州に属する人口5万2236人，人口密度1.31人/km^2（2010年）の町である．アマゾナス州の州都マナウスからは直線距離で267 km，木造動力船のバルコ（barco）では356 kmの旅程である（図9.1）．マナウスを出た船はネグロ川を下り，アマゾン川の本流に入った後，イタコアチアラの下流で右岸から東へと分岐する側流のパラナ・ド・ラモスに入る．その後，船はこの側流に南から合流するパラナ・ウラリア川に入り，途中で右岸から合流するマウエス・アス川を少し遡上すると，マウエスの町並みが港の背後に広がる高台に姿を現す（写真9.1）．マナウスからは往路約18時間，帰路約24時間の，ハンモックで過ごす長い船旅である．

マウエスが立地するマウエス・アス川の下流部は，パラナ・ウラリア川に合流する直前で巨大な堰き止め湖のような形状を見せており，その川幅は約5 kmにも及ぶ（図9.2）．これは，ここが完新世の海面上昇で形成された溺れ谷で，マウエス・アス川が流送土砂の少ない透明な「黒い川」

写真9.1 バルコが停泊するマウエス港（2012年9月，筆者撮影）
川中には水上給油所（左中），水上家屋（中央）が見える．

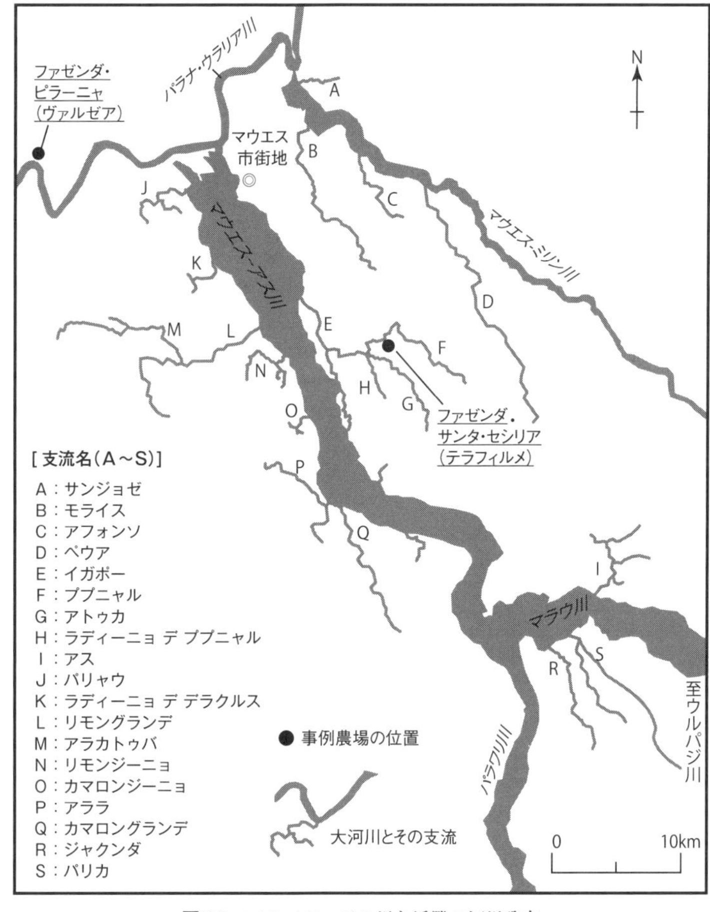

図9.2 マウエス・アス川と近隣の河川分布
ALOS画像（2009年10月撮影）に基づき聞き取り調査により作成．

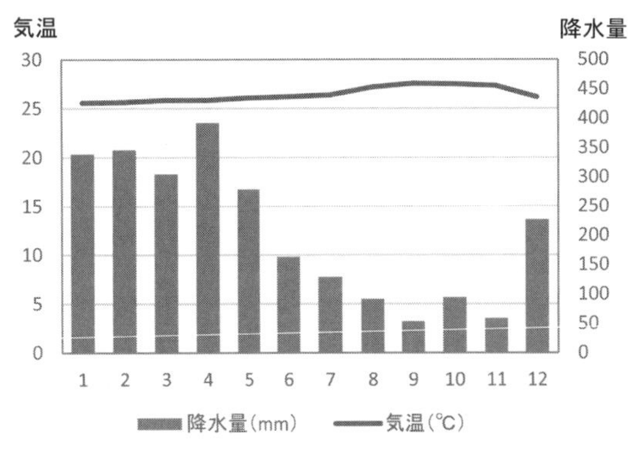

図 9.3　マウエスの気温と降水量（2009～12 年の平均値）

であるため，谷がまだ埋め尽くされていない，いわゆる河川リアスの自然景観といえる．マウエス・アス川とその支流は，いずれも貧栄養な「黒い川」で，河岸や中州には一年の大半を水に浸かっているイガポー林が発達している．地味が肥えているヴァルゼアはほとんど見られず，テラフィルメが直接河岸に迫っている．マウエス・アス川は，その上流でマラウ川やウルパジ川となるが，この流域には現在もインディオが数多く生活しており，FUNAI（国立インディオ保護財団）の許可がないと勝手に立ち入れないインディオ居留地（terras indígenas）も分布している．

マウエスの降水量は周年変化が大きく，例年で 6～11 月の乾季と 12～5 月の雨季に大別される熱帯サバナ気候に属する（図 9.3）．年間降水量は 2478 mm に達し，その約 4 分の 3 に相当する 1888 mm が雨季の半年に集中して降る．月平均気温は 1 年を通じて約 26～28°C で推移し，年較差は 2°C に満たない（2009～12 年の平均値）．降水量の大きな周年変化に伴い，河川水位も季節的に大きく変動する．例年で 5 月末～6 月初旬頃に最も高くなる河川水位は，その後乾季の到来とともに低下して，雨季を迎える直前の 11 月頃に最低となる．

9.1.2　日系社会の盛衰と事例農場の系譜

マウエスは，パラ州のトメアスー植民地とともに，日本人が最初にアマゾンに集団移住した場所の一つである．すなわち，1928 年にアマゾニア州から 2.5 万 ha の土地を無償譲渡されたアマゾン興業株式会社の社員らが，強壮剤のガラナ栽培を目的として入植・開墾を始め，1930 年からは会社の株主となった移民たちが次々と当地に移住した．1931 年に到着した第 3 回移民までの入植者は，25 家族 79 名と独身者 40 名の合計 119 名であった．また，世田谷にあった海外植民学校の校長だった崎山比佐衛が，実地教育のための分校をマウエスに設立すべく，一家 10 名を伴って 1932 年に入植した．

しかし，アマゾン興業はすぐに資金難から経営危機に陥り倒産した．また，崎山比佐衛も志半ばでマラリアに倒れ，1941 年に他界してしまった．こうして日本人移住地は崩壊し，大半の移民がマウエスから各地に四散した．アマゾン興業と海外植民学校に関わる移民の子孫で，現在もマウエスに居住するのはわずか 7 家族の一部で，その数は 2002 年当時 137 人であった．すでに移民の 1 世は生存せず，2 世以降の日系人のほとんどがマウエスの町に住み，商業やサービス業，工業などの農外部門に就業している．現在も奥地で農牧業を営む日系人は，わずか 2 家族の移民子孫の一部にすぎない．以下に事例に取り上げる農場主の S 氏は，そのうちの一人である．

S 氏は 1942 年，日本人の父と現地人の母との間に生まれた日系 2 世で，6 人兄弟の次男である．1910 年に静岡県で生まれた父は，1930 年 7 月にアマゾン興業の第 2 回移民として単身マウエスに移住した．そして，マウエス・アス川支流のププニャル河畔に入植してガラナ栽培に従事したが，すぐに会社が倒産したため，1934 年にマウエスからヴィラ・アマゾニアに再移住し，そこで現地人の女性と結婚して 8 年ほどジュート会社で働いた．しかし，太平洋戦争が始まり敵性国人となった S 氏の父は，パラ州のアカラー（トメアスー）へ強制連行されるのを恐れて，再びマウエスのププニャル河畔に逃げ戻った．そして，行商とガラナ栽培で 6 人（3 男 3 女）の子どもを育てた．現在も，事故や病気で他界した 2 人を除く 4 人の 2 世が，両親とともに過ごしたププニャル河畔で肩を寄せ合うように生活している．

S 氏も父同様，現地人の女性と結婚して 6 人（4 男 2 女）の子どもを授かった．彼は父が開拓したププニャル河畔の農場を拠点に，行商と牧畜で家族を支えてきた．そこで，次に河畔民として生きてきたS氏の生業とその発展について述べよう.

9.2　行商の盛衰

9.2.1　行商の歴史

アマゾンでは17世紀から行商舟をレガトン(regatão)と呼んでいる.レガトンは，往路は現地の人々が自給できない穀物，酒，油，砂糖，石鹸などの食料雑貨を積んで行き，復路は物々交換などで入手した産品を持ち帰って来るのが一般的であった.熱帯林の天然資源採集に基礎を置くアマゾンでは，食料や生活必需品を高値で前貸しして，ゴムやブラジルナッツなどの天然資源で決済する，アヴィアード制度と呼ばれる独特の収奪・搾取体制が重層的に機能して，アヴェアドール(行商人や親方などの前貸し者)への隷従と貧困の固定化を生み出してきた.レガトンには，物を高く売りつけるとか，物を安く買い叩くという含意があるといわれるが，それは取りも直さずアヴィアード制度の原型が行商舟の活動にあったことを物語っている.

行商に参入できるのは資本力のある者だけで，彼らは資金の蓄積や顧客の増加とともにより大きなレガトンに乗り換えて経営の拡大を図る傾向がある.マウエスでは，日本人が移住する以前からユダヤ系やイタリア系の移民を中心に行商が営まれていた.ここで最初に行商を始めた日本人は，崎山比佐衛の三男，忍氏であった.彼は日用雑貨を顧客に前貸しして収穫後にガラナで決済する行商を，マウエス・ミリン川やマウエス・アス川の上流に位置するウルパジ・パラワリ川流域で手広く行っていた(図9.2).

その後，忍氏の行商に憧れた2人の日系2世が行商に加わった.S氏もその一人で，1957年に当時15歳だった彼は，忍氏に借金してYANMAR 4馬力の小さな船を購入した.そして，月賦で借金を返済しながら，忍氏の行商圏とできるだけ重ならないように行商を続けた.この船は20年ほど使った後，1980年にYANMAR 37馬力のより大きな船に乗り換えた.さらに1993年には，S氏の長男が日本のデカセギで稼いだ資金を元手に，現在も使っているMWM 114馬力のより大きなバルコ(木造動力船)に乗り換えた.

S氏の行商圏は，マウエス・アス川からマラウ川を経てウルパジ川流域にまで広がっていた.そこには今も多数のインディオ集落が河畔に分布しており，彼の行商の主な顧客はインディオであった.マラウ川からウルパジ川に入ると川幅が一気に狭まり，水深も急に浅くなってバルコでの航行は不可能となる.そのため，S氏はバルコに小舟を括り付けて運び，遡上できなくなると小舟に乗り換えてさらに上流のインディオ集落を目指した.

9.2.2　インディオとの交易

図9.4は，S氏の行商によるインディオとの交易と商品売買の実態を示す.S氏はマウエスのスーパーマーケットで，米や野菜，調味料，嗜好品，小刀，乾電池などを仕入れ，それを奥地のインディオ集落まで船で運び，彼らが作る工芸品や食料，原料などと物々交換や現金で売買を行った(写真9.2).

インディオからの入手品は，ファリーニャ(マ

【提供品】
米
マカロニ
砂　糖
食用油
清涼飲料水
ビスケット
タマネギ
ニンニク
トウガラシ
塩(牛用)
小　刀
乾電池

⇄ 売買または物々交換

【入手品】	仕入れ値*	売り値*	利益率**
ファリーニャ	2 (1L)	3 (1L)	33
ハチミツ	15 (1L)	25 (1L)	40
チピチ	20 (1本)	30 (1本)	33
ふるい	25 (1個)	40 (1個)	38
箒	3 (1本)	5 (1本)	40
蔓植物	3 (1束)	4 (1束)	25
ヤシの葉	3 (10枚)	4 (10枚)	25
ブレウ	3 (1kg)	5 (1kg)	40
コパイーバ	10 (1L)	15 (1L)	33
ソルヴァ	2.5 (1L)	4 (1L)	38

(仕入れ値 ➡ 商店や個人への販売 ➡ 売り値)

* 単位価格はレアル，** 利益率(%)=利益/売り値×100

図9.4　行商によるインディオとの交易と商品売買(2011)
聞き取り調査により作成.

写真 9.2　アサイヤシの実をもぐサテレ＝マウエ族の子どもたち（2012 年 3 月，筆者撮影）

ンジョカ〈＝キャッサバ〉粉）やハチミツなどの食品，チピチ（ファリーニャを作る際にすり下ろしたマンジョカから毒を絞り出す筒状の道具で，ジャシタラヤシの樹皮を編んで作る），ふるい（毒抜き後のマンジョカ粉から繊維質の滓などを取り除き粒子をそろえる道具で，アルマンという植物を編んで作る），箒などの工芸品，蔓植物（ロープや箒の原材料となるティティカや，より太く編み籠などに利用されるアンベ），ヤシの葉（屋根葺き材などに頻用），ブレウ（樹液より産する天然樹脂のロジンで，鍋で熱して溶かした液体を木材の隙間に流し込み船の防水や滑り止めなどに利用）などの原材料，コパイーバ（樹幹に穴を開けて採取される樹液は，炎症を抑える傷薬に使用）やソルヴァ（樹液は下痢止めなどに利用）などの薬用品である（図 9.4）．

このほかに，タピオカ（マンジョカのデンプン），ガラナの粉末やバストン（ガラナの粉末を水で溶き棒状に固めて燻蒸したもので，ピラルクの舌ですり下ろして摂取），うちわ，編み籠，漁獲用の銛，土鍋，首飾りなどを入手することもあった．インディオから手に入れた商品はマウエスに運び，町の商店や個人に仕入れ値よりも高く販売して利鞘を稼いだ．利益率は概ね 30％以上であるが，原材料の蔓植物やヤシの葉は利益率が 25％と低い．その一方でハチミツや，需要が高く行政が買い取ってくれる箒，稀少価値があるブレウなどは利益率が 40％の高値を示している（図 9.4）．

しかし，2011 年にＳ氏は半世紀以上続けてきた行商をやめる決断をした．その理由は，子や孫が全員町での暮らしを選択して後継者がいない上に，自身も高齢となり視力や体力の衰えから船の操縦が難しくなってきたからである．さらに，主な顧客であったインディオを取り巻く経済・社会環境が，とりわけ 2003 年のルーラ大統領誕生に始まる左派政権の施政下で大きく変化したことも見逃せない．

かつてインディオたちは，奥地では入手できない食料雑貨を居ながらにして提供してくれるレガトンの往来を歓迎していた．しかし，政府が推進するボルサ・ファミリア（貧困家庭救済プログラム）や先住民保護政策の下で，彼らはモーターボートを手に入れ，国から受給金まで支給されるようになった．こうして貨幣経済に取り込まれた彼らは，毎月マウエスの町まで自らの船でやって来て，銀行の ATM で受給金を引き出し，レガトンよりも好条件で商品を売買して帰るようになった．その結果，今ではインディオが船で運んでくる商品をＳ氏が現金で買いとり，それを町の商店や個人に販売して利鞘を稼いでいる．

9.3　農場経営と生活

9.3.1　土地所有と牛の移牧

Ｓ氏はププニャル河畔のテラフィルメにファゼンダ・サンタ・セシリア（150 ha），パラナ・ウラリア河畔のヴァルゼアにファゼンダ・ピラーニャ（150 ha）の 2 つの農場を所有する（図 9.2）．ファゼンダ・サンタ・セシリアは，移民の父が入植・開墾した古い農場で，1980 年頃にＳ氏が 50 ha 買い足して拡大した．マウエスからはバルコで約 2 時間の距離にある．この農場は雨季にも冠水しないテラフィルメ上にあるため，雨季におけるウシの放牧地や焼畑などの農地として利用されている（写真 9.3）．

一方，ファゼンダ・ピラーニャは，1997 年頃に日本で働いていたＳ氏の長男のデカセギ資金を元

写真 9.3 ファゼンダ・サンタ・セシリア
(2012 年 8 月，筆者撮影)
河畔にはＳ氏のバルコが停泊．テラフィルメ上には母屋と納屋が見える．11 月にはさらに 4 m 水位が低下していた．

写真 9.4 バルコ（中央），バテラン（右）
(2013 年 9 月，筆者撮影)

手に購入した新しい農場である．テラフィルメ上のファゼンダ・サンタ・セシリアは，乾季になると土地が乾燥して草が枯れ，牧養力が低下してウシが餓死する事態を繰り返してきた．そのため，乾季に水中より姿を現して豊かな牧草地となるヴァルゼアに農場を所有することはＳ氏の悲願であった．しかし，河川リアスが発達するマウエス・アス川の流域にはヴァルゼアが見当たらず，Ｓ氏はその適地を遠くパラナ・ウラリア川の河畔に探し求めねばならなかった．ファゼンダ・ピラーニャは，マウエスよりバルコで約 2 時間半の距離にある．

このように，Ｓ氏はテラフィルメとヴァルゼアの双方に農場を持つことで，移牧による安定した牧畜経営を実現した．すなわち，ファゼンダ・サンタ・セシリアは，ヴァルゼアのファゼンダ・ピラーニャが冠水してウシが放牧できなくなる 3 月中旬～7 月の高水位期を中心とする牧場である．一方，ファゼンダ・ピラーニャは，河川水位が下がり水中から土地が姿を現す 8 月～3 月上旬の低水位期を中心とする牧場である．アマゾンでは熱帯林を横断する陸路での移牧が難しいため，ウシを船に載せて運ぶことも多い．ウシの輸送はファゼンダ・ピラーニャの利用可能期間に伴って毎年変わるが，例年でヴァルゼアからテラフィルメへの移牧は 3 月，テラフィルメからヴァルゼアへの移牧は 7 月に実施される．

各農場の川岸には船着き場があり，それに面して家畜囲い（curral）が設けられている．ウシを移牧するときは，まず牧童がウマで放牧中のウシを家畜囲いに駆り集める．家畜囲いと船着き場の間には，ウシ 1 頭がかろうじて通れるブレッテ（brete，狭いウシの誘導路）が設置されており，牛は順番に押し出されてバテラン（batelão）と呼ばれる運搬船に積み込まれる．バテランは長さ 15 m，幅 3.5 m で，1 艘に約 30 頭のウシが積載できる．無動力のバテランは，動力船のバルコ（長さ 15 m，幅 3.8 m，喫水 1.5 m，114 馬力）にロープで連結して並走させる（写真 9.4）．ウシはバルコにも約 20 頭積載できるので，1 回に最大で約 50 頭のウシが輸送できる．

一般に，アマゾンではウシ 1 頭に 1 ha 以上の放牧地が必要だといわれる．Ｓ氏がほぼ半年ずつ利用する 2 つの農場内の放牧地は合計約 120 ha（各 60 ha）なので，ウシは多くても約 120 頭しか飼育できないことになる．ちなみに，2011 年には合計 104 頭のウシが飼育されており，これらすべてのウシを船で運ぶためには最低でも 3 往復が必要である．つまり，年 2 回の移牧だとその回数は最低でも 6 往復することになる．船に数十頭のウシを満載して，2 つの農場間を片道 4～5 時間もかけて移動する移牧は，一時も気が休まらない重労働といえる．

Ｓ氏にとって，ウシは銀行預金に代わる牧場に預けた財産で，通常お金が必要になったときだけマウエスの家畜市場や個人に売却する．そのため，ウシの売却頭数は年間 12～15 頭とわずかで

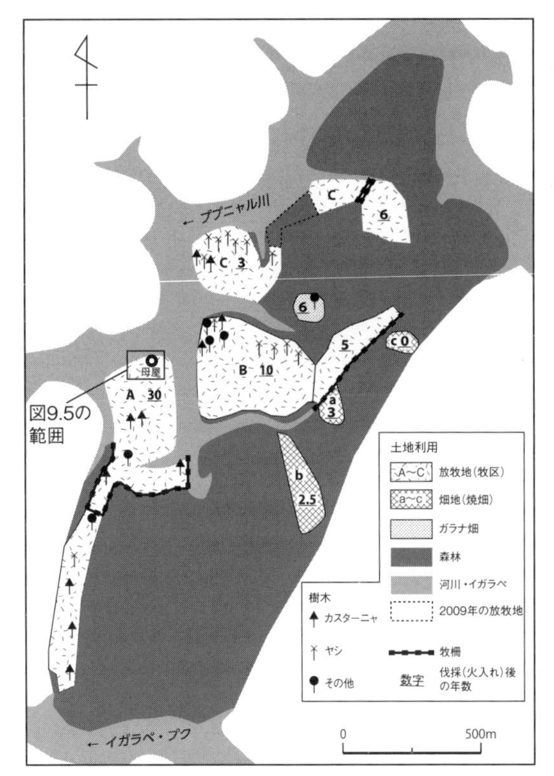

図 9.5 ファゼンダ・サンタ・セシリアの土地利用（2012）
ALOS 画像（2009 年 10 月撮影）に基づき現地調査により作成.（出典 Yamashita, A. and Maruyama, H. (2013)：A cultural ecological study on traditional farm management in Maués, Brazilian Amazon. *Tsukuba Geoenvironmental Sciences*, **9**：37-42.）

ある．アマゾンのウシは体重が 170～200 kg と痩せており，2013 年のウシ 1 頭の販売価格は 2210～2600 レアル（1 レアル約 45 円で計算すると，約 10～12 万円）であった．ちなみに，年 2 回実施するウシの予防接種には 360 レアル，船の燃料代には 1ヶ月あたり約 500 レアルかかるという．

9.3.2 ファゼンダ・サンタ・セシリアの農場経営

a. 土地利用

図 9.5 は，携帯型 GPS を用いて作成した農場全体の土地利用である．総面積 150 ha のうち，森林が 90 ha，農牧地が 60 ha である．アマゾンでは，1965 年の旧森林法では所有地の 50％，2000 年の森林改正法では 80％（新規開拓の場合）を自然のまま残すことが義務づけられたため，森林の割合が高い．農地はほとんどがウシの放牧地で，自給用作物を栽培する焼畑は 3 ha，商品作物のガラナ畑は 1 ha にすぎない．

放牧地は，イガラペ（周囲のテラフィルメからの流出水が作る小規模な沢）や森林，牧柵により大きく 3 つの牧区（A～C）に分けられている．しかし，ウシは餌を求めてイガラペや森林を横断して自由に農場内を動き回っており，資金や労力がかかる牧区管理は事実上行われていない（図 9.5）．船で運ばれて家畜囲いから牧区 A に放たれたウシは，餌を求めて牧区間を自由に動き回りながら放牧される．

A～C の放牧地（牧区）は，いずれも船による移動や物資の運搬に利便性が高い河畔の森林を伐採・焼却して造成されている．図 9.5 には最初に伐採・火入れを行ってからの年数が記されているが，放牧地は造成後長く放置すると再び森林へと植物遷移してしまう．そのため，1～2 年に 1 回，ウシがいない乾季に下草を刈り，よく乾燥させて雨季が始まる前の 10 月頃に焼き払う．こうして放牧地の森林への遷移を抑制し，良質な天然草地の維持に努めている．放牧中のウシは，時にジャガーに襲われたり，毒ヘビに噛まれたりして死ぬこともある．定期的な放牧地への火入れは，人や家畜を悩ませる毒ヘビやダニ（ムクイン）の駆除にも大きな効果がある．牧区 A は，キクイアという牧草を蒔いて造成した人工牧野だが，それ以外の牧区はすべて天然草地の放牧地である．

b. ガラナ栽培と焼畑農業

日本人がマウエスに移住した所期の目的は，強壮剤や神経興奮剤としての薬効を持ち，不老長寿の妙薬とされるガラナの種子を生産するためで，S 氏も移民の父とともに 15 歳からガラナを栽培してきた．ガラナの木は牧区 A 内にも少し見られるが，畑としてまとまって分布するのは B と C の牧区間に広がる森林の内部である．2006 年に焼畑で造成された約 1 ha のガラナ畑には，現在 450 本の成木が大きく生長している（図 9.5）．

ガラナの収量は，品種により大きく異なる．例えば，ブラジル農牧研究公社（EMBRAPA）が選抜した優良品種 BRS-Maués は，定植後 2～3 年で収穫でき，1 ha あたりの収穫量（乾燥種子）はそれまでの栽培品種の約 3 倍に相当する年間約 1.2 t に激増した．ガラナ栽培はきわめて粗放的で，主な農作業は10～12月の収穫作業と，1～2月に1回行う除草だけである．赤くて丸い果実は房状になり，熟すると実が弾けて中の白い果肉と黒い種子が現れる．その熟した果実を収穫後2～3日放置して自然発酵させると，簡単に種子が取り出せる．種子は水で洗い，ふるいで大きさを2種類に選別した後，かまどにかけた大きな焙烙で焙煎・乾燥させて出荷する．

ガラナの収穫量は，年変動が大きい上に樹木の老化とともに減少するが，植栽後約25年は毎年1本あたり乾燥種子で2～3 kgの収穫量が見込めるという．全体で450本の成木から，仮に1本あたり2 kgの収穫があると，収穫量は合計で900 kgになる．2013年のガラナ1 kgあたりの販売価格は，乾燥種子で20レアル（粉末で60レアル）だったので，900 kgの乾燥種子だと販売価格は1万8000レアルの高収入になる．

焼畑では，主に自給用作物が栽培されている．農場内には焼畑が3ヶ所にある（図9.5 a～c）．焼畑a（1.5 ha）は2009年に造成されたが，隣接する放牧地からウシが壊れた牧柵を通り抜けて侵入し，作物を食い荒らしたために放棄した．焼畑b（3 ha）は，その代わりに半年後に新たに造成したもので，畑には小さな船でイガラペのイガポー林を通り抜けて行く．栽培作物はマンジョカ，カラ（cará，根菜），ノニ（noni，果実），パイナップル，バナナ，トウガラシなどで，すべて自給用作物である．火入れから2年半を経過した焼畑bでは，すでに植生が回復して森林の中に作物が埋没している感じである（写真9.5右）．焼畑は周囲を森林に包囲されており，ウシだけでなくシカやパカなども侵入して作物を食い荒らすが，S氏にとってはこれらの野生動物もまた貴重な食料源である．

焼却灰を肥料とする焼畑では，すぐに地力が低下する．そのため，通常2年ほど利用した焼畑は3～5年ほど放置して休ませた後，再び焼畑として利用する．焼畑c（1.5 ha）は，焼畑bに代わり新たに造成されたもので，火入れ直後の真っ黒な焼畑が燻って白煙を上げていた（写真9.5左）．一般に焼畑は，乾季の盛りに森林を伐採して乾燥させ，雨季が訪れる前の9～10月頃に焼いて作物を植え付ける．すでに焼畑cにはカラが植栽されており，S氏によるとマンジョカ，バナナ，パイナップルをこれから順次植え付けるということであった．

c. 母屋と家庭菜園

図9.6は，母屋とその周辺の土地利用である（山下・丸山，2014）．母屋はププニャル川の船着場より急斜面を登りきったテラフィルメ上にある．日本式家屋を彷彿とさせる木造の簡素な母屋には，S夫妻が農場管理人夫妻と一緒に住んでいる．ただし，S夫妻は母屋よりも船上生活を好み，普段はププニャル川に係留した船内で寝泊まりすることが多いという．母屋に入ると広い土間があり，土で築いた薪のかまどや井戸水の洗い場がある．また，ピキアの木で作った臼やスクピラの木で作った杵が置かれ，ブラジルナッツの殻が土間に転がっていた．手作りの大きな木のテーブル上

写真9.5 火入れ直後の焼畑c（左）と火入れから2年半を経た焼畑b（右）（2012年8月，筆者撮影）
焼畑の位置は図9.5を参照。

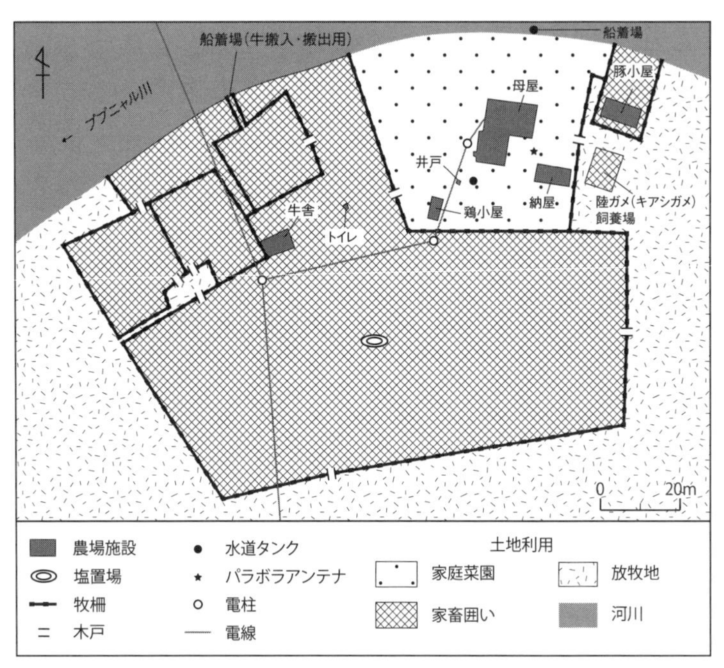

図 9.6 ファゼンダ・サンタ・セシリアにおける母屋周辺の土地利用（2012）
ALOS 画像（2009 年 10 月撮影）に基づき現地調査により作成.

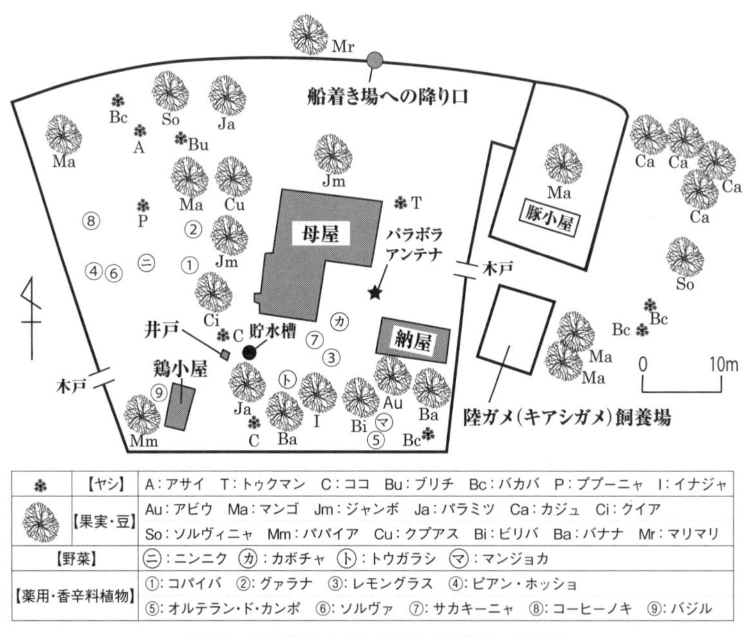

✽	【ヤシ】	A：アサイ　T：トゥクマン　C：ココ　Bu：ブリチ　Bc：バカバ　P：ププーニャ　I：イナジャ
	【果実・豆】	Au：アビウ　Ma：マンゴ　Jm：ジャンボ　Ja：パラミツ　Ca：カジュ　Ci：クイア So：ソルヴィニャ　Mm：パパイア　Cu：クプアス　Bi：ビリバ　Ba：バナナ　Mr：マリマリ
【野菜】		㊁：ニンニク　㋕：カボチャ　ⓣ：トウガラシ　ⓜ：マンジョカ
【薬用・香辛料植物】		①：コパイバ　②：グァラナ　③：レモングラス　④：ピアン・ホッショ ⑤：オルテラン・ド・カンポ　⑥：ソルヴァ　⑦：サカキーニャ　⑧：コーヒーノキ　⑨：バジル

図 9.7 家庭菜園の土地利用と有用植物（2012）
ALOS 画像（2009 年 10 月撮影）に基づき現地調査により作成.

には，サルの尾で作った手箒(てぼうき)があった.

靴を脱いで土間から上がると，農場管理人夫妻の居室，S 夫妻の居室，物置部屋がある．居室の天井には丸めた漁網が吊り下げられていた．これは狂犬病ウイルスを媒介する吸血コウモリの侵入を予防するためだという．また，廊下には薬用箱が設置されており，中にはパカやホエザルの獣脂，ヘビに噛まれたときに塗るパカの胆汁などが収められていた．物置部屋には，水に強く建材や家具材に適したアンジローバの板，イタウバの木で作ったカヌーや櫂(かい)，ファリーニャ作りに使うふるい，パウダルコの木で作ったピラルクなどの魚を突く銛，骨付きの牛肉を切断する糸鋸や秤，船の浸水を防ぐ綿などが保管されていた．

母屋の周辺は家庭菜園で，その中に納屋，鶏小屋，井戸，パラボラアンテナがある（図 9.7）．かつて住居として使っていた納屋には，斧，鍬，大なたなどの道具類が収納されている．また，鶏小屋では 10 羽が飼育されていた．家庭菜園の東の木戸を抜けると，豚小屋とキアシガメ（jabuti-tinga）の飼養場がある．キアシガメは野生の陸ガメで，森林の中で捕まえるとここに運び，餌を与えて太らせてから食べるという．

中尾（1966）は，様々な作物があちこちに雑然と生育し，その中をニワトリなどの家畜が歩き回っているような裏庭型の畑をキチン・ガーデン（kitchen garden）と呼び，この農業方式から重点作物の多量栽培への移行が根栽農耕文化における焼畑農業の発展につながったと指摘している．キチン・ガーデンの農業方式は，新大陸農耕文化に対応するアマゾンでもはっきりと確認できる．S 氏の家庭菜園には，主に食用に利用されるヤシ（7 種類）や果実（11 種類），豆（1 種類），野菜（4 種類）に加えて，様々な薬用・香辛料植物（9 種類）も栽培されており，その数は確認できただけでも合計 32 種類に達した（図 9.7）．さらに，家庭菜園の外側に広がる放牧地には，用材や樹脂を提供する有用樹や蔓植物が伐採されずに残されている．これらをすべて合わせると，農場内で確認できた有用植物は 62 種類にのぼる（表 9.1）．

表 9.1　ファゼンダ・サンタ・セシリアのおもな有用植物

		和　名	現地名	学　名
ヤシ	*	アサイ	Açaí do Amazonas	*Euterpe precatoria*
	*	バカバ	Bacaba	*Oenocarpus bacaba*
	*	ブリチ	Buriti	*Mauritia flexuosa*
	*	ココ	Coco	*Cocos nucifera*
	*	イナジャ	Inajá	*Maximiliana maripa*
	*	ププーニャ	Pupunha	*Bactris gasipaes*
	*	トゥクマン	Tucumã do amazonas	*Astrocaryum aculeatum*
果実		アボカド	Abacate	*Persea americana*
		パイナップル	Abacaxi	*Ananas comosus*
	*	アビウ	Abiu	*Pouteria caimito*
	*	バナナ	Banana	*Musa* sp.
	*	ビリバ	Biribá	*Rollinia mucosa*
		カカオ	Cacao	*Theobroma cacao*
	*	カジュ	Caju	*Anacardium occidentale*
		ブラジルナッツ	Castanha do brasil	*Bertholletia excelsa*
	*	クプアス	Cupuaçu	*Theobroma grandiflorum*
	*	クイア	Cuia	*Crescentia cujete*
		グラビオーラ	Graviola	*Annona muricata*
	*	パラミツ	Jaca da Bahia	*Artocarpus heterophyllus*
	*	ジャンボ	Jambo	*Eugenia malaccensis*
		レモン	Limão	*Citrus limon*
	*	パパイア	Mamão	*Carica papaya*
	*	マンゴ	Manga	*Mangifera indica*
		パッションフルーツ	Maracujá	*Passiflora ligularis*
		ノニ	Noni	*Morinda citrifolia*
		オイチ	Oich	*Licania tomentosa*
		ペピノ・デ・マト	Pepino de mato	*Ambelania acida*
		ピキア	Piquiá	*Caryocar villosum*
	*	ソルヴィニャ	Sorvinha	*Couma utilis*
		ウマリ	Umari	*Poraqueiba sericea*
豆		インガ・アス	Ingá-açu	*Inga cinnamonea*
	*	マリマリ	Mari-mari	*Cassia leiandra*

		和　名	現地名	学　名
薬用・香辛料植物	*	バジル	Alfavacá	*Ocimum* sp.
		アンジローバ	Andiroba	*Carapa guianensis*
	*	コーヒーノキ	Cafeeiro	*Coffea* sp.
		シナモン	Canela	*Cinnamomum zeylanicum*
	*	レモングラス	Capim santo	*Cymbopogon citratus*
	*	コパイバ	Copaíba	*Copaifera* sp.
		クマル	Cumaru	*Dipteryx odorata*
		ファベイロ	Faveiro	*Dimorphandra mollis*
	*	グァラナ	Guaraná	*Paullinia cupana*
	*	オルテラン・ド・カンポ	Hortelã do campo	*Hyptis crenata*
		イペ・ホッショ	Ipê-roxo	*Tabebuia impetiginosa*
		パウダルコ	Pau d'arco	*Tabebuia heptaphylla*
	*	ピアン・ホッショ	Pião-roxo	*Jatropha gossypiifolia*
		ピメンタ・ド・ヘイノ	Pimenta de reino	*Piper nigrum*
	*	サカキーニャ	Sacaquinha	*Croton sacaquinha*
	*	ソルヴァ	Sorva	*Couma guianensis*
樹脂		ブレウ	Breu	*Protium heptaphyllum*
		パラゴムノキ	Seringueira	*Hevea brasiliensis*
用材		スクピラ	Sucupira	*Bowdichia virgilioides*
		イタウーバ	Itaúba	*Mezilaurus itauba*
		カラウバ	Caraúba	*Jacaranda copaia*
		セドロ	Cedro	*Cedrela odorata*
		アンジェリン・ラジャド	Angelim-rajado	*Pithecolobium racemosum*
蔓		インベ（アンベ）	Imbé	*Philodendron imbe*
		シポ・チチカ	Cipó-titica	*Heteropsis jenmani*
野菜	*	ニンニク	Alho	*Allium sativum*
	*	カボチャ	Abóbora	*Cucurbita moschata*
	*	トウガラシ	Pimenta	*Capsicum annuum*
		カラ	Cará	*Dioscorea alata*
	*	マンジョカ	Maniva	*Manihot esculenta*

*：家庭菜園で確認された植物

（現地調査により作成）

中でも「生活の木」と称されるヤシ類の用途は多様で，その果実や若芽は飲食物や家庭薬，肥料，なめし剤，装飾品などに，葉は屋根材やハンモック・投網・ロープ・敷物などの繊維に，幹は建材や燃料などに用いられる．ビタミンA・B_1が豊富なトゥクマンや，当地に多く自生するププーニャは，その果実が重要な食料となる．また，カキのような甘い実をつけるアビウ，ジャンボ，カジュ，パラミツ，パパイア，マンゴ，バナナ，ソルヴィニャ，ビリバなども，手軽に食べられる裏庭の果実として生活に欠かせない．

病院や薬局から遠く離れて暮らす人々は，身近な野生植物の樹皮や樹液，葉，根などから様々な生薬を手に入れ，自力で不意の病気や怪我などに対応している．S夫妻も様々な薬用植物を使った民間療法を実践しており，家庭菜園にも薬や香辛料として欠かせない多くの植物が確認できる．中でもコパイーバは重要で，幹や根から採取された樹液は傷口の化膿止めや皮膚の炎症止めとして外用されたり，喉・気管支の炎症を鎮めるために内服されたりする．アンジローバも重要な薬用植物で，樹皮や葉の煎じ薬は解熱や化膿止めの効果があり，種子から採取されたオイルは虫除けや皮膚炎，潰瘍に効果がある．

野菜類は種類も少なく日常的にあまり食べられていない．露地栽培の野菜の多くは，ニワトリが食べないように柵の中で栽培している．また，ネギやハーブのような野菜は，動物や害虫に食べられるのを防ぐため，カンテイロと呼ばれる高床式の木箱の中で栽培されている．

ちなみに，S夫妻の食事にはシカ肉の煮込み料理がよく登場した．また母屋の外には，キアシガメの甲羅やシギダチョウの羽なども散乱しており，これらの野生動物もS夫妻の重要な食料源になっていることがうかがえる．表9.2は，S氏からの聞き取りによる本地域の住民の食用となる

表9.2 住民の食用となる動物

	和名	現地名	学名
哺乳類	ホエザル	Guariba	*Alouatta* sp.
	フサオマキザル	Macaco-prego	*Cebus apella*
	シカ	Veado-mateiro	*Mazama americana*
	ペッカリー	Porco do mato	*Pecari tajacu*
	バク	Anta	*Tapirus terrestris*
	オポッサム	Mucura	*Didelphis* sp.
	ナマケモノ	Preguiça	*Choloepus* sp.
	パカ	Paca	*Cuniculus paca*
	アグーチ	Cutia	*Dasyprocta* sp.
	アルマジロ	Tatu-canastra	*Priodontes maximus*
	マナティー	Peixe-boi	*Trichechus inunguis*
鳥類	シギダチョウ	Inhambus	*Crypturellus* sp.
爬虫類	ワニ	Jacare-açu	*Melanosuchus niger*
	キアシガメ	Jabuti-tinga	*Chelonoidis denticulata*
	オオヨコクビガメ	Tartaruga da amazônia	*Podocnemis expansa*
	モンキヨコクビガメ	Tracajá	*Podocnemis unifilis*
	ヒメヨコクビガメ	Pitiú	*Podoemis unifilis*
魚類	アカラ・カスクード	Acará cascudo	*Cichlasoma bimaculatum*
	アカラ・プラタ	Acará prata	*Chaetobranchus flavescens*
	アカラ・ベレレ	Acará bereré	*Mesonauta festivum*
	アカラチンガ	Acaratinga	*Geophagus* sp.
	アカリ・ボド	Acari-bodó	*Liposarcus pardalis*
	アラク	Aracú	*Leporinus* sp.
	アロアナ	Aruanã	*Osteoglossum bicirrhosum*
	ブランキーニャ	Branquinha	*Curimata* sp.

	和名	現地名	学名
魚類（続き）	シャルト	Charuto	*Apareiodon affinis*
	クユクユ	Cuiú-cuiú	*Oxidoras niger*
	クリマタン	Curimatã	*Prochilodus scrofa*
	ドラード	Dourado	*Salminus maxillosus*
	フィリョテ	Filhote	*Brachyplatystoma filamentosum*
	ジャラキ	Jaraqui	*Semaprochilodus taeniurus*
	ジャトゥアラナ	Jatuarana	*Brycon amazonicus*
	ジャウ	Jaú	*Paulicea lutkeni*
	マパラ	Mapará	*Hypopthalmus* sp.
	マトリンシャン	Matrinchã	*Brycon amazonicus*
	オラナ	Orana	*Anodus elongatus*
	パク	Pacu	*Metynnis hypsauchen*
	ペイシス・リゾス	Peixes-lisos	*Bagre* sp.
	ペスカダ	Pescada	*Plagioscion* sp.
	ピラニア・ブランカ	Piranha branca	*Serrasalmus brandti*
	ピラニア・カジュ	Piranha caju	*Pygocentrus piraya*
	ピラララ	Pirarara	*Phractocephalus hemiliopterus*
	ピラルク	Pirarucu	*Arapaima gigas*
	サルディーニャ・シャタ	Sardinha chata	*Triportheus angulatus*
	スルビン	Surubim	*Pseudoplatystoma filamentosum*
	タンバキ	Tambaqui	*Colossoma macropomum*
	タムアタ	Tamuatá	*Callichthys callichthys*
	トライラ	Traíra	*Hoplias malabaricus*
	トゥクナレ	Tucunaré	*Cichla ocelaris*

（聞き取り調査により作成）

動物のリストで，記録できたものだけでも49種類にのぼる．このうち，シカやパカ，カメは特に重要な動物性タンパク源とみられ，冷凍庫にはそれらの肉が保存されていた．また，魚種が豊富で住民の日常的食料として重要なことが分かる．

9.3.3 ファゼンダ・ピラーニャの農場経営

ファゼンダ・ピラーニャは，パラナ・ウラリア河畔の低ヴァルゼアに立地する低水位期中心の専用牧場で，農地はない（写真9.6）．総面積150 haのうち，森林が90 ha，放牧地が60 haである（図9.8左）．牧場の境界を流れるピラーニャ河畔にはインバウーバが多数自生しており，白い樹幹に記された水位跡を示す黒い線から，2012年の水位変動が約4 mだったことが分かる．パラナ・ウラリア河畔には，ヴァルゼアに多いスマウーマ（sumaúma，カッポック）の大木があり，その下にたくさんのウシが集まっていた．この樹木の種子から採れる天然繊維のパンヤ綿は，軽くて撥水性に富み，枕やクッション，救命胴衣などにも利用される．

牧場施設の背後に広がる広大な放牧地の低い部分は，雨季にはピラーニャ川が氾濫して巨大な湖沼（lago）となるが，乾季には干上がってカピン・デ・マレッカ（capim de marreca）が繁茂する良質な天然牧草地となる．また，その周囲の雨季にも冠水しない少し高い場所には，カピン・テーラ・イ・アグア（capim terra e água）という牧草を蒔いて造成した人工牧野が広がっている．ヴァルゼアでは，土地のわずかな高低差が冠水期間や牧草の状態を左右し，それが放牧可能期間に直結するため，牧場の善し悪しがはっきり分かれるという．土地が低すぎると，特に水位が高

写真9.6 ファゼンダ・ピラーニャに放牧されるウシ（2012年9月，筆者撮影）
背後にパラナ・ウラリア川が流れている。

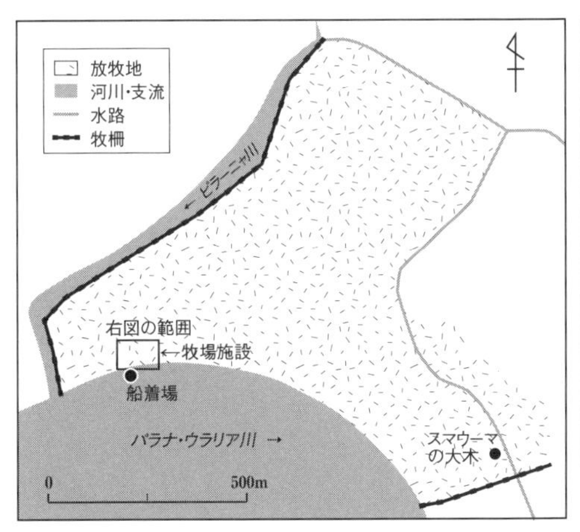

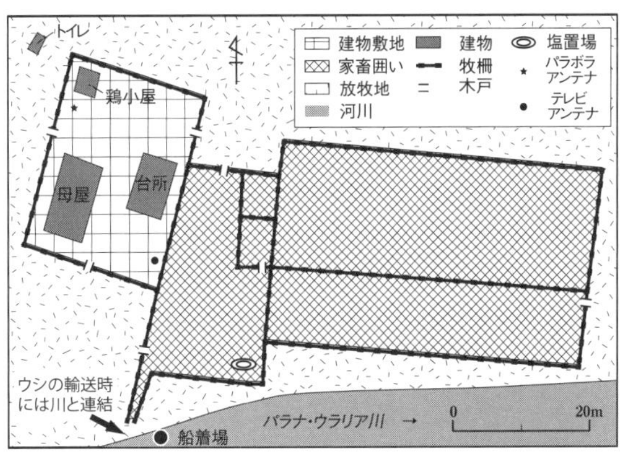

図9.8 ファゼンダ・ピラーニャの土地利用と牧場施設の分布（2012）
ALOS画像（2009年10月撮影）に基づき現地調査により作成．

い年には冠水が長く続いて草の生育も悪く，ウシをテラフィルメからなかなか移牧できずに餓死させてしまうこともある．

図 9.8 の右図は，母屋と牧場施設の分布を示す．建物や家畜囲いなどの牧場施設は，川沿いに発達した自然堤防の微高地に設置され，その背後の広大な後背湿地が放牧地となっている．木造高床式の母屋には農場管理人夫妻が住んでおり，その周囲にはヤシで葺かれた台所や鶏小屋がある．母屋の板壁には，2009 年の大洪水や 2013 年の洪水で浸水した際の水位の跡が，窓枠よりも高い位置に黒い線ではっきりと残っていた．

これらの建物に隣接して，牧柵により複数の部屋に仕切られた家畜囲いがある．ここは移牧の際のウシの搬入・搬出，予防接種などの健康管理，塩の補給や焼き印作業に使われる．家畜囲いからはブレッテがパラナ・ウラリア川の船着場へと延びている．農場管理人が家畜囲いの給塩台を木棒で叩いて音を出すと，放牧されているウシがあちこちから集まってくる．それを農場管理人が背後からウマで家畜囲いに追い込む．S 氏は，家畜囲いに集められたウシの健康状態や頭数を確認して，ウシの管理が不正なくきちんと行われていることを確認する．

9.4　河畔民の生活と将来—結びにかえて—

アマゾン川流域の河岸に居住し，小規模な自給的農業や漁撈（ぎょろう），狩猟，採集を生業とする河畔民は 704.1 万人に達するという（Joshua Project）．バルコを所有して行商を行い，2 ヶ所に所有するファゼンダで多数のウシを飼育する S 氏が，すでに一般的な河畔民の範疇から逸脱していることは明らかである．半世紀を超える歳月の中で，S 氏は河畔民からレガトン商人，そしてファゼンデイロ（牧場主）へと着実に社会的上昇を実現した．その際，子息が日本のデカセギで稼いだ資金が，レガトンの大型化やヴァルゼアでの農場購入を通じて，S 氏の経営拡大や社会的上昇に大きく貢献したことは明らかである．

しかし，それでも S 夫妻は今なお，幼少時より身につけた河畔民の自然とともにある自由な生活様式を強く志向し，町での暮らしを拒んでいる．その姿勢は，熱帯林が持つ多様性とその再生力を大きく損なわず，同時にその恵みを最大限に利用して生きるという，河畔民に継承されてきた伝統的生態知に立脚した S 氏の農場経営にも貫かれている．

すなわち，テラフィルメの小規模な焼畑では，アマゾンに適応した多種類の熱帯作物が，土壌侵食を進めないように掘り棒を使って栽培されていた．また，焼畑は再生不能なまで土壌を酷使する前に放置され，再利用に向けて森林化が図られていた．焼畑が森林の内部に造成されるのは，栽培跡地の森林再生を促進するためである．さらにヴァルゼアの牧場では，河川の水位変動と牧草地の注意深い観察に基づき，移牧の時期が周到に決められていた．

熱帯林の豊かな天然資源に依存する食料や生活資材の多様性も河畔民の伝統といえる．S 氏は食料のすべてを一年生作物に頼らず，焼畑での自給用作物栽培のほかに，果実・堅果類の採集，漁撈，狩猟から様々な食料や生活資材を入手していた．特に母屋に隣接する家庭菜園は有用植物の宝庫で，豊かで多様な食生活を支える重要な場所であった．

しかし，S 夫妻が守り続けてきた河畔民の伝統的な生活様式も，今や風前の灯火である．すなわち，日本人移民の父が残した農場を 2 世たちが守り続ける一方で，3・4 世は全員が町に出て農外部門に就業しており，ププニャル河畔に留まる者はいない．S 氏には 6 人の子どもがいるが，長男と 4 男はマウエス，長女はサンパウロ州ソロカバ，次女は州都マナウス，2 男と 3 男はデカセギで日本に定住している．この状況は S 氏の兄弟姉妹の家族でも同様で，特にデカセギ者が多いことが特徴である．S 氏の家門（6 人の兄弟姉妹）全体で見ると，3 世（24 名）の 63％にあたる 15 名，4 世（32 名）の 28％に当たる 9 名が日本にデカセギ中で，行ったきり戻ってこないことが 2 世の深刻な心配事になっている．

このような若者たちの急激な都市流出と農外就業の進展は，アマゾンで脈々と息づいてきた河畔民の伝統や生活様式の消失を招来している．同時に，農場経営者の高齢化や労働者・後継者不足の進展は，広大な農場の不適切な管理による土地の劣化や農場放棄といった環境・社会問題も誘発しており，今後より一層問題が深刻化することが危惧される．〔丸山浩明〕

引用文献

中尾佐助（1966）：栽培植物と農耕の起源，192p.，岩波書店．

松本栄次（2012）：写真は語る—南アメリカ・ブラジル・アマゾンの魅力—，190p.，二宮書店．

山下亜紀郎・丸山浩明（2014）：ブラジルアマゾンの農場における土地利用図と施設配置図の作成，人文地理学研究，**34**：177-184.

Joshua Project：https://joshuaproject.net/people_groups/11073/BR（2017年3月14日閲覧）

【メキシコ・ソチミルコのチナンパ農業】

歴史家ヘロドトスの名言「エジプトはナイルの賜（たまもの）」を引くまでもなく，人々の生活や文明までもが河川の恵み（特に農業を支える肥沃な土壌）とともにあることは自明である．このことは河川が流入して作る湖沼でも同様で，湖畔に形成された豊かな農業地域は人々の生活を支えてきた．メキシコシティの南に位置するソチミルコは，1987年にユネスコの世界文化遺産に登録された，現在もアステカ文明の遺構が色濃く残る観光地である．ここには背の高い柳の木などに外周を取り囲まれたチナンパと呼ばれる長方形の盛り土畑が広がっており，その畑の間に規則正しく配置された格子状の運河が，のどかで美しい独特な水郷景観を作り出している（写真9.7）．

ソチミルコは，かつてアステカ王国の首都テノチティトランが建設されたテスココ湖の南に広がるソチミルコ湖であったが，首都への食料供給基地として15世紀に大規模な治水・干拓事業が進められて急速に発展した．チナンパは，浅い沼沢に木杭を打ち込み，それらを細枝などで結び合わせて矩形の囲いをつくり，そこに水辺に群生するアシや水草類，湖底の泥土，朽ちた枝葉などを敷き詰めて造成する．チナンパでは，トウモロコシ，豆類，カボチャ，トマト，トウガラシなどの作物や花卉（かき）類が栽培されてきた．湖底から汲み上げられた泥土を肥料とするチナンパ農業の生産性は著しく高く，トウモロコシ栽培の場合，普通の畑地の約1.5倍から時に3倍近い収穫量がある．

写真9.7 ソチミルコの運河を行き交う遊覧船と河畔のチナンパ
（2007年3月，筆者撮影）
河畔には花を売る店やビニールハウスが見られる．

ソチミルコの運河を行き交う平底の小舟はトラヒネラと呼ばれる．かつてはチナンパで生産された作物をメキシコシティに運ぶ重要な交通手段だったが，鉄道やトラック輸送が主流となった現在，祝祭日を中心に国内外から来訪する多数の観光客を水郷地帯へと案内する遊覧船として利用されている．色とりどりの独特な絵柄で装飾されたトラヒネラには貸し切りで観光客が乗り込み，飲食や陽気なマリアッチ楽団の演奏を楽しんでいる．

10
ルーマニアのカルパチア山村における持続的発展

ルーマニアの農山村は，1989 年の東欧革命以降の民主化や市場経済化，さらに 2007 年の EU への加盟によって大きな変化を強いられてきた．それは主要産業である農林業が市場経済化による農産物価格の下落（公定価格から市場価格への転換），国有農地・林地の民有化，さらには輸出農産物の EU 衛生基準への適合化によるコスト増，そしてそれを契機とした輸出断念などによって衰退傾向に陥ったことによる．このような農林業の衰退は，平地農村と比べて条件が不利な中山間地域により大きな打撃を与えるものであった．本章ではこの点に注目し，カルパチア山村ルカルを事例に人々が，1989 年の東欧革命以降の民主化やルーマニアの EU 加盟という地域外からのインパクトに直面しながらも地域資源を活かしながら持続的な発展を模索してきた様子を見ていきたい．その際に，ルーラルツーリズムと小企業の起業，さらに景観・土地利用の変化に着目する．これら観光や零細企業の振興はルーマニアの EU 加盟年に策定された，EU の農村振興政策の目標に含まれるため，それらを視点とすることでより広く，ほかの EU 諸国との議論に資することができる．

10.1 ルーマニアの自然とカルパチア山脈

ルーマニアと聞いて，何が頭に思い浮かぶだろうか．同国の観光・商務局の日本語ホームページでは，自国を「ヨーロッパに秘められた伝統の国」として，「数々の世界遺産，美肌とアンチエイジング，美食とワインの国ルーマニア，訪れる度，新しい発見をあなたに」という言葉が並ぶ．これらのフレーズを聞いても，日本人の多くから見て，ルーマニアは EU のほかの加盟国と比べて身近な国とは言えないであろう．

ルーマニアはヨーロッパ南東のバルカン半島北東部にあり，北から時計回りにウクライナ，モルドヴァ共和国，黒海，ブルガリア共和国，セルビア共和国，ハンガリーに囲まれている．その国土は中央にカルパチア山脈（Munţii Carpaţi）が孤をなして，首都ブカレストの位置する南部のワラキア，北東部のモルドヴァ，北西部のトランシルヴァニアに分かれる（図 10.1）．トランシルヴァニア地方は，トランシルヴァニア盆地とアプセニ山地からなり，ワラキアとモルドヴァには各平原が広がる．平野は国土の 3 分の 1 にすぎず，山地および高原・丘陵がそれぞれ国土の 31%，36% を占める．その結果，ルーマニアでは農村が国土の 67.8%，また農村の人口が全体の 54.4% を占め，それぞれ EU28ヶ国の平均の 44.0% と 19.5% を大きく上回っている．この農村を舞台に，その地域資源を活かして余暇活動を行うルーラルツーリズムが 1989 年のチャウシェスク独裁政権の崩壊（ルーマニア革命；以下，革命）以降，盛んとなってきた．その主要な舞台がドナウデルタとカルパチア山脈である（図 10.1）．先の観光・商務局ホームページの紹介文で触れられていたユネスコの世界遺産についてもドナウデルタの自然遺産のほか，カルパチア山脈の各地，すなわちモルドヴァ，トランシルヴァニア，マラムレシュの各地方にある教会，要塞，歴史的市街地といった文化遺産が登録されている．

カルパチア山脈はルーマニア国土の骨格をなし，東カルパチア山脈と南カルパチア山脈，そしてアプセニ山地（別名，西カルパチア山脈）に分かれる．東カルパチア山脈は標高 1000 m から 2000 m 級の山々からなり，モルドヴァとトランシルヴァニアの境界をなす．同様に，南カルパチア山脈はワラキアとトランシルヴァニアの境をなし，標高 2000 m から 2500 m 級の山々で構成される．このため，氷河地形なども見られ，登山やスキーなどの観光資源にも恵まれている．これに対して，アプセニ山地は標高1500 m級とやや低く，東カルパチア山脈と南カルパチア山脈とともに，トランシルヴァニア盆地を取り囲む．カルパチア山脈では，南カルパチア山脈のシビウに代表されるように移牧による牧羊がかつて盛んであり，林業とともに主要な生業であった．また，マラムレシュに代表されるように，カルパチア山脈は文化の宝庫でもあり，3地方の境界として峠道を中心に交流路を形成してきた．本章の事例地である，ルカル村（Rucăr）は東カルパチア山脈が南カルパチア山脈へ遷移してワラキアからトランシルヴァニアに抜ける交流路（ブラン-ルカル回廊）に位置し，かつてはほかのカルパチア山村同様に移牧による牧羊と林業を主な生業としていた．しかし，革命や2007年のEUへの加盟以降，伝統的な生業は衰退傾向にある．その一方で，首都ブカレストから自動車で3時間ほどの距離にあるため，ルカルでは2000年以降，民宿などの宿泊施設が開設されてルーラルツーリズムが盛んになりつつある．本章ではこの点に注目し，ルカル村の人々がルーラルツーリズムなどを展開させて地域の持続的発展を模索してきた様子を見ていく．

10.2 ルーマニアにおけるルーラルツーリズムの展開とルカル村

10.2.1 ルーマニアにおけるツーリズム

ルーラルツーリズムを含む観光は，ルーマニアの国内総生産の1.9%（2012年）を占め，23万人余の雇用をもたらしている（OECD, 2016）．OECD（経済協力開発機構）の統計によれば，ルーマニアへのインバウンド観光客は2014年に844.2万人を数え，そのうち191.2万人が宿泊を伴っていた．これに対して，アウトバウンド観光客は1229.9万人とインバウンドより多く，さらにルーマニア国内の観光行動を見ると，その観光客数は5008.4万人に上る．このように，ルーマニアにおけるツーリズムは，主に国内の観光行動の高まりによって展開されてきた．

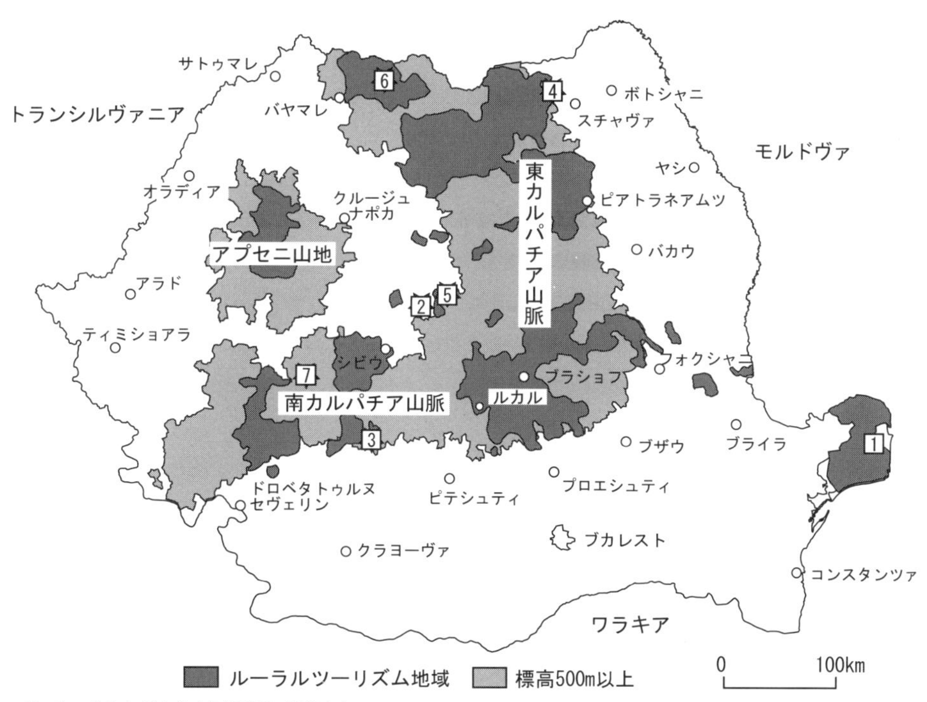

図10.1 ルーマニアにおけるルーラルツーリズム地域と世界遺産
呉羽・伊藤（2010）と世界遺産地図（http://whc.unesco.org/en/wallmap/）により作成．

ツーリズムの展開域は，旅行者の多い順に県都（首都ブカレストを含む，以下同様），山地，シーサイド，温泉地であった（表10.1）．ルーマニア国家統計局によると，2013年の宿泊客数は794.3万人であり，県都がその50.1%を占め，山地（15.6%），シーサイド（9.2%），温泉地（8.5%）と続く．これを宿泊数で見ると，県都の割合は36.6%に下がり，温泉地，シーサイド，山地はそれぞれ21.4%，15.9%，13.8%を占めた．また，2004年を100としたとき，旅行者数の伸びが全体の140.9を上回るのが，県都（151.7）と山地（148.4）だけであり，同様に宿泊数の場合も両者（県都：144.1，山地：130.0）とドナウデルタ（148.1）以外はシーサイド，温泉地ともに2004年の71.1，74.5に落ち込んでいた．このように，事例地のルカル村が立地する山地は，ルーマニアにおけるルーラルツーリズムの展開域として一定の地位を占めてきた．

10.2.2 ルーラルツーリズムの展開

ルーマニアにおけるルーラルツーリズムは，社会主義政権下の1960年代から見られたものの，1989年の革命以後，特に21世紀に入って発展してきた．ルーマニア国家統計局の観光統計によると，農村に滞在した宿泊客数および宿泊数は，2000年の2.8万人と6.5万泊から2013年に50.2万人，99.7万泊へと増加した．これら宿泊客数と宿泊数の伸びは，2000年を100とした場合，それぞれ1792.9と1533.8を示して，同時期のルーマニア全体の宿泊客数と宿泊数の伸び率161.4と109.7と比べてきわめて高い値を示した．ただ，外国人宿泊客数は2000年の3千人から2013年に3.8万人に増えたにすぎず，ルーラルツーリズムも国内の観光行動に支えられながら急速に成長してきたことが理解できる．

ルーラルツーリズムの展開域は，前述のようにカルパチア山脈とその周辺，すなわちトランシルヴァニア，マラムレシュ，そしてブコビナ地方を中心とする（図10.1）．中でも，トランシルヴァニア地方のシビウ，シギショアラからブラショフにかけて，南カルパチア山脈のブラショフからブラン–ルカル回廊，東カルパチア山脈のコヴァスナ，ハルギタ，ムレシュの諸県およびビホル，カラシュセヴェリンの温泉保養地，アプセニ山地，マラムレシュの伝統的木造建築の村々が主要な地域である．これらは世界遺産に代表される，歴史的・文化的・民俗的・宗教的特色のほか，山地・丘陵などの自然景観，および温泉地などの優れた観光ポテンシャルを有する．東カルパチア山脈の交流路に位置するルカル村も自然景観や宗教行事

表10.1 ルーマニアにおける観光の展開（2013年）

項目＼地域			シーサイド	温泉地	山地	ドナウデルタ	県都	その他	計
旅行者数		総数（千人）	729	679	1241	81	3983	1230	7943
		構成比（%）	9.2	8.5	15.6	1.0	50.1	15.5	100.0
		2004年からの伸び率	96.6	99.4	148.4	111.0	151.7	184.4	140.9
	うち外国人	総数（千人）	32	32	127	23	1308	195	1717
		構成比（%）	1.9	1.9	7.4	1.3	76.2	11.4	100.0
		総数比（%）	4.4	4.7	10.2	28.4	32.8	15.9	21.6
		2004年からの伸び率	38.1	71.1	109.5	143.8	135.0	151.2	126.3
宿泊数		総数（千泊）	3085	4138	2678	191	7084	2187	19363
		構成比（%）	15.9	21.4	13.8	1.0	36.6	11.3	100.0
		2004年からの伸び率	71.1	74.5	130.0	148.1	144.1	145.6	104.7
	うち外国人	総数（千人）	140	129	283	75	2494	357	3478
		構成比（%）	4.0	3.7	8.1	2.2	71.7	10.3	100.0
		総数比（%）	4.5	3.1	10.6	39.3	35.2	16.3	18.0
		2004年からの伸び率	23.6	70.1	104.8	250.0	124.6	140.6	104.4

（ルーマニア統計局資料により作成）

シーサイドにはコンスタンツァは含んでいない．ドナウデルタにはトゥルチャを含む．県都にはブカレストを含み，トゥルチャを含んでいない．外国人の構成比は外国人総数に対する割合を，総数比はルーマニア全体に対する占有率を示す．2004年からの伸び率は2004年を100として算出した．

などに基づいた伝統食などをポテンシャルに，ルーラルツーリズムを展開してきた．

10.2.3 ルカル村の概観

ルカル村はアルジェシ郡北東部に位置し，すでに述べたようにブラショフ郡のブランとの回廊地帯にある．村中心部はデンボビツァ川とルーショル川によって開析された，谷底の平坦地（標高700 m ほど）にあり，周囲をカルパチアの山々に取り囲まれている．集落は，ブラショフ郡の県都ブラショフとアルジェシ郡の県都ピテシュティを結ぶ国道73号線と，ルーショルに向う道路沿いにペンションなどの宿泊施設のほか，飲食店・食品雑貨店・衣料販売店などが密集する路村状の集村形態を示す（写真10.1，図10.2 b）．このように，ルカル村は古くからワラキアとトランシルヴァニア間の交流路に位置した．なお，ルーショル川とデンボビツァ川上流の谷底に，ルーショルとサッティクの各集落が散村形態で立地して，ともに谷底の平坦地が宅地・草地として利用されていた．

このような自然環境を活かして，ルカル村の人々は村周囲の緩傾斜面を草地と，より標高の高い夏季放牧地を用いた移牧を行うとともに，林業を生業としてきた（10.3節で詳述）．この緩傾斜地の草地とその上部の林地の景観が，ルカル村におけるルーラルツーリズムを支えてきた．

ルカル村の人口は2014年時点で，6103人であり，統計が得られた中で人口最多年の1977年

写真 10.1 ルカル村中心部（2010年7月，筆者撮影）
写真左端の川はデンボビツァ川であり，東から西に流れる．中央部で連旦する家々は国道73号線に沿う路村形態を示す．

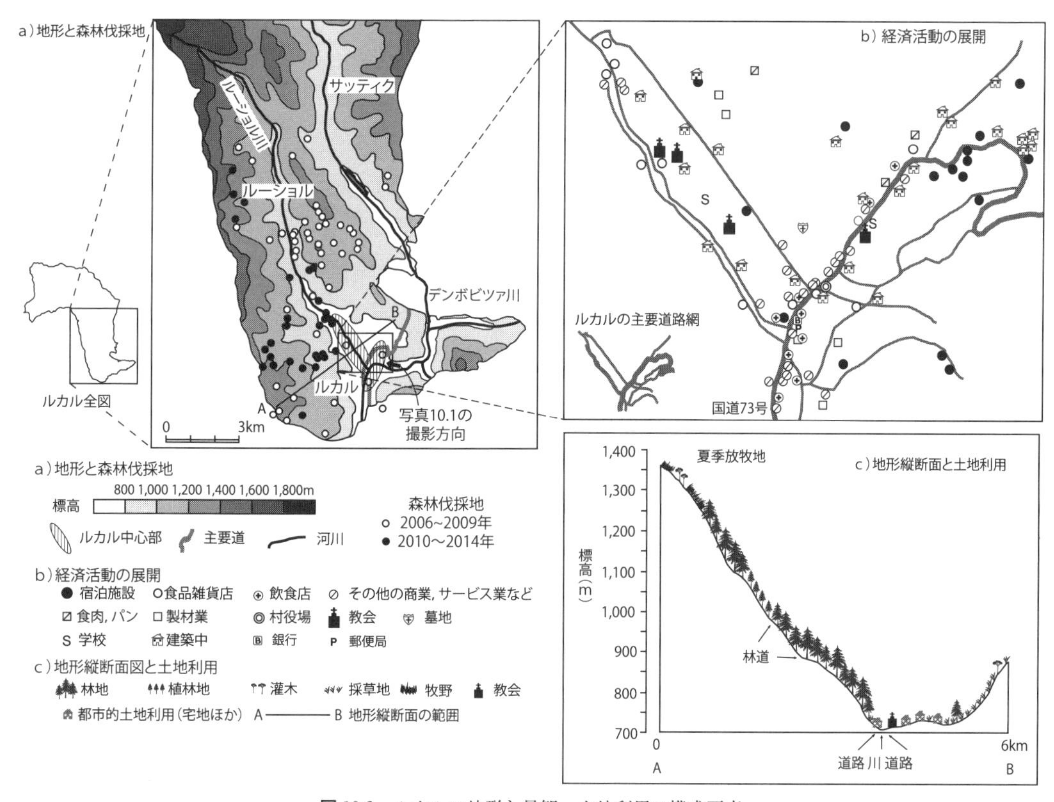

図 10.2 ルカルの地形と景観・土地利用の構成要素
伊藤（2011）および Google Earth などにより作成．

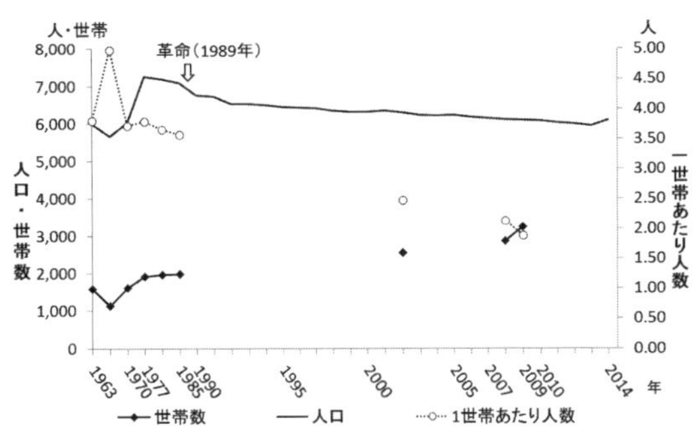

図 10.3 ルカルにおける人口・世帯数の変化（1963～2014 年）
伊藤（2011）をアルジェシ郡統計局データにより修正.

(7255 人）以降，近年まで減少していた（図 10.3）．ただ，その減少幅は，国全体と比べれば小さく，人口はよく保持されてきた．すなわち，1990 年の人口を 100 とした場合，2014 年にルカル村は 90.3 とルーマニア全体の 85.8 よりも高い値を示した．その一方で，ルカル村の世帯数は「子世帯の独立」によって，1985 年の 1988 世帯から 2009 年に 2870 世帯まで増加していた（図 10.3）．

このような人口動向は，地域住民が革命とその後の民主化および市場経済への移行，さらに 2007 年の EU 加盟というインパクトに，生業を変化させながら対応してきた結果である．次節でそれらの変化を見ていこう．

10.3 ルカル村における生業の変化と土地利用・景観

10.3.1 生業の変化

ルカル村の生業は，伝統的に農外就業と農業による多就業を特徴とした．コミュニスト時代（共産主義時代），農外就業はルカルの南 17 km ほどのクンプルングにあるコンビナートの工場または村内のアロ（ARO，クンプルングを本拠にオフロード車を製造していた自動車会社）の自動車工場などへの通勤のほか，国営のダム建設作業または国有化された林地での林業作業への従事が一般的であった．他方，農業では，ヒツジの飼養が行われ，夏季はルカル村周囲の標高 1300 m を越える山地の放牧地を利用し，冬季はブカレスト東部のバラガン平野などを利用する，二重移牧の形態が見られた．ルカル村では，図 10.2 の c にあるように農地の多くが斜面に位置するという地形条件ゆえ，それらを草地として利用してヒツジの飼養を行うことで高い農業生産性を誇り，農地の集団化が行われず，土地の個人所有が認められていた．ルーマニア国家統計局によれば，革命直後の 1990 年に，ルカル村の農地 7786 ha の 98.1％を放牧地（72.6％）と採草地（25.5％）が占め，それらを基盤にヒツジ 5524 頭，ウシ 1341 頭，家禽 8971 羽が飼養され，羊毛 14.3 t が生産されていた．残りの 1.9％の農地では，ジャガイモ 560 t，野菜 82 t，果樹 184 t が収穫された．

1989 年の革命後，ルカル村の生業は市場経済化と林地の民有化（国有林を 1948 年以前の所有者に返還する政策：小林，2010）によって変化した．農外就業ではクンプルングのコンビナート，さらに村内のアロの自動車工場が閉鎖され，林業従事者も林地の 3 次（1991，2000，2005 年）にわたる民有化によってほぼ見られなくなった．この結果，ルカルの雇用労働者は，革命後の 1991 年の 1782 人から 2000 年代には 600 人台まで減少し，2008 年のリーマンショック以降は，さらに減って 2015 年に 381 人と，1991 年の 21.4％にまで減じた（図 10.4）．しかし，このような農外就業の変化のほか，農業も衰退を余儀なくされた．

ヒツジの飼養頭数は 1999 年に 1150 頭にまで減少し，羊毛生産量も 7.79 t と 1990 年の 54.5％になった．これは革命後における羊毛価格の低迷のほか，農地の民有化によって移牧時に農地所有者との軋轢が生じるようになったこと，さらに，EU 加盟によって，本地方の伝統的製法で生産されたチーズを，EU の衛生基準に不適という理由で，輸出できなくなったことによる．ただ，2014 年現在，農地の構成は 1990 年当時と同様で，ルカルの農業的土地利用では相変わらず放牧地と採草地が全農地 7800 ha のそれぞれ 73.1％と 25.6％を占め，果樹園地と農耕地は 1.3％にすぎなかった．また，農地はルカル村全体の 27.5％を占めるにすぎず，林野率が 65.8％と高かった．このように，林野および放牧地・採草地からなる農地が，つねにルカル村の土地利用における基本要素であり，この地の基調となる景観を形成してきた（伊藤，2011）．

このような農外就業と農業の後退傾向の中で，

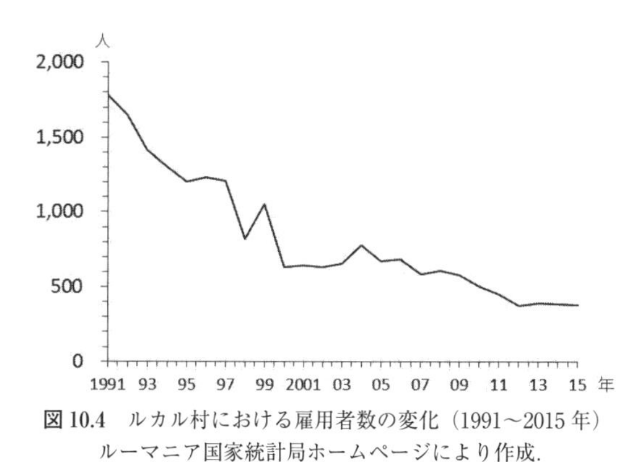

図 10.4　ルカル村における雇用者数の変化（1991～2015 年）
ルーマニア国家統計局ホームページにより作成.

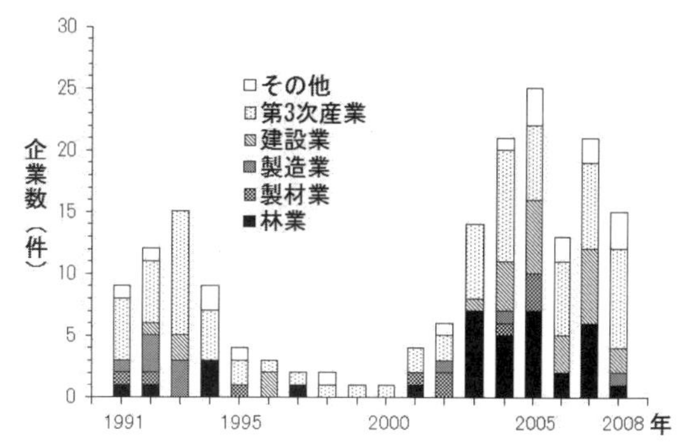

図 10.5　ルカルにおける創業年次別・業種別中小企業数の変化
http://www.firme.info/ により作成.

人々は若年層を中心にイタリア・スペインなどへ出稼ぎに行く一方，ルーラルツーリズムのほか，林地の民有化に伴う林業とその関連ビジネス，食品製造・販売，商業，サービス業などを起業した.

10.3.2　起業する人々と小規模零細企業の叢生

ルカル村では革命以降，第 3 次産業を中心に 2 つの起業の波が見られた（図 10.5）. まず 1991 年から 94 年にかけて第 1 の起業の波を迎える. それは最寄り品の食品雑貨販売を主とする第 3 次産業のほか，製造業（パンおよび食肉）や林業・製材業に関わるものであった. その後，2005 年に第 2 の起業の波が訪れ，再び林業と製材業，さらに建設業と第 3 次産業（観光業，食品雑貨販売，運輸業など）を中心にピークを迎えた. この結果，1991 年から 2008 年までの総起業数 176 の内訳を見ると，第 3 次産業（食品雑貨 16.9%，運輸業 7.3%，観光 6.8%，卸売・専門小売店 5.6%，飲食店 3.4%，専門的サービス 3.4%）が約 43.5% を占め，林業の 19.8%，建設業の 15.3%，製材業・製造業（パン，食肉加工）の各 5.6% がそれに続いた.

これら起業の波は，3 次にわたる国有林の民有化と時期的に連動していた. すなわち，1991 年の第 1 次民有化（返還上限面積 1 ha）時に起業の第 1 の波が，さらに第 2 の波は 2000 年の第 2 次民有化（同 10 ha），とりわけ 2002 年にその返還上限面積が 100 ha に上方修正された後に拡大し，2005 年の第 3 次民有化（1948 年の所有地の完全返還）時にピークを迎えた. さらに，民有化との関連は，林地に立脚した起業，すなわち林業（木材伐採搬出業），製材業，およびそれらの移出を担う運輸業が返還上限面積の緩和とともに見られるようになったことにも示された.

これら企業は，EU の基準上，従業員規模 10 人以上の小規模層 18 企業を除き，従業員規模 10 人未満という零細企業であり，全体の 3 割強がまったく従業員を雇用していなかった. また，小規模層 18 社においても，平均従業員規模は 18.8 人にすぎなかった. ただ，これらの総従業員数は 2008 年に 621 人と，図 10.4 における同年の雇用者総数 610 人を上回っており，若干の疑問が残るものの，起業がルカルの地域経済と人々の生業に影響を与えたことは間違いない. その中で，大きな意味を持つのが，ルカル村におけるルーラルツーリズムの展開であった. というのは，それは観光業それ自体のほか，建設業や食品製造業もそれぞれ自宅の改修，別荘やコテージの建設と食材の購入によって，地域的に連関していたからである.

10.3.3　ルーラルツーリズムの展開と土地利用・景観の変化

ルカル村のルーラルツーリズムは 2000 年代に発展してきた（図 10.6）. 民宿は，2000 年前後から開設され，一時減少したものの，2011 年を境にまた増加に転じている. その際，EU からの農業と農村振興に関わる SAPARD（サパード）（Special Pre-Accession Assistance for Agriculture and Rural Development）や IMF（国際通貨基金）からの補助金などによって，一部の民宿の整備は進んだ（資料 10.1，呉羽・伊藤，2010）. 他方，観光用別荘やコテージが 2010 年代に増え始め，宿泊客数も急増してきた（図 10.6）.

ルカル村への観光客はブカレスト大都市圏の住民が多い．ルカル村は，ブカレスト大都市圏から自動車で3時間ほどの距離にあり，その東部にピエトリクライウルイ山（2238 m）を中心とした国立公園（1990年設立）を有する．その自然景観の美しさのほか，イースターやクリスマスなどのハレの日を，すでにブカレスト大都市圏で消滅した伝統食を含めて楽しむことが可能な場所であった（資料10.1）．このため，観光客は夏のハイキングや山歩きのほか，ハレの日を楽しむためにルカル村を訪れていた．

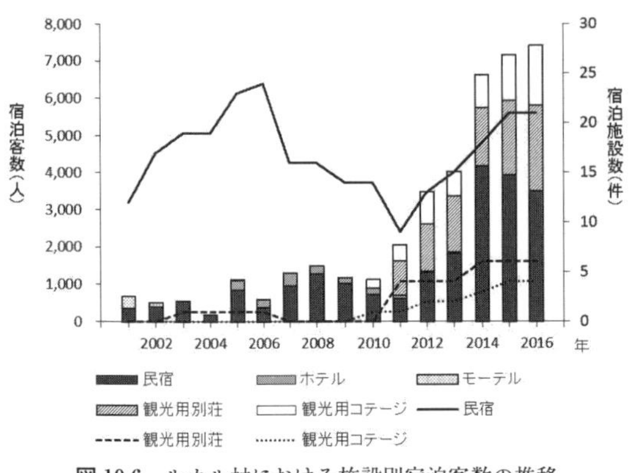

図 10.6 ルカル村における施設別宿泊客数の推移
ルーマニア国家統計局データベースにより作成.

ルーラルツーリズムの展開と前述の起業によって，ルカル村の中心部では国道73号線沿いに宿泊施設のほか，食料雑貨店を中心に対個人サービスが見られるようになり，製材所や食肉処理場などの製造業が主要道から外れた村の周囲に立地するようになった（図10.2）．また，ルーショルやサッティクでは宿泊施設，別荘・貸別荘などの建設が見られた．他方，林野および放牧地・採草地からなる農地という景観の基調は，牧羊の衰退と森林伐採地の拡大によって変化してきた．

ルカル村の人々は標高700 m内外の谷底に住み，周囲の山地斜面を標高1000 m付近まで草地として利用して冬季にヒツジやウシを舎飼するための飼料基盤としてきた．標高1200 m以上の平坦地では，夏季にチョバンと呼ばれる牧夫による放牧が行われ，ステネと呼ばれる作業小屋でチーズの製造が行われてきた．しかし，緩斜面の草地では，家畜飼養頭数の減少に伴って所々で灌木が見られるようになり，放牧地も減少傾向にある．

【経営主夫婦】夫67歳，妻60歳　【開設年】2001年　【部屋数】4部屋
【開設と経営の概要】　現在の家を1978年に建て，1980年代に民泊を始めた．ただ，当時はコミュニスト時代で親戚や友達以外を泊めることはできなかったため，友達として泊めさせていたという．このような観光客は，家畜飼養の伝統がある同村の本物の味を求めてやってきたという．

革命後，1994，95年頃から農村観光に関する全国組織であるANTREC（Asociatia Nationala de Turism Rural Ecologic si Cultural）と契約をして，観光客を泊めるようになった．ただし，正式な許可を得て開業したのは2001年であった．元々あった5部屋のうち，4部屋を観光客用とし，IMFからの補助金（国立公園における農村振興）を利用してセントラルヒーティングとバスを整備した．これは国立公園内に2.5 haの林地を有するため，IMFの補助金を得ることができたものであったが，手続きが複雑で申請から補助金の認可まで1年を要したという．経営主夫婦の前職はともに教師であり，夫は2005年に，妻は2007年に退職した．ルカル村の初期の民宿経営者には，教師などの教育水準の高い者が多い．これはルカル村におけるANTRECのリーダーが林業高等学校の校長職（2009年当時）にあり，教員間のネットワークを通じたルーラルツーリズムに関する情報のやりとりのほか，SAPARDやIMFの申請にある程度の教育水準が求められたからである．

観光客は外国人（仏人，英国人など）よりルーマニア人，とりわけブカレストやプラホヴァ県といった南部からが多い．彼らはイースター，クリスマス，新年と5月，7・8月に訪れる．それはイースター，クリスマス，新年の伝統料理のほか，ルカル村の自然を楽しむためである．このように同村のルーラルツーリズムはフード・ツーリズム的色彩が強い．その食材は，食肉をルカル村の食肉製造会社から，卵と牛乳を妻の姉妹宅から購入（2008年までパンもルカル村のパン工房から購入）し，ほかを自家製でまかなっている．

資料 10.1 民宿Aの概要
2009年7月21日の聞き取り調査による.

人間の手によって維持されてきたルカルの景観は，牧羊の衰退によって再生が一部で難しくなりつつあり，さらに林業関連ビジネスによって変貌を強いられるようになった.

林地は標高1000 m以上で卓越するものの，2006～09年に46ヶ所，2010～14年に28ヶ所の伐採地を確認できた（図10.2 a）．前者は標高1000～1200 m（伐採地23ヶ所）と標高1200 m以上（同11ヶ所）に集中し，後者は村中心部から見て西側のより標高の低い1000 m未満（同15ヶ所）と1000～1200 m（同8ヶ所）を中心とした．これらは草地に隣接し，伐り出しが容易な林地であり，植林がほとんどなされていない傾向にある.

ルカル村の人々は，各個人の立場を超えて，このような森林の状況をマイナスに評価していた（伊藤，2011）．ルカル村を構成する要素について，地域住民の評価を見ると，人々はルカルの地形と森林の織りなす景観と災害リスクの低い自然をともに高く評価し，基調となる景観の一部である農業についても採草地が荒れてきたと感じる者も見られたが，羊毛価格の低迷する中でよく守られていると考える者もいて，森林に比べてプラスの評価であった．他方，地域経済に関わる地域労働市場の評価は，革命によって安定的な農外就業が失われ，リーマンショック以降，雇用者数が大幅に減少してきたため，総じて低かった．このような評価の中で，地域住民はルーラルツーリズムが地域の発展の鍵であると考えていた．最後に，ルカル村の持続的発展という視点からルーラルツーリズムの課題を見ていこう.

10.4 農山村の持続的発展とルーラルツーリズム

まずこれまでのことを図10.7を見ながら整理していくことにしよう.

ルカル村はワラキアからトランシルヴァニアへ至る，ブランとの回廊地帯に位置し，古くから交流路を形成してきた．ルカルの人々は伝統的にヒツジの移牧を生業とし，他地域の人々との交流も盛んであった．このような立地環境ゆえ，ルカル村の人々はオープンマインドな性格を有し，交流路を訪れる人々を民泊させる伝統を有していた.

コミュニスト時代，ルカル村の人々はこの民泊の伝統は受け継ぐ一方で，通勤兼業と林業従事などの農外就業のほか，ヒツジの移牧を組み合わせて暮らしていた．この結果，ルカル村は草地・放牧地，さらに林地という生産空間が基調をなす美しい景観を形成していた.

しかし，革命後，ルカル村の生産空間は，民有化に伴う林地の過伐採のほか，羊毛価格の低下とEU加盟に伴うチーズの国外市場の喪失による羊飼養の衰退，そしてそれに起因した放牧地の放棄と採草地の荒れによって縮小してきた．このような伝統的生業の衰退の中で，人々は地域資源を基盤とした林業関連ビジネスや住民生活に寄り添った商業などの零細企業を起業し，ルーラルツーリズムを展開してきた.

ルカル村のルーラルツーリズムはかつての生産空間が縮小する中で，ブカレスト大都市圏の住民を主体に消費される空間へと転換するものであり，農村空間を商品化するものでもあった．すなわち彼らは，自然の美しさとクリスマスなどのハレの日を伝統食も含めて楽しむためにルカル村を訪れていた．ルカル村のルーラルツーリズムの展開では，当初，ルーラルツーリズムの振興を目指す全国組織ANTRECからの情報が役立ち，それら情報に接し得る特定層へ起業者の偏りが見られた.

農山村の持続的発展を考える上でルーラルツーリズムが注目されるのは，その経済的効果にある．ルカル村の場合，その効果は限定的ではあるものの，民宿を経営する世帯のみならず，フード・ツーリズム的色彩の強さから地域内の食肉工場やパン工房，さらに血縁・地縁からの食材購入を通じた地域内連関が見られた．このような連関における課題は，ツーリズムの展開に伴う質的・量的要求に地域の食料生産が対応できるかどうかにある．すでに大規模宿泊施設では，地元で質の揃った食材を大量に調達することが難しく，品質基準などの面で不安があることから，クンプルングなどで食材を購入していた．この点をいかに改善できるかが，ツーリズムと農の複合による地域の持続的発展における課題としてまずあげられる.

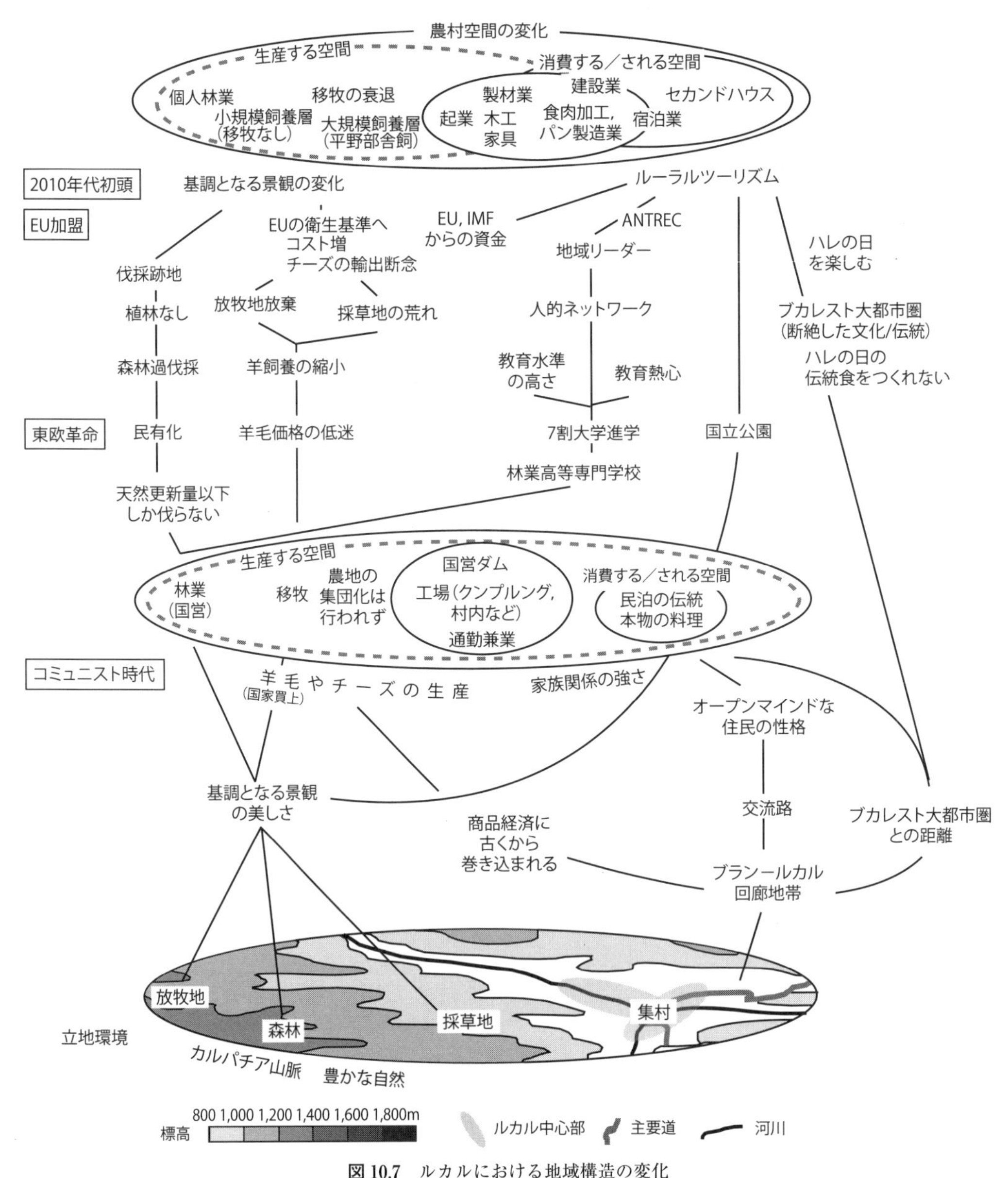

図 10.7 ルカルにおける地域構造の変化
伊藤（2011）を一部修正.

ツーリズムと農の複合のさらなる課題は，ツーリズムの展開が地域労働市場を拡大させ，他出した後継者層の就労の場を構築できるかどうかにある．多くの民宿経営者が後継者層のために民宿を開設したと答えていた．ルカル村は伝統的に他出した後継者層が戻ってくる地域だという．このことが革命以降もなお人口がよく保持されている理由の一つであろう．その意味で，将来の地域の発展を担う層をいかに地域に根づかせることができるかどうかが，地域の持続的発展を左右しているといえるだろう．

さらに，ルーラルツーリズムの展開は，傾斜地を採草地や放牧地として利用して，人間の手を入れながら守られてきた美しい景観を地域的基盤とした．しかし，革命後，牧羊の衰退とともに，農と生態系の伝統的関係は変質を迫られ，観光資源としての景観と生物多様性の崩壊をもたらす危機に陥っている．ツーリズムと農の複合はそのような地域農業と生態系の維持という点でも一定の役割を果たす可能性を秘めている．ただ，そのためにはルカル村の景観のもう一つの主要な構成要素，林業についても過伐採を制限し，植林によって収奪的林業からの転換をはかって資源と景観を維持するようにしなければならない．

ルカル村の事例からルーマニアのルーラルツーリズムを展望すると，地域の自然環境と共存してきた伝統的生業の衰退を食い止め，伝統的文化を維持する形態としてツーリズムを根づかせ得るかどうかがポイントである．その鍵は，食を媒介にルーラルツーリズムが伝統的生業や文化と共利共生を目指す方途を，いかに住民自らが自立的に道筋を立てて考えていけるかにある．その際，ルカルの基調となる景観のように，ツーリストにルーラリティの真の美しさを感じさせ得ることが必要であろう．〔伊藤貴啓〕

引用文献

伊藤貴啓（2011）：ルーマニア，カルパチア山村における地域住民の景観評価と山村の持続的発展―アルジェシ郡ルカルを事例として―．地理学報告，**113**：1-14.

呉羽正昭・伊藤貴啓（2010）：ルーマニアにおける農村ツーリズム．農業と経済，**76**（9）2010年8月臨時増刊号「進化する農村ツーリズム―協働する都市と農村」：131-137.

小林浩二（2010）：ルーマニアにおける森林の利用と保全．岐阜大学教育学部研究報告，人文科学，**58**（2）：19-29.

ルーマニア観光・商務局ホームページ：http://www.romaniatabi.jp.（2017年6月22日閲覧）

Lista firmelor din Romania：http://www.firme.info/.（2017年2月4日閲覧）

OECD（2016）：OECD Tourism Trends and Policies 2016, 384p. OECD Publishing, Paris（http://dx.doi.org/10.1787/tour-2016-en）.（2017年2月4日閲覧）

UNESCO：World Heritage Map（http://whc.unesco.org/en/wallmap）.（2017年2月27日閲覧）

【農村空間は誰のものか―オランダの環状大都市圏ラントスタットを例に】

オランダはアメリカに次ぐ，世界第2位の農業輸出国であり，農業の高い競争力で名高い．その中心をなすのが施設園芸であり，南ホラント州ウェストラント（Westland）は世界有数の温室園芸集積地として同国における施設園芸の核心をなす．同地区は，デン・ハーグ中心部から南郊10 km，ロッテルダムの西郊20 kmほどの距離にあり，これら両市とアムステルダム・ユトレヒトによる環状大都市圏ラントスタット（Randstad）の圏内にある．このような立地のため，ウェストラントの市当局は，2000年からの10年間で既存の温室園芸地区約700 haを主に住宅地，工業団地，緑地・レクリエーション用地に転換する空間計画を推し進めた．例えば，ウェストラントの中心地区ナールドワイクでは，温室園芸集積地区から温室農家が立ち退き，自動車関連工業と郊外型の大規模商業施設のほか，緑地・水路を伴った集合住宅地への転換が行われた．

この背景には，空間計画における農村空間へのまなざしが生産空間から消費される空間へと変化したことがある．すなわち，ウェストラントの空間計画では，農村空間の利用者を①温室園芸農家をはじめとする地域農民，②地域の農業関連企業，③地域の非農業人口，④地域の非農業関連企業，そして⑤地域外から訪れる大都市圏域の人々に大別し（図10.8），⑤を流入させて③の人口を増やすことを狙っていた．そのため，オランダ人にとって農の風景として好ましくない温室園芸を他地域へ押し出し，残された温室も緑地と水路で修景を施して，目に親しみやすく，生きるのに心地よい空間をつくり出す計画に結び付いたのである．ウェストラントの農村空間へのまなざしは，政策的に地域外の人々がルーラリティを消費するものへと変化したといえよう．このまなざしの変化がルーマニアのルカルにおけるルーラルツーリズムの展開をもたらした一方，オランダのウェストラントでは瀟洒（しょうしゃ）な新興住宅街をつくりあげたのである．さて，農村空間は誰のものだろうか．

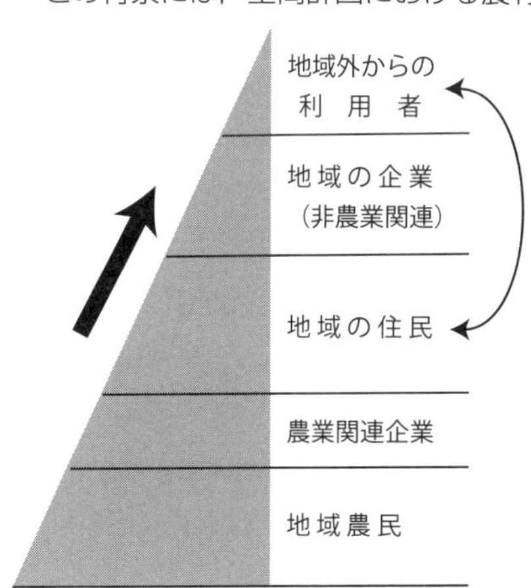

図10.8 オランダ南ホラント州の空間計画における空間の利用者

11

タイのデルタにおける自然保護とエコツーリズム

タイの稲作地帯であるチャオプラヤデルタには長い居住の歴史があり，コメの貿易と工業発展が始まってから半世紀にわたる都市化によって，著しい変化が生じた．集落の形成と観光を含む経済発展は，数十年にわたって環境破壊をもたらした．しかし，王立開発事業はそうした問題を緩和し，持続的な開発を達成している．仏教思想に基づく「足るを知る経済」は，タイの人々が様々な分野で実行する理念の一つであり，特に持続的農業と観光において見られる．バンコク大都市圏の縁辺部に位置するバーンガジャオは，持続的農業のアプローチを用いて，エコツーリズムと地域社会の発展を実現した事例である．本章では，チャオプラヤデルタにおける持続的な生活の取り組みについて考えてみよう．

11.1 チャオプラヤ川とチャオプラヤデルタ

チャオプラヤ川の流域面積は16万2000 km^{2}で，上流部，中流部，下流部に区分される（図11.1）．上流部は山岳地域で，4つの支流の河谷から構成される．上流部は古代からコメの産地で，ラーンナー（Lanna；「多くの水田の土地」の意）と呼ばれた．ラーンナーは13世紀から18世紀まで豊かな独立王国で，その首都はチェンマイにおかれた．この地域がタイの一部になってからも，チェンマイは北部の主要都市として栄えた．かつては林業が盛んであったが，森林保護法が適用されると，林業に代わって温帯性野菜や果物の栽培が発展した．最近では，河谷部でコメを栽培するとともに，熱帯性果樹，特にリュウガンが，国内市場用および輸出用に栽培されるようになった．

上流部の4河川が流れ込む中流部は，ウタラディットからナコンサワンに至る地域で，これらの河川は南端部で合流する．ここには山岳地域，扇状地と棚田，氾濫原が見られる．ヨム川流域はスコータイ王国の土地であり，スコータイは13世紀から14世紀にかけてシャムの最初の首都であった．なお，「スコータイ」には「幸福の始まり」の意味があり，豊かな資源を自由に享受できたタイの人々の幸せに満ちた土地を反映したものであった．

下流部は，ナコンサワンからタイランド湾に至る地域である．チャオプラヤ川は，ナコンサワンの南方70 kmの地点でデルタを形成し，いくつかの河川に分岐する．湾岸部では，ほかの2河川がタイランド湾に注ぐ．下流部では，西端部と東端部で扇状地と棚田が，中央部には氾濫原が広がる．中央平野では3つの首都が栄え，14世紀から18世紀にはアユタヤ，18世紀以降はトンブリとバンコクであった．沖積地の肥沃な土壌によって，この地域は輸出用のコメと熱帯果樹の最も重要な産地に発展した．

チャオプラヤデルタは東南アジアで最も大きいデルタの一つであり，その面積は120万haに及ぶ（柚山ほか，2000）．このデルタはチャオプラヤ川流域の下流部に位置し，旧デルタと新デルタに区分される．旧デルタは上流部のチャイナットからアユタヤまでの地域で，新デルタはアユタヤからバンコクまでと湾岸部である．新旧デルタの境界はアユタヤ付近にあり，3河川の合流点に位置する島に古都が置かれた．旧デルタはシングブリ平野，新デルタはバンコク低地とも呼ばれる（Takaya, 1969）．

旧デルタはタイランド湾から170 km上流のチャイナットから始まる．その標高は15 mで，新デルタとの境界では5 mに低下する．アユタヤから始まる新デルタは非常に平坦な土地で，その標高は2 m程度である．この土地は，過去数

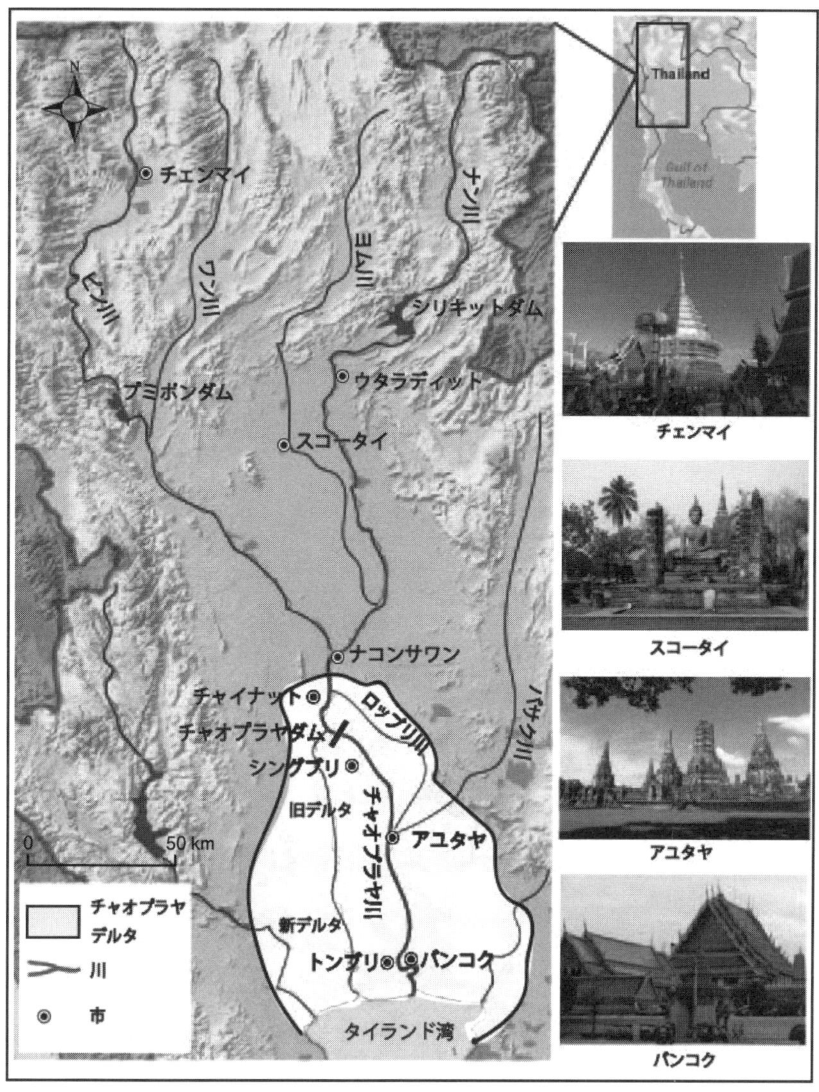

図 11.1 チャオプラヤ川流域

Beek, S.V. (1995) : *The Chao Phya : River in Transition.*, Oxford University Press により作成.

千年の間に形成された新しい土地であり，土壌によって3地区に区分される．内陸部は淡水性粘土の土地，中央部は汽水性粘土の土地で果樹栽培に適し，沿岸部は海洋性粘土の土地で，マングローブとニッパヤシ林が卓越する．

11.2 居住の歴史と環境問題

「バンコクのハイウェーは道路ではなく河川や水路である．」1855年にシャムとイングランドとの間の貿易協定に調印するためにやってきた香港知事でありイギリス大使のジョン・バウリングは，バンコクの景観を目の当たりにしてこのように述べ，「東洋のヴェニス」と評した．チャオプラヤ川は交通路として日常的に維持管理され，河川沿いの水路は交通や交易のための機能を果たした．また湾に近いU字型の湾曲部には，近道となる水路が掘削された．チャオプラヤ川とデルタの主要河川を結び付けるために，水路のネットワークが建設された．このようにしてバンコクでは，自然の河川と無数の人工水路が蜘蛛の巣状に発達した．

チャオプラヤデルタのバンコクと近郊の景観は，シャムの2番目の首都であったアユタヤの土地利用計画をまねてつくられたものであった（図

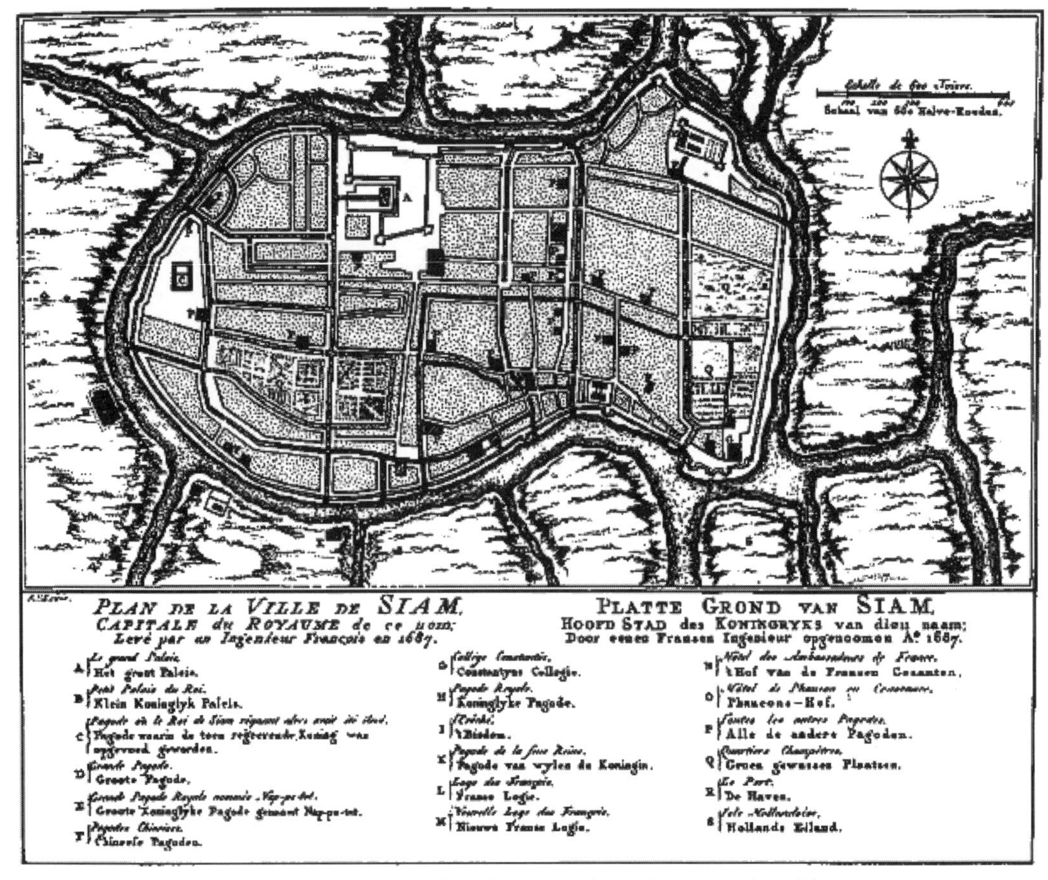

図 11.2　バンコクの土地利用計画のモデルとなったアユタヤ（1687 年）
Beek, S.V.（1995）より．

11.2）．アユタヤは 1350 年に誕生し，17 世紀までには中国，日本，ヨーロッパとの貿易の中心地となった．この時期に，政治組織，貿易，人口増加によって景観が変化し，国際都市に成長した（Sirisrisak and Akagawa, 2012）．

アユタヤ時代（1350～1767 年）のチャオプラヤデルタは，森林や草原が存在し，ゾウやワニなど，野生動物の宝庫でもあった．集落が立地したのは，アユタヤよりも上流部の河川に沿った平坦地であった．アユタヤから南の土地は，雨季には浸水し，乾季には乾燥し，若干の漁民や果樹栽培者を除いては，人が居住することはなく，農業や居住のために湿地帯が開発されることはなかった．一方，上流の平坦地では，農民が小規模な用水路を掘削して，河川から果樹園や水田に水を引いた．アユタヤは国際貿易港であったが，コメは自給用にのみ栽培された．

この時期に，新デルタの環境と土地利用は，チャオプラヤ川に沿った 2 大都市の建設によって大きく変化した．1767 年のビルマとの戦いによってアユタヤが滅びると，西岸にトンブリが首都として建設され，また 1782 年には，トンブリに替わる新しい首都として，東岸にバンコクが建設された．バンコクの氾濫原は開発によって農地となった．モンクット国王の統治下（ラーマ 4 世，1851～68 年）では，バウリング協定の後，コメ，砂糖，コショウなどの農産物の交易が始まった．その結果，政府は未開発地を農地化する開発政策を推進した．農地の拡大，特に新デルタにおける水田開発は水路の掘削によって進められた．また，水路によって，デルタ西部の高地部のサトウキビ地帯からの砂糖の輸送が促進された．

その後チュラロンコン国王の統治時代（ラーマ 5 世，1868～1910 年）には，政府に水路省が設置され，コメ生産の拡大と輸送のために水路が管理された．農地の急速な拡大は特に新デルタの東岸に沿った未開発地で進行し，この時代にコメの輸出量が増大した．また水路網の拡大によって，水路沿いの地区に人口が移動した．こうして湿地帯の開発が進行した．

チュラロンコン国王の統治時代の後になると，チャオプラヤ川にダムを建設するなど，近代的な灌漑技術が導入された．水路省の業務は王立灌漑省（1914年設立）に引き継がれ，様々な規模の灌漑事業が行われた．例えば，アユタヤのパサク川にはラーマ4世分水ダムが1924年に建設された．プーミポン・アドゥンヤデート国王（ラーマ9世，通称プミポン国王）の時代（1946～2016年）には，農業用水，工業用水，都市用水を確保するために，3000ヶ所のダムが建設された．そのうち2つの巨大ダムは，ピン川に建設されたプミポンダム（1963年）とナン川に建設されたシリキットダム（1972年）であった．それらは，水力発電，灌漑，工業用水の確保を目的とした．チャオプラヤ川下流部にもダムが建設され，水路網への水の供給と管理が行われた．デルタの主要ダムは，チャイナットに建設されたチャオプラヤダム（1957年建設）である（図11.1）．

水路や灌漑施設の建設はコメ生産の拡大に貢献したが，これに加えて，チュラロンコン国王の時代には鉄道が北部，南部，北東部に建設された．これにより農地へのアクセスが改善され，輸出産業の成長が促進された．一方，陸上交通の発達によって，交通動脈としての水路交通の役割が低下した．

また第2次世界大戦後の国家経済社会開発計画の結果，バンコクと近郊の景観は大きく変化した．1961年の第1次国家経済社会開発計画は農産物輸出と，外国からの投資による農産物加工場の増加を招いた．第5次国家経済社会開発計画の終了までには，輸出産業が農村においても都市においても景観を大きくつくり変えていた．バンコクや主要都市では，高層ビルや新しい公共交通が近代化の進展を物語っている．

1985年までには，それまでの数十年にわたる農村地域からの労働者の継続的な流入の結果，バンコクの至る所に1000ヶ所以上のスラムができていた．都市域はバンコク大都市圏周辺の5県にもスプロール的に拡大した．それらは，北のノンタブリとパトゥムターニー，西のナコーンパトムとサムットサコーン，南のサムットプラーカーンである．景観は，農地から都市的土地利用へと変化した．都市域は1994年の16.5％から2009年の35.4％へと増加した．それとは対照的に，農地は1994年の71.4％から2009年の43.4％へと継続して減少した．その結果，郊外では都市的土地利用と農業的土地利用が混在し，土地利用の競合が生じている（Durina and Patanakano, 2013）．

稲作面積の拡大と都市化による変化はチャオプラヤデルタにおける不規則な発展を引き起こしたけれども，タイの経済水準の向上に寄与した．そして，農業と農村開発，自然資源の管理，観光産業において，専門的な知識や経験が蓄積された．これらの分野における成功に基づいて，タイ政府は知識や経験をほかの発展途上国と共有するようになり，特に大メコン圏の国々とは，技術協力や人的資源の交流が盛んである．多くの革新的な開発事業は，プミポン国王と王室の献身的な関与によって実現された（TICA, n.d.）．

11.3　自然保護の進展

11.3.1　環境破壊への対応

プミポン国王と王室は革新的な開発事業に積極的に取り組み，70年にわたる統治時代に，プミポン国王は国民の福利と幸福のために誠実に統治を行った．2015年時点では，4596の王立事業が国全域で行われ，そのうちの3148事業が水資源関連の事業であった．しかし，1961年の第1次国家経済社会開発計画から50年にわたって，タイの急速な経済発展は環境問題を引き起こした．大気汚染，水質汚濁，生物多様性の減少，森林破壊，水源の破壊と土壌侵食，湿地の改変，マングローブや海草やサンゴ礁などの沿岸の生息環境の喪失である．そのため現在，王立開発事業はこうした問題を解決するとともに，タイの人々の生活条件の改善を目的としている．

チャオプラヤデルタにおける自然保護の発端となったのは，下流部に肥沃な土壌を供給する上流部における問題であった．1960年代後半に，タイ北部の山岳地域では，貧困，森林破壊，アヘンの生産が深刻化した．当時，山岳地域に住んでいたのは25万人の山岳民族で，彼らはミャンマーや中国南部から移動してきた人々（カレン族，ミャオ族，ヤオ族，アクハ族，ラフ族，リス族）であったが，貧困のため，樹木を伐採して焼却し，アヘン用のケシを栽培した．このようにして山岳地域で起きた森林破壊は，低地で水資源問題を引き起こした．しかし1969年にプミポン国王がチェンマイのドイプイ村の山岳民族に，日本と台湾から取り寄せたモモの栽培を導入すると，モモは熱帯低地では栽培できないので高値で売れ，収入が向上した．山岳民族の定住化によって，森林破壊を抑制できると考えられた．モモ栽培の導入によって，貧困，森林破壊，アヘン生産の問題が解決されたのである．

国家開発事業は，人々の生活の改善と持続可能な開発を主な目的とし，8つの分野，すなわち，農業，環境，公衆衛生，就業機会の増加，水資源，交通，公共福祉，その他に分類される．自然が持つ英知を探求し，諸問題を解決することを目指している．例えば，水路にたまった汚染水を淡水で洗い流したり，潮の干満を利用して汚染水を薄めたり，汚染物質を吸収したり水質汚濁を和らげるために，ホテイアオイやその他の水生植物を活用している．デルタの自然保護は，水・土壌資源の管理，森林回復，再生可能エネルギー，「足るを知る経済」（11.3.4項で詳述）などの理念に基づいて実行されている．

11.3.2　水・土壌資源の管理

水・土壌資源管理は，人工雨，灌漑施設と洪水，廃水の浄化，土壌侵食について行われる．乾季には農業用水が不足するので，1969年以降，「王の雨」と呼ばれる人工雨を降らす技術が開発された．塩と尿素の混合物を使って雨雲を作り出すもので，人工雨に対する需要が高まったため，人工雨研究開発事業が継続されてきた．その結果，チャオプラヤデルタでは，年間を通して農業が可能になった．

雨季には中央平野では洪水が最大の問題である．洪水を抑えるために，水路と堤防を建設するという伝統的な方法が活用され，洪水が海に流し出された．水路が屈曲する場合には，効率よく水を流すために，直線状の水路が新たに掘削された．さらに，洪水によって頻繁に浸水する地域では，河川の流路や水路に沿って貯水池を造成し，浸水を防いだ．デルタの沿岸部に造成された貯水池は猿頬（Kaem Ling）と呼ばれる．サルがバナナを食べるとき，それを頬にため込んで貯えるという食行動から着想して，河口部における洪水管理システムが考案された．つまり，貯水池を造成して流水を流し込み，水路を造成して貯水池から恒常的に排水させる方法である．貯水池によって海に流出する淡水を貯留することができる．

洪水のほかにも，バンコクと周辺で発生した汚染水は，チャオプラヤ川と水路網における水の循環によって解決される．すなわち，満潮時に水門を開けて，河川水を水路に流し込み，干潮時には水路から川へと排水する．この循環浄化方式は，少しずつではあるが着実に水の浄化に寄与してきた．また，チャイパッタナー水車と呼ばれる通気装置がプミポン国王によって発明された（写真11.1）．この装置は酸素を水中に溶かすことにより，汚染水を処理することができる．

土壌の悪化と侵食の問題については，ベチベルソウの活用が研究され導入された．この植物は地下深くまで高密度の房状の根を張るので，堆積物や表土の固定化に役立つ．丘陵地や傾斜地において，灌漑池の土手などに等高線に沿って植え付けることにより，土壌侵食を防止し，土壌水分の保全に寄与する．

写真 11.1　プミポン国王が発明したチャイパッタナー水車（2014年，筆者撮影）

11.3.3　森林の回復と再生可能エネルギー開発

森林の保全については，持続可能な開発，森林の自然サイクルを維持する簡単で費用のかからない方法が研究された．プミポン国王が考えたのは，植林せずに森林を回復する方法，高地における森林の発達，3つの森林と4つの利益，湿った森林，堰き止めダムなどであった．

植林せずに森林を回復する方法とは，手を加えずに時間が経てば，森林は自然に成長するという考えによる．高地で森林が発達すると，下流に種子が流れて発芽し，木は自然に再生する．上流部で森林が回復されると，それが下流部に良い影響を及ぼす．森林は流域と水資源を発達させるもので，豊かできれいな水を供給するばかりでなく，住民の収入の増加をもたらす．

3つの森林と4つの利益，すなわち，3タイプの混合林を成長させて4つの利益を得るというのは，アグロフォレストリー（農林複合経営）と社会経済的思考を結合した総合的なアプローチである．3つの森林とは，果樹や薬草を生産する樹木の森林，薪をつくる森林，販売用木材をつくる森林である．これらは4つの利益を生み出す．すなわち，食材と薬草，燃料としての薪，産業用と建設用の木材，そして，森林が生み出す土壌や水資源の保全である．

森林火災を防ぐために，湿った森という単純な概念が導入された．湿った森林とは灌漑水路を使用して火事を防止する方法で，多様な植生から構成される．水路を覆うように生長する植物は，湿度を高めて森林火災を防止する．湿った森林を造成するために，水路の至る所に堰き止めダムを建設して水を貯留し，防火帯の場所に2m幅の帯状にバナナを植える．森林火災が起きてバナナ林に到達すると，バナナはほかの樹木よりも水分を多く含むため，防火効果を発揮する．

水流の速度を減じて，乾季に水を貯水するために，3タイプの堰き止めダムが建設されている．1つ目は，木の枝や倒木などの自然素材を利用し，流域でとれた様々な大きさの岩で固定する堰き止めダムである．上流部に建設された堰き止めダムは，土砂を固定し，水流の速度を緩め，周辺地域における水分の増加に寄与する．2つ目は岩石堰き止めダムで，中流域あるいは下流域において，岩石の壁をつくることにより土砂を固定し，乾季に水を確保することに役立つ．3つ目のタイプのコンクリート堰き止めダムは，多くは水路の末端部に建設されるもので，土砂の固定と貯水を目的とする．

森林回復のほかに，プミポン国王はエネルギー危機と大気汚染の対策として，再生可能エネルギーの開発に取り組んだ．1985年にサトウキビからアルコールをつくることの可能性を試した．のちには，製糖廃棄物である糖蜜を使ってアルコールがつくられ，それをベンゼンあるいはガソリンと混合して，ガソホールと呼ばれる生物燃料が作られた．そのほかにも，ディーゼル油の代わりに使用済み食用油を用いる方法が実験された．現在では，再生可能な生物燃料の必要性が広く認識されている．

11.3.4　「足るを知る経済」と新しい理論

タイは1997年に経済危機に直面すると，プミポン国王は，持続的経済を推進する「足るを知る経済」（Sufficiency Economy）の考え方を提案した．「足るを知る経済」は3つの要素から構成され，2つの条件を必要とする．3つの要素とは，節制，合理性，自己免疫である．2つの条件とは，知識と正直である．

節制とは，仏教の教えに従って不要な状況を回避する方法で，自立と倹約を意味する．合理性とは，例えば，潜在的で効率的で資源に基づいた計画を立てるように，原因と結果をあらかじめ想定することを意味する．自己免疫とは，予期せぬ事態に対処する方法を意味するもので，例えば，情報，地域の英知，技術を蓄積することによって多様で役に立つ知識が獲得される．正直とは，倫理や美徳，忍耐，誠実，公平，率直，負担，欲望の制御などを意味する．これらの構成要素は三重奏のように互いに重なり合い結び付く．合理性は節制を示し，節制は自己免疫をつくり，自己免疫は合理性の必須条件である．「足るを知る経済」は，国内外の経済的，社会的，環境的，文化的な変化に耐えるように，中道を追求する（Khaokhrueamuang, 2014）．

「足るを知る経済」の理念はどこでも適用できる

が，農業において特に効果的である．それは「新しい理論」とも呼ばれ，小規模農民が土地や水資源を適正に管理するための原則となる．農民は3段階の過程を経て，自給，自立，倹約を達成することができる．第一段階では，「足るを知る経済」の農業システムは，農地を3：3：3：1の割合で最適利用することにより，食料を確保することを目的とする．最初の3割の土地は池に利用し，水を貯留し水生動物を飼育する．次の3割の土地では自家用のコメを生産する．次の3割の土地では果物，多年生の樹木，野菜，畑作物，草本を栽培する．最後の1割の土地は住宅，家畜飼育，その他の活動に利用する．第二段階では，農民集団で労働と資源をプールし，共同生産と共同出荷を実現する．第三段階では，社会資本を確立するために，ネットワークづくりと協同を実現する．これによって，観光農園，農家直売店，農場宿泊，ワーキングホリデーなど，農村での事業や農場の活動をアグリフードツーリズムとして観光に組み込むことができる（Khaokhrueamuang, 2014）．

「足るを知る経済」の理念は，第8次国家経済社会開発計画（1997～2001年）に取り入れられ，統合農業，有機農業，アグロフォレストリーなど，持続可能な農業を推進することが強調された．伝統的な知恵や農法が評価され，それには家畜や人間の排泄物の利用，水路や堤防と小規模貯水池を建設する伝統的な灌漑システムなどが含まれる．1995年以来，王立開発事業委員会は，数多くの王立事業を通して，新しい理論による農業システムを農民に普及してきた．各地に設置された王立開発研究センター，地域ごとの農業協同組合，農業普及省などの政府の部局と協力して，それぞれの地域に合った苗木や家畜品種が提供されている．

11.4 チャオプラヤデルタのエコツーリズム―バーンガジャオの事例―

11.4.1 バーンガジャオの歴史と開発

バーンガジャオは自然資源とユニークな地域文化に恵まれた土地で，バンコクの肺と呼ばれる．それは，バンコク大都市圏に近接し，デルタ生態系の豊かな生物多様性に恵まれているからである．この地域には，チャオプラヤ川に沿ってタイランド湾に至るまで，小規模な水路やマングローブ林が存在する．地形は氾濫原で，ブタの胃袋のような形状である．面積は1900 haで，15 kmに及ぶチャオプラヤ川の流路で囲まれる．生態系は，淡水域，海水域，汽水域という3種類の水生環境から構成され，昔から現在まで，緑地帯が地域の人々の生活を支えてきた．

アユタヤ時代には，バーンガジャオの地域はプラプラデーン市の一部であった．バンコク時代の初期にはモン族が住みつき，彼らはトンブリ時代（1767～82年）以来，ミャンマー南部からタイに移住したエスニック集団であった．ラーマ2世国王の統治時代（1809～24年）には，新都市のナコンクエンカーンが建設された後で，ラーマ2世の命令により，パトゥムターニー県に住んでいたモン族の家族の集団がこの地域に移住した．

現在，バーンガジャオ地域は，サムットプラーカーン県プラプラデーン郡の一部で，6つの下位地区（Bang Krachao, Song Kanong, Bang Yor, Bang Kra Sorb, Bang Nam Pheung, Bang Kor Bua）から構成される（図11.3）．2012年の人口は約4万2000人，1万1000世帯であった．そのうちの820世帯が農民であった（Khaokhrueamuang, 2014）．

アユタヤ時代にはこの地域は小さな島で，ターイサ国王の統治時代に近道水路（Klong Lad Pho）が掘削されたためであった．しかし，バンコク時代には洪水によって消滅した．2002～06年の王立開発事業の下で近道水路が再建され，バンコクと近郊の洪水を防止する役割を果たしている．この水路は幅65～66 m，長さ600 mで，洪水を緩和するために水門が建設された．さらに，2つの巨大なつり橋（プミポン1とプミポン2）が建設された．これらは工業環状帯橋梁建設計画の一部であり，バーンガジャオ島とサムットプラーカーン県の工業地域をバンコク大都市圏の中心部に結び付ける役割を果たし，交通渋滞の解消に寄与している（Caichompoo, 2012）．

11.4.2 観光に向けての自然保護と農業

プミポン国王の構想に沿って，バーンガジャオ全域はグリーンコミュニティとして保護されてき

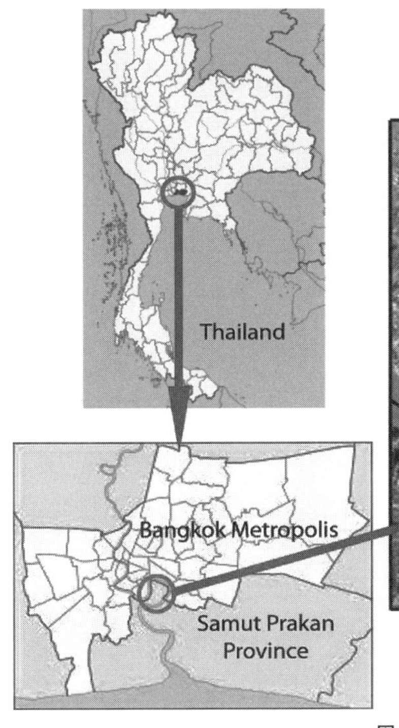

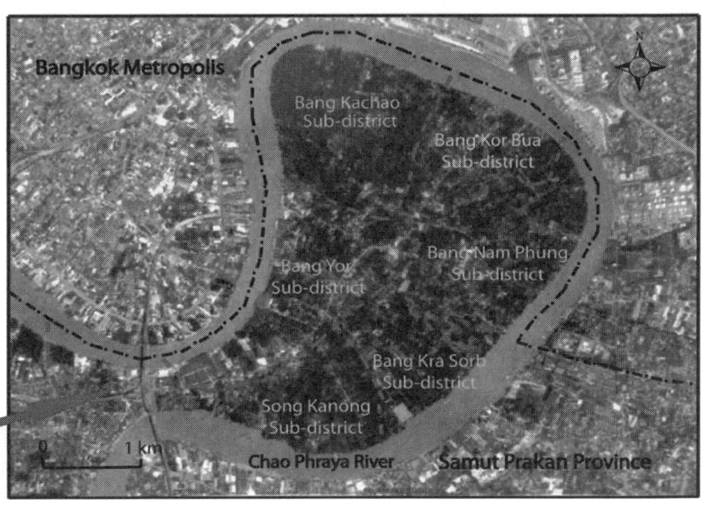

図 11.3 バーンガジャオと 6 つの下位地区
Khaokhrueamuang（2014）より.

た．ここでは人々は自然と共生した生活を送っている．1977 年施行の環境法により工場や高層ビルの建造は許可されないため，工業投資のために売却されていた果樹園は放棄され，マングローブ林になった．1991 年に政府は放棄地を購入し，25 ha の公共森林公園を整備した．森林公園はプミポン国王によって Sri Nakhon Khuen Khan と命名され，王立開発事業と王立森林省によって管理されている．

環境法とこの自然保護事業によって，この地域の認識が高められるとともに，地域住民が森林と伝統的な農業の維持に積極的になった．さらに，都市住民や観光客は環境保護事業に参加するようになり，樹木を育てることが，この土地に暮らす人々だけでなく，バンコクや近郊の都市住民にも多くの恩恵をもたらすことが理解されるようになった．2006 年に『タイム』誌は，バーンガジャオを「アジアで最も優れたアーバンオアシス」に選んだ．このように国家の主導と地域住民の参加によって，この小さな島は，都市化に直面しながらも，農村の特徴と緑地を維持している．

バーンガジャオの緑地は，保護されたマングローブ林だけから構成されるわけではない．昔ながらの果樹園で農業が行われ，水路と盛土というタイの伝統的な文化景観が維持されている（Homhuan, 2007）．4 つの農業システム，すなわち，伝統的な混植果樹園，単一栽培，多角的農業，アグロフォレストリー（農林複合経営）が特徴的である（図 11.4）（Khaokhrueamuang, 2014）．

伝統的混植果樹園は最も古い農業システムで，ココナッツ，ビンロウジ，バナナ，レモン，オレンジという 5 種類の主要な作物を混植する．最近では，オレンジに代わってマンゴーやフトモモが植えられるようになった．伝統的なタイ料理で使われるココナッツシュガーは，この農業システムで生産される．ただし，都市化の進展によって，本物のココナッツシュガーの生産は大幅に減少した．

単一栽培は 1960 年代後半の経済発展の時期に登場し，市場向けの単一作物を栽培するが，水路と盛土という伝統的な農業景観は維持されている．ココナッツとマンゴーが主要作物であった．ココナッツは元々ココナッツシュガーの製造に用いられたが，最近ではココナッツ果汁を生産するために大量に植えられるようになった．交配品種

図 11.4 バーンガジャオの 4 つの農業システム
Khaokhrueamuang (2014) より.

のマンゴー（Nam Dok Mai 種）は最も広く栽培され，そのユニークな食味のために，この地域の特産物となっている.

多角的農業は 1977 年の経済危機の後，新しい理論の農業に基づいて進展した．すなわち，農地を多種類の農作物の栽培と家畜飼育に分けて多角的な農業経営を行う．水生動物を飼育するために，水路を改変して池が造成された．農地は 4 つに区分された．すなわち，キノコや野菜の栽培，魚やカエルの養殖池，池の周りの果樹・多年生植物（ジャックフルーツや竹など），生活空間とキノコ栽培を観光客に見せる場である.

アグロフォレストリー（農林複合経営）は，王立森林省が所有する国有地で行われてきた．この土地は放棄された伝統的混植果樹園を政府が購入したもので，国王が推奨した 3 つの森林と 4 つの利益が実践された．すなわち，3 種類の樹木（果樹用，燃料用，木材用）を混植し，湿度の向上と土壌保全という副次的な効果も期待された．栽培作物はほとんどが薬草や野菜で，公共利用される.

以上の 4 つの農業システムは多様な種類の農作物を生み出すが，それらは 5 つに分類できる．果実，野菜や薬草，園芸作物，ココナッツシュガーや線香 herbal joss stick などの付加価値製品，そして動物である．堆肥，厩肥（きゅうひ），自然肥料，泥，微生物など，有機物が使用される．さらに，農場宿泊，マッサージ，タイ料理講習など，アグリツーリズムという非農業的な産物も生み出している.

バーンガジャオの農地は，1960 年代以降，都市化の影響を受けて大きく減少した．1977 年から緑地保全地区として保護されてはきたが，農地の減少は止まらない．しかし，放棄された果樹園の中には復活したものもあり，1997 年に経済危機に直面してから，地域経済において重要性を増した．経済危機の当時，工場や会社で働いていた村人の中には失業者も出た．6 下位地区の一つであるバーンナムプンでは首長が失業した村人を集めて，放棄された果樹園を再生し，農業収入を生み出した．20 ha 近くの放棄された果樹園が農地として復活し，それは 17 区画に分割されて，50

世帯の失業者によって管理された．彼らは失業した村人の1割を占めた．この事業は「新しいアプローチによるコミュニティファーム」と呼ばれた．多様な作物を栽培し魚を育てることにより，「足るを知る経済」の考え方に基づいた新しい理論の農業が実践された事例である．

最初はごくわずかな村人が参加したにすぎなかったが，その後，この事業は成功し，農産物流通のためのバーンナムプン水上市場の開設に発展した．チャオプラヤデルタでは水上市場は伝統的な市場で，商品が船上や沿岸で売買される．都市化の影響で，元々あった水上市場はほとんど消滅した．そのため，バーンナムプン水上市場のように，伝統的な水上市場を再現した市場は，月に7万5000人を集客する．この水上市場は，異なる農業システムを営むほかの農業者にも参加を呼びかけている．水上市場に出荷する特産物を生産するために，村人は地域社会主導型企業を設立した．この水上市場を訪れる国内旅行者は年間80万人に及ぶ（Caichompoo, 2012）．

11.4.3 エコツーリズム

エコツーリズムは様々な地理的視点から検討される．北アメリカでは，エコツーリズムは手つかずの自然が残る地域において探検や活動を楽しむことが中心である．ヨーロッパでは，エコツーリズムはルーラルツーリズムの一つの形態で，低インパクトツーリズムの概念が伴う．アフリカや南アメリカでは，伝統的な文化を維持する人々によって歴史的に管理されてきたエコシステムに焦点があてられる．一方，東南アジアでは，エコツーリズムとは，倫理的および異文化間の課題を伴う，配慮のある観光の形態として認識される（Okech, 2012）．したがって，バーンガジャオにおけるエコツーリズムは，東南アジアにおけるエコツーリズムの概念で捉えることができる．それは自然保護地域に存在する地域社会に配慮した観光であり，自然と文化を保全し，地元の人々の生活を維持し，地域社会と観光客に環境教育の意識を高めることに関与するものである．

バーンガジャオには自然と文化の観光資源があり，エコツーリズムはサイクリングとチャオプラヤ川の遊覧船で行われる．森林公園，農業地域，河岸などが自然の魅力にあふれた資源である．それぞれの下位地区に設けられた森林公園は一般に解放されており，サイクリング，ウォーキング，バードウォッチング，マングローブ生態系の学習など，環境にやさしい観光活動を楽しむことができる（写真11.2）．

写真11.2 バーンガジャオの自転車ツアー
（出典 Bouchet, C. M.（2013）：Escaping to Bangkok's Great Lung（http://www.nytimes.com/2013/06/16/travel/escaping-to-bangkokos-green-lung.htm, 2016年12月7日閲覧））

写真11.3 川岸のマングローブ林，ハマザクロ，ニッパヤシの景観
（2016年，筆者撮影）

果樹園や農場では農業活動を体験することができる．伝統的混植果樹園では，ココナッツシュガーの製造法を見ることができる．マンゴー，フトモモ，ココナッツなどの季節の果物を楽しんだり，タイ料理をつくることもできる．また，生ごみから堆肥を製造するといった農場の仕事も体験できる．

チャオプラヤ河岸のマングローブ，ニッパヤシ，ハマザクロ（Lam Poo）の茂った場所では，ホタル観賞が人気である（写真11.3）．バンコク大都市圏の縁辺部では，ホタルの生息環境である

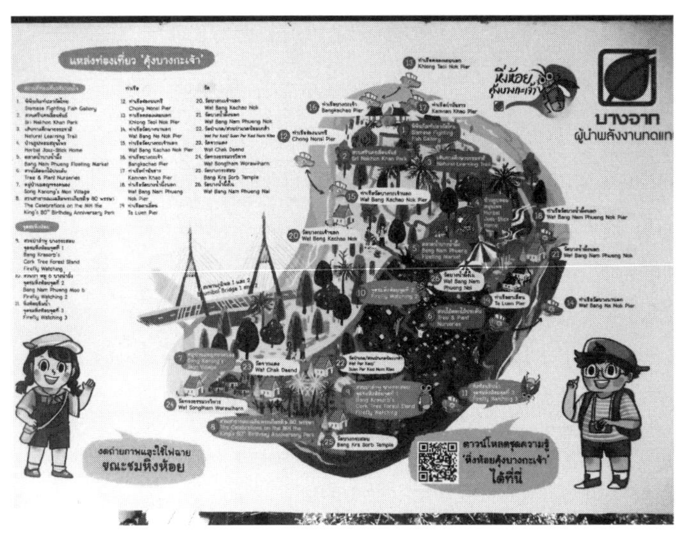

写真 11.4　バーンガジャオのホタル観賞ルートの地図（2016 年，筆者撮影）

ハマザクロ林が減少していることに加え，騒音，都市の明かり，廃水や廃油などによって，ホタルがほとんど見られなくなった．しかし，バーンガジャオではハマザクロ林が保護され，植林活動も行われている．ホタル観賞ツアーでは，フラッシュを使った写真撮影は制限される．ホタル観賞の遊覧船ツアーには小さな船が使用され，1 晩に 3 回までに制限される（写真 11.4）．なお，バーンガジャオで新しい種類のホタルが発見されたことは，多様な生態系の存在とエコツーリズム振興の成功の証でもある．

文化を楽しむ観光も盛んである．植民の歴史を反映して，バーンガジャオはタイ系モン族の伝統文化の中心地となった．バンコク時代の初期に新都市が建設され，タイ様式とモン様式による多くの仏教寺院が建設された．モン様式はミャンマー様式に類似し，ハクチョウをシンボルとした装飾と，パゴダの尖塔が特徴的である．

2 つの主要な博物館では歴史を学習できる．モン博物館はモン寺院（Wat Kan Lad）にあり，モン族の居住の歴史，文化と伝統，古い釈迦像，古い漆器，家庭用品などが展示されている．ラドフォ水路博物館には王立開発事業に関する情報が提供され，環状工業帯橋梁，水路の改修，水門の建設などの近代的な技術に関する展示もある．

バーンガジャオの 6 下位地区のそれぞれには農業学習センターがあり，政府によって運営されている．センターは地元の農民に開放されているだけでなく，観光客が持続可能な農業について学ぶことができる．バーンナムプンの農業技術普及支援センターは，農業関連の知識や技術を提供する拠点の一つである．

バーンガジャオで最も文化的な魅力があるのは水上市場である．社会の変化によって伝統的な水上市場は消滅したが，2004 年に再建されたバーンナムプン水上市場では，河川を使って移動・交易した古い生活様式を見ることができる．この水上市場は，その独自性とバンコクへの近接性のために，多くの観光客を集めている．店や屋台は水路に沿った木陰に軒を連ね，川からの微風が心地よい（写真 11.5）．また，地元の人々が自ら生産した商品が並べられるので，商品は多様で安価である（Caichompoo, 2012）．

果樹園や農家では日常生活を体験することができる．タイ料理をつくったり，手工芸品をつくったり，タイの伝統的なマッサージを受けたり，農業体験もできる．タイ料理の体験は外国人観光客に人気がある．The Herbal Joss Stick Home という地域社会の企業が地元の薬草や自然物質から芳香を生産している．線香 Herbal joss stick など，手工芸品をつくるワークショップを提供するほか，屋外施設で伝統的なタイ料理とデザートを作成するプログラムを提供している（写真 11.6）．タイの伝統的なマッサージは，新しい文化志向型

写真 11.5　水上市場の水路沿いの店舗（2013 年，筆者撮影）

写真 11.6　屋外施設におけるタイ料理の体験（2012 年，筆者撮影）

の観光で，多くの観光客に人気がある．

11.4.4 「足るを知る経済」に基づいたエコツーリズムと地域社会の発展

「足るを知る経済」の理念に基づいたエコツーリズムと地域社会の発展が，3つの段階で進行している．第一段階は農家レベルであり，伝統的および近代的な農業システムをともに活用することにより実現できる．第二段階は，自立した農場から自立した地域社会への開発スケールの拡張である．すなわち，地域社会が伝統的市場を再生し，地域社会の企業が製作した商品を販売し，地域主体で農村観光から利益を生み出す．そして，第三段階は多様性と安定のためのネットワーク化を図ることであり，都市の組織と農村社会の間の連携を深めることにより，知識を蓄積し新しい世代のリーダーを育成することを目指す．都市の組織は農村社会が「足るを知る経済」の理念に基づいた事業を実現することを支援し，それによってグローバリゼーションに対する復元力を構築することができる．グローバリゼーションの枠組みで考えると，タイ料理のグローバル化は，「足るを知る経済」という農業戦略として捉えることができる．

王立事業と「足るを知る経済」の実践はエコツーリズムにとって重要な要因である．洪水のような環境問題を解決することを目的とした王立事業は，農業資源の保護に影響を及ぼす．一方，「足るを知る経済」の提唱は地域住民に刺激を与えて，農業システムを維持し，自然資源と文化資源を効果的に維持することに貢献する．こうした状況の結果として，チャオプラヤデルタにおいてユニークなエコツーリズムの活動が展開し，異なるエスニック社会において自然環境を保護する活動が実践される．バーンガジャオの事例では，王立事業によって自然が保護された地域において，タイ人とモン族が「足るを知る経済」に基づいた農業によって自然と共生した生活を送っており，そうした生活様式や文化が観光客を引き付けている．したがって，エコツーリズムの活動として，持続可能な旅行の形態が見られる．サイクリング，ホタル観賞，バードウォッチングばかりではない．王立事業を展示した博物館，農業システム，水上市場，そしてコミュニティ事業経営など，環境保護の方法を学ぶことも含まれる．要約すると，エコツーリズムは，多様な観光資源を生み出すことによって持続可能な開発を支援するものであり，自然と文化の保全を実現する．チャオプラヤデルタにおけるエコツーリズムは，タイにおける一つの成功事例である．

〔カウクルアムアン・アムナー／矢ケ﨑典隆 訳〕

引用文献

柚山義人・宮崎　健，ほか（2000）：タイ国チャオプラヤデルタにおける稲作と水管理．農業土木学会誌，**68**（9）：937-943.

Caichompoo, S.（2012）：Touring Green Kung Bang Kachao, Phrapradaeng District of Samut Prakan Province, 93p., Bangkok, NBB Group.

Durina, Nagasawa, R. and Patanakano, B.（2013）：Urbanization and its influences on the suburban landscape changes in Bangkok metropolitan region, Thailand. システム農学，**29**（2）：29-39.

Homhuan, N. (2007)：The potential development of orchard area for conservation tourism：a case study of Bang Kachao, Phra Pradaeng District, Samut Prakan province. *Journal of Architectural/Planning Research and Studies*, **5** (2)：99-112.

Khaokhrueamuang, A. (2014)：Sufficiencey economy agritourism：globalizing Thai food in the urban fringe. *International Journal of Economic and social Sustainability*, **1**：3-21.

Okech, R. N. (2012)：Ecotourism. *Tourism：The Key Concepts*. (Robinson, P., ed.), pp.63-67, Routledge.

Sirisrisak, T., and Akagawa, N. (2012)：Concept and practice of cultural landscape protection in Thailand. *Managing Cultural Landscapes*. (Taylor, K. and Lennon J.L., eds.), pp.173-191, Routledge.

Takaya, Y. (1969)：Topographical analysis of the southern basin of the central plain, Thailand. 東南アジア研究, **7** (3)：293-300.

Thailand International Development Cooperation Agency, TICA (n.d.)：*Thailand's Best Practices and Lesson Learned in Development Volume 1*, Thailand International Development Agency, Bangkok.

【メコンデルタのエコツーリズム―タイの経験から学ぶこと―】

タイのチャオプラヤデルタと同様に，ベトナムのメコンデルタも稲作地帯であり，同国は世界の主要なコメの輸出国の一つである．メコンデルタは熱帯モンスーン地域に位置し，カンボジアとベトナムの国境から海洋まで広がる．この広大な湿地帯は400万haの規模で，1800万人が暮らし，この国の食料の半分以上を生産する．この地域は18世紀までクメール帝国の一部であった．今日，メコンデルタに住む住民の多くはベトナム系であるが，中国系やクメール系の住民がかなりいるし，チャム系社会も存在する．メコンデルタは水の支配する世界で，船，住宅，市場が水上に浮かぶ．

メコン川は4500kmにわたって中国南部，ミャンマー，ラオス，タイ，カンボジア，ベトナムを流れ，南シナ海に注ぐ．メコン諸国は観光を振興してきたが，観光開発に成功したタイの事例から学ぶことは多い．タイにとっては，観光は外貨を獲得する最初の経済活動の一つになった．そのため，タイ政府は地域社会のレベルにおいても，観光産業への投資を支援してきた．多様な形態のエコツーリズムや地域社会を基盤としたエコツーリズムが，小規模な観光地においても採用され，地域社会が観光の計画と開発に参加してきた．バーンガジャオの事例のように，タイの経験は，持続的な発展のために，観光が重要であることを示した．

メコンデルタの場合，水田，果樹園，花卉(かき)栽培，河床など，きわめて興味深いエコツアーを提供することができる．観光客は川岸の都市を訪問し，水上市場で買い物を楽しみ，ニッパヤシ林を船で遊覧することができる（写真11.6）．エコツーリズムはこの地域の重要な産業である．それは地域経済の発展をもたらすし，環境の保全にもつながる．地域社会のエコツーリズムは，自然景観の生態学的な価値を保護し，伝統的およびエスニックな村の文化的価値を維持し促進することにつながる．

写真11.6　メコンデルタのニッパヤシ林における遊覧観光
（出典　Sinhcafe (2016)：Mekong Delta Tour 2 Days 1 Night from Ho Chi Minh City (http://sinhcafetravel.com/tours/mekong-delta-tour-2-days-1-night-from-ho-chi-minh-city/，2016年12月7日閲覧)）

一方，メコンデルタのエコツーリズムは，潜在的に存在する資源に対応するようには発展してこなかった．例えば，土産物や特産物は多様ではないし，品質が悪く，東南アジア諸国連合のほかの国々との差別化がなされていない．宿泊施設は十分に整備されていないし，観光を支える基盤整備は弱いままである．ベトナムでは，ベトナム戦争中には観光は発達しなかった．長期にわたる孤立の時代を経て，1989年に観光の促進が始まった．1994年には外国人観光客が100万人に到達し，その後も増加を続けている．観光が急速に発達したタイやその他の国々と同じように，ベトナム，そしてメコンデルタのエスニック少数派の社会は，開発における持続可能性の問題に直面している．

12

アフリカ農村における自給生活の崩壊と貧困，テロリズム

2005年から2014年頃まで資源・食料価格の高騰によって，アフリカでは高い経済成長が続いた．各国の政府が積極的に外国資本を導入する政策もあって，アフリカ諸国は有望な投資先となり，Africa Rising（勃興するアフリカ）と呼ばれた．近年，資源・食料価格は乱高下を繰り返していることから，アフリカの経済も大きく変動している．こうした変化の中で経済格差が大きくなり，貧困の問題がクローズアップされるようになった．西アフリカで深刻な問題となっているテロリズムによる暴力がどうして発生するのか，貧困と経済格差の拡大と結びつけて解説する．

12.1 ボコ・ハラム

原油価格の高騰により石油輸出の好況にわくナイジェリアの経済成長の中で，開発の遅れた北部のイスラーム地域でボコ・ハラムは活動を開始したといわれる．ボコは英語の本（ブック）に由来するハウサ語とされ，教育を意味し，ハラムは罪を表すアラビア語である．ハウサ社会では本そのものが西洋教育を指しており，つまり，ボコ・ハラムは「西洋教育は罪」という意味になる．ボコ・ハラムと聞いても，しっくり来ない読者も多いかもしれないが，2014年4月にナイジェリア北部で女子生徒276人を誘拐した武装組織といえば理解できる人もいるだろう．

2016年版Global Terrorism Indexの報告によると，ボコ・ハラムが引き起こしたテロによる死者数は2014年の一年間で6646人，2015年には5478人に及ぶ．この数字はシリアやイラクを中心として戦闘が続くISIL（イラクとレバントのイスラム国）に関連する死者数（2014年の6073人，2015年の6141人）に匹敵する．ISILによる戦闘やテロ事件に関する報道は連日，新聞やネットなどを通じて頻繁に流れるが，ボコ・ハラムのテロ問題は欧米や日本と直結する問題ではないためであろうか，報道される情報はごく限られているのが現状である．

ボコ・ハラムによるテロの発生は当初，ナイジェリア北東部に限定していたが，今やチャド湖の周辺地域，国名でいうとニジェールやカメルーン，チャドといった国に波及し，国際問題となっている（図12.1）．この地域は，サハラ砂漠の南縁地域，サヘル地域と呼ばれる．2016年版のGlobal Terrorism Indexでは，ニジェール国内のテロによる死者数は649人と急増している．前年の死者数が11人であったことから，犠牲者の増加は顕著である．ナイジェリアやカメルーン，チャド，ニジェール，ベナンの政府軍が治安維持に努めているにもかかわらず，現在でもテロは頻発し，犠牲者が増加している．どうしてテロが発生し続け，多数の人々が犠牲にならなければならないのだろうか．本章では，サヘル地域が抱える社会問題を理解することで，現在の国際社会が抱える問題を明らかにしていきたい．

ボコ・ハラムは，1995年にアブバカル・ラワンの指導する，サハバ・グループ（教友グループ），つまり，イスラームを学ぶ勉強会を起源にしている（Sani, 2011）．その構成員には大学を卒業した者，退役軍人や高度専門職業人など高学歴の者が多く，多くがあごひげをたくわえていたという．構成員は低学歴の者や失業者，乱暴者というわけではなかった．アブバカルは自らを「預言者モハンマドの教えに従う者（Al Sunna Wal Jamma）」と名乗り，クルアン（コーラン）とハディス（モハンマドの言行）を厳格に守った（Aghedo and Osumah, 2014）．

組織の性格が変化したのは，2009年のこととさ

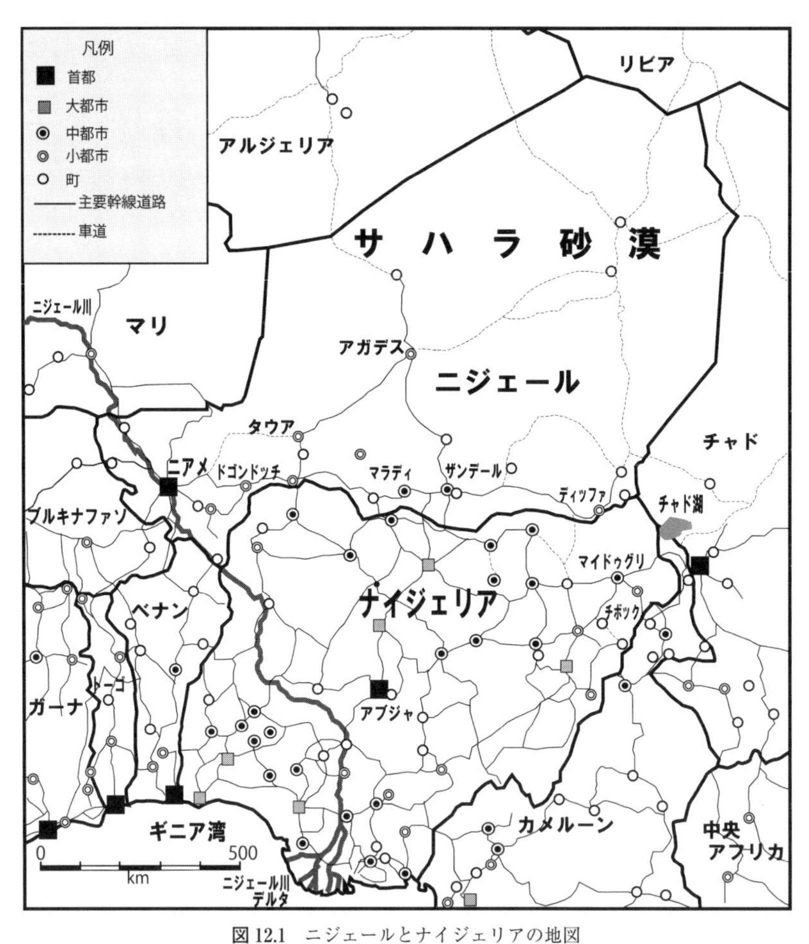

図 12.1　ニジェールとナイジェリアの地図
アフリカ内陸部の国境では地図に示された以上に，無数の車道があり，政府の統制を受けず多くの人や車，物資が往来する．

れる．イスラーム指導者のサンニ・ウマルがイスラーム文明の崇高性を強調し，西洋教育に限定するのではなく，西洋文明そのものが罪であると拡張したことにある（Onuoha, 2012）．そして，メンバーでないものを不信仰者であるクフル（Kuffar），またはシャーリア法による犯罪者であるファシーク（Fasiqun）と見なし，ボコ・ハラムはメンバー以外を攻撃するようになった．ナイジェリア北部をはじめイスラーム地域ではある間隔で原理主義が生じており，当初，ムスリムによる他宗教の信者に対するジハード（聖戦）と受け止められた（島田，2016）．また，軍事指揮をとるモハメド・ユスフを含む 700 人のボコ・ハラムメンバーが 2009 年に治安当局によって殺されたことにより，ボコ・ハラムは残虐性を持ち始め，その報復として警察本部や国連事務所，新聞社などの爆破テロを起こすようになった（Aghedo and Osumah, 2014）．

ボコ・ハラムのメンバーには若者が多く集まり，高校や大学を卒業しても就職できなかった失業者やストリート・チルドレンが多かった（Onuoha, 2012）．ナイジェリア国内では，原油を産出するニジェール川デルタを中心とする南部の開発が進む一方で，北部は低開発のまま放置されていた．小学校から大学まで多数の学校が整備され，卒業生は急速に増えたにもかかわらず，就職先はほとんどなかった．若者たちの中には，社会への不満と努力しても報われないという怒りが充満する．

当初，ボコ・ハラムのテロ活動は非ムスリムに対するジハードということで，国連や警察本部，新聞社，特定の政治家や軍人，あるいはムスリム以外が攻撃対象だと受け止められてきたが，2012年7月にはモスクでの自爆テロが発生し，ムスリムをも標的とするようになった．2014年4月から6月にかけて首都アブジャ郊外のバスターミナルやショッピング・モールで爆破テロがあり，一般市民の無差別な殺りくを繰り返すようになった．この動きの中で，2014年4月にはチボックで女子学校の襲撃と女生徒の誘拐事件が発生している．

2015年2月にはボコ・ハラムはISILへの忠誠を誓い，ISIL西アフリカ州を名乗り，攻勢を強め，ナイジェリア北東部から越境し，チャドやカメルーン，ニジェールの国境付近，チャド湖とその周辺域で村の焼き討ちや住民の殺りくを繰り返すようになる．当初はナイジェリアの国内問題と考えられていたが，ボコ・ハラムの引き起こすテロは周辺国にまで影響を及ぼすようになり，各政府軍や合同軍と交戦を続けている（Trofimov, 2015）．

ニュース報道によると，2015年2月には，ナイジェリアの隣国ニジェールの首都ニアメでは反ボコ・ハラムのデモ行進が行われた．首相など政治家がこのデモ行進を主導し，主催者の発表では3万5000人の参加者がいたという．参加者は「ニジェール陸軍はわれらの誇り」と書かれたプラカードを挙げたり，Tシャツを着たりして，デモ行進の最後にイスフ大統領が国会議事堂前の広場で演説した．大統領は，「ボコ・ハラムがニジェールを攻撃しているが，すべてのメンバーを処罰する」とボコ・ハラムを強く非難した．その直後，ニジェール陸軍は2月にディッファ州で160人の容疑者を逮捕するとともに，ボコ・ハラムとの交戦でメンバー218人を殺害した．

2015年12月以降2016年2月までに，ナイジェリア北東部の都市マイドゥグリとチャド湖周辺域で続くボコ・ハラムによって頻発する暴力や焼き討ち，殺りくなどのテロにより，世界食糧計画（WFP）の発表では280万人が自らの居住地を追われ，難民となっている．そのうち220万人はナイジェリアの国内避難民であるが，そのほか60万人はナイジェリア北東部からニジェールへ越境した難民，あるいはニジェールやチャド，カメルーンの国内避難民である．ニジェールのディッファ州では151ヶ所の学校が閉鎖に追い込まれた（Trofimov, 2015）．テロは農業や牧畜，商業といった住民の生活基盤を根本から破壊し，流通と市場のインフラが壊滅的なダメージを受け，感染症が蔓延したり，生活に対する住民の不安を駆り立てている．また，テロによる治安の悪化によって政府やNGOの活動が制限され，その結果，避難民による生活物資へのアクセスが悪化している．

2016年6月の段階で，ニジェール東部のディッファ州では24万人が国内避難民となっており，そのうちの半数は女性と子どもである．この国内避難民の人数は州の人口69万人（2017年）の35％に相当する．世界食糧計画はそのうち13万6000人に食料を支援し，市場が機能し，物資の流通がある場所に避難している避難民4万人には1ヶ月につき54ドルの現金を支給している．しかし，国際社会による支援は十分ではなく，雨季が始まっても避難民は農業や牧畜に着手することができず，飢餓がさらに深刻になると予想されている．世界食糧計画による支援金額は6ヶ月で2000万ドル（約22億円）と見積られている．

しかし，ニジェール国内でもボコ・ハラムに関するニュース報道は決して多くなく，政府によって情報が統制されているのではないかと思うほどである．人々はイギリスのBBCやドイツのドイチェヴェレ（Deutsche Welle）のハウサ語放送を聞いている．これらのハウサ語放送では時折，ボコ・ハラムのテロや政府軍との戦闘について報道している．日本でも，ボコ・ハラムに関する報道はきわめて少ないのが実情である．

2016年5月のラジオ・フランス・インターナショナルでは，国際社会がニジェールのテロ問題に注目するよう国連の人権担当者の声が紹介されている．この記事の中で，ニジェールでは気候変動や砂漠化，紛争，急速な人口増加によって農村の食料生産が打撃を受けているばかりか，ボコ・ハラムのテロ活動によって物資の流通が停止し，住民が飢餓の危険性に直面していると報告されている．人道支援のためには3億1600万ドル（350億円）が必要であるが，国際社会の関心が低く，その4分の1しか届いていないという.

12.2 ニジェール国内における身近なテロの問題

筆者はボコ・ハラムの引き起こすテロ活動について, ニジェールの首都ニアメで4人を対象に, 個別にハウサ語でインタビューを試み, 人々がこの問題をどのように見ているのかを明らかにしようと試みた. インタビューの期間は2015年11月から12月, 2016年5月であり, この時期にはボコ・ハラムによる攻撃が頻発していた. 4人は筆者の昔からの友人である. 1人目はビバタという女性で, インタビュー当時, 43歳であり, ニアメで中学の英語教師をしている. 彼女の民族はカヌリであり, ボコ・ハラムの主要メンバーと同じ民族である. 2人目はイブラヒム (46歳) で, 国立気象局の技官であり, 民族はフルベである. 3人目はユスフ (37歳) で, ニアメから250 kmほど離れたドゴンドッチ在住の農家である. 民族は国内の主要民族の一つ, ハウサである. 4人目はアル (47歳) で, ドゴンドッチ在住の牧夫である. 民族はフルベである. 4人とも, イスラームを信仰するムスリムである.

まず, ビバタがインタビューの冒頭で話してくれたのは,「ボコ・ハラムの問題は, 親しい人とは話し合うが, 気軽に他人と会話をする話題ではない」ということだった. ボコ・ハラムのテロ活動によって一年間に6000人前後の死亡者が出ていること, そして, 隣人の中で, 誰がボコ・ハラムのメンバーかが分からないというのが原因である. アルは「ボコ・ハラムのメンバーはニアメにも, アガデスにも, マラディ, ザンデールにも, ニジェール国内のすべての都市に潜伏していて, すべての都市が把握されている」と語った. ボコ・ハラムの活動域から1300 km以上離れたニアメ市内にもボコ・ハラムのメンバーが潜伏しているのではないかと警戒する人も多く, ボコ・ハラムの問題は身近に潜む問題として, 大勢の人々や知らない人を相手に話し合う話題ではないことが明らかになった.

次に, メンバーは誰なのかである. イブラヒムは,「ボコ・ハラムの行いはもはやイスラームを信仰するムスリムのものではない」と断言した. イスラームは平和 (Salaam：アラビア語) を希求する宗教であり, 殺人をしたり, モスクを爆破するのはムスリムのすることではないと語気を強めた. ビバタは「家畜のように人間の首を斬って, それをビデオで撮影し, インターネットで発信する. それはムスリムのやることではないし, そもそも人間の所業ではありません. 当初, ボコ・ハラムはジハード (聖戦) と称し, 非ムスリムを攻撃したり, 誘拐を繰り返したりしてきたが, 近年ではモスクで自爆テロを行い, ムスリムをも殺すようになり, その残虐性はムスリムのものではなく, ボコ・ハラムは矛盾を抱えている. もはやムスリムのあるべき姿ではなく, 人の道から外れている」と強調した. インタビューの印象では, ボコ・ハラムのテロ活動は一般のムスリムから支持を得られていないことが分かった.

ビバタの弟夫婦は, ボコ・ハラムに襲撃を受けているボッソウに住んでおり, ビバタはその暮らしぶりについて語った. 筆者がインタビューを実施していた2016年5月21日, ボッソウの町がボコ・ハラムの襲撃を受け, 10軒の家屋が焼き討ちにあい, 6人が死亡したという報道が入ってきた. ビバタは,「ナイジェリア国境に隣接するボッソウ県に弟夫婦が住んでいて, 私は電話で暮らしぶりを聞いている. 町なかにはニジェールの政府軍や警察が厳戒態勢を敷いていて, 治安はいちおう保たれている. それでも, ボコ・ハラムによる襲撃事件が頻繁する」と語った. 筆者は2012年, ボコ・ハラムの問題が出てくる以前に, ディッファ州を旅したことがある. 州都のディッファより東へ行くと, 急速に交通インフラストラクチャーが脆弱となった. 国道一号線が砂に飲み込まれて, 舗装がなくなり, 車の通行が難しくなった (写真12.1). 四輪駆動でも車輪が砂にとられ, 立ち往生した. これでは治安の維持や円滑な支援物資の運搬, 避難民の支援は難しい.

ビバタは続けて話をしてくれた.「ボッソウの町ではボコ・ハラムの襲撃後, 午後6時以降の夜間には外出が禁止されていて, 住民はまったく外

写真 12.1 脆弱な交通インフラ（ニジェール東部ディッファ周辺）（2012年11月，筆者撮影）
ボコ・ハラムが活動する地域は低開発地域であり，国道1号線は長年にわたって改修されず，舗装がはがれている．

出できない．商店も営業されない．弟夫婦は怖くて，町も歩けないし，畑にも行けない．ましてや，近くを流れる川で漁撈（ぎょろう）をすることもできない．これでは生活はできない．ボコ・ハラムのメンバーが移動手段として使うバイクの使用は政府によって禁じられており，ヒジャブと呼ばれる女性のスカーフの着用も禁止されている．わたしは弟夫婦の安全を祈り，生活を支援するため，毎月，わずかながら給与の一部を送金している」とビバタは涙ぐんだ．

ボッソウの町にはコマドゥゴ・ヨベという川が流れており，灌漑農業や漁撈が盛んであるが，ボコ・ハラムがいつ襲撃しに来るか分からず，住民は恐怖におびえている．農業や牧畜，漁撈にも従事できず，商人も取引をできず，住民の生活は不安定である．小学校に対する襲撃もあるので，子どもも学校に通うことができない．人々の不安は募るばかりである．ニジェールでは日中暑いことから，日没後に食料や日常品の売買が盛んになるが，夕暮れ後に外出が禁止されていると，日常生活が制限される．

また，女性によるヒジャブの着用が禁止されているのは，「カミカズ」が問題になっているためであるという．カミカズとはkamikazeのフランス語読みであり，日本の太平洋戦争末期の神風特攻隊に由来する．現地社会では，自爆テロのことを意味している．日本国内では，両者を同一視する意識は希薄であり，日本の国土，そして父母や妻，子ども，家族を守ろうとした神風特攻隊と，破壊や殺りくを繰り返す自爆テロを同一視すべきでないというインターネット記事が多い．

しかし，Jeune Afrique誌11月22/28日号に掲載されていたようにフランス語では自爆テロのことはカミカズと表現され，フランス植民地だったニジェールでもカミカズと呼ばれる．テロリストが爆弾を腹に巻き，スカーフで隠す，そして市場で自爆するというテロが頻発しているためである．この自爆テロを引き起こすテロリストには，女性や子ども，特に少女が多い．

ボコ・ハラムが関係すると見られる，子どもによる自爆テロは2014年に4件だったが，2015年には44件にまで激増している（Chinedu, 2016）．この44件のうち4分の3は少女によるものである．UNICEFは自爆テロを実行した少女を加害者のテロリストとして見るのではなく，被害者として扱うべきだと主張している．どうして，女の子が自爆テロをするのだろうか？

アルが答えてくれた．「その答えは簡単だ．親が子どもをボコ・ハラムに売るからだ．みな，貧困（*tarauchi*：ハウサ語）に苦しんでいる．わたしと同様，ニジェール農村に住む人々の多くは毎日，食料の入手に困っている．ボコ・ハラムはお金を持っている．彼らがどうしてお金を持っているのかは知らないが，親は生活費を得るために，ボコ・ハラムに子どもを売り，少女の腹に爆弾を巻くのだ．幼い子どもは爆弾だと知らずに市場へ出かけ，自爆テロを引き起こす．少女の方が周囲から警戒されないし，ヒジャブで爆弾を隠すことができるので，好都合である．成人の女性が男性の格好をして，モスクで自爆テロを起こすという事件もあった．その事件も，夫や子どもの生活費を得るため，生活苦から，やむなく女性が犠牲になったという話だった．自爆テロは，家族の生活を守るための窮余の策なのだ．」このような情報はニュース報道では流れないし，人々は自分から話そうとはしないが，人々の間ではよく知られた話になっている．この話の信憑性の検証には慎重にならなければいけないが，少なくとも現地社会で自爆テロ（カミカズ）は生活苦から家族を守るために行われているという言説が流布していることは事実である．

では，どうして，若者がボコ・ハラムに加入するのだろうか．これは，ユスフが教えてくれた話である．「ボコ・ハラムは，農村に住む15〜30歳までの若者に，今の社会のひどさ（*aikin banza*：ハウサ語）を話して，その変革を訴える．イスラームの基本は喜捨や施し（*sadaka*）だが，どうして，若者は皆，貧しいのか．都市にどうして金持ちがいるのか．若者の多くは努力しても，報われない．そんな社会をつくったのは誰なのか．若者が社会変革の必要性を理解したとき，メンバーは若者に武器を渡す．定期的に給与も支払う．金払いがよく，その現金は農村で食うに困っている若者には魅力的である．農村では，チゾ（*chizo*）と呼ばれる60〜70代の長老が村行政を取り仕切っていることが多い．しかし，父親世代のチゾたちは，文字の読み書きができず，町から届く行政文書を読むこともできないし，飢餓どきに文書を書いて，地方政府に援助を求めることもできない．求めても，政府も政治家も，何もしてくれない．チゾは携帯電話を使ったり，バイクに乗ることもできない．ラジオを使うのが精一杯だ．2人，3人の妻を持って息子が10人以上いることもごく普通で，われわれ息子たち世代が十分に暮らすだけの農地や財産を残すこともできない．ひどい社会の変革を訴えるボコ・ハラムの考えは，農村社会に不満を持つ若者に広がる危険性が高いのだ．」

12.3　農村における自給生活の崩壊と若者の不安・怒り

ニジェールの農村社会では雨季にトウジンビエとササゲの混作が行われている（写真12.2）．雨季は6〜9月までの3ヶ月ほどで，その雨季に農作業が行われる．畑で生産されるトウジンビエは主食の練り粥に料理されるとともに，フラと呼ばれる飲み物が昼食となる．暑いニジェールでは人々はフラを飲むことで，水分を摂りながら，体を冷やし，空腹を満たすことができるのである．そのほかにも，ソルガムやトウモロコシも栽培されるが，降水量が足りないため，降雨が多い年に

写真12.2　サヘル地域におけるトウジンビエとササゲの混作畑（2011年9月，筆者撮影）
直立しているのがトウジンビエで，地面をはっているのがササゲ．人口増加に伴う土地不足，砂漠化（土地荒廃）の問題，降水量の変動などにより，農村では8割の世帯が食料自給を達成していない．

限って収穫することが可能である．トウジンビエの収量は降水量や土壌の肥沃度によるが，穀粒が小さいこともあって，よくて1haあたり1.1tほどである（大山，2015）．土壌はアレノソルと呼ばれる砂質の貧栄養土壌であり，トウジンビエを連作すると，肥沃度が低下し，土地がやせてしまう．日々の土地管理を怠ると土地の劣化が進み，トウジンビエとササゲはともにまったく収穫できなくなってしまうが，土地不足が深刻なため，畑では作物を連作せざるを得ないのが実情である．

農村の食糧事情は降雨の状態，所有する畑の面積，そして土壌の肥沃度によって変化するが，住民の評価によると，2003〜05年，2010〜11年に作物の生育が悪く，その翌年には食料不足が厳しかったという．そんなとき人々は手元の家畜を売却したり，薪を集めて販売したりして食料を購入することもあるし，野生の樹木の葉や野草を採取して救荒食料にすることもある．2006年6月には，村人の多くは食料を持たず，やせこけて，顔には血管が浮き出ていた．こんな体の状態のことをヤラミ（*yarami*）とハウサ語で呼ぶ．

2016年5月，筆者は調査村の全61世帯について食料の備蓄があるのかを聞いた．収穫期は9月中旬であるから，インタビュー時点と4ヶ月後の収穫期直前の食料事情を聞いた．住民の評価によると，食料の備蓄が次の収穫期まで十分だと答え

たのは，わずか10世帯（16.4％）にすぎなかった．現時点で食料の備蓄はあるが，収穫期までの食料がないと答えたのは25世帯（41.0％），現時点ですでに食料の備蓄はなく，現金稼得活動に従事して，次の収穫期まで食いつなぐ必要があると答えたのは26世帯（42.6％）であった．農村でありながら，8割以上の世帯が食料を自給することができず，都市への出稼ぎや副業を組み合わせて生計を立てている．このような食料自給の厳しい状況と出稼ぎは毎年続いている（大山，2015）．ニジェールでは乾季が長い．乾季の間，都市へ出稼ぎに行き，チョコレートやキャンディーをお盆に載せて販売したり，レモンやバナナを台車に乗せて販売したり，バイク・タクシーの営業に従事する者もいる．また，危険を冒して，アルジェリアやブルキナファソへ金の採掘に出かける者もいる．

村には，多数の子どもがいる．ニジェールは，世界一の子だくさんの国である．国連推計によると，ニジェールの人口増加率は年率4.0％であり，人口の自然増加率でいうと世界1位の高さである．この人口増加率では，20年ごとに人口が2倍に増加するペースである．一人の女性が一生涯に産む子どもの人数，合計特殊出生数は2010〜15年の期間で7.63であり，これも世界1位の高さである．筆者が調査を続けている農村では2000年の時点で41世帯，280人だったのが，その後，10年が経過した2010年には65世帯，504人に増加している．この10年間の人口増加率は年率6.0％と非常に高く，この数字は12年ごとに村の人口が2倍になる驚異的なスピードである（大山，2015）．

この地域の農村社会では，若者たちが結婚し，妻とともに住居を構えるようになってからも，村内の土地が不足していることもあり，父親の畑で農作業に従事し，父親や兄弟，姉妹，兄弟の妻子とともに共同で食事をとることが多い（大山，2015）．世帯主である父親は，自分の畑で生産される農産物と所有する家畜，自分自身と息子たちの副業による収入をあてにして1年間の食事を賄おうとする．この状態は，父親が死去するか，あるいは老齢になって農地が分与されるまで続く．息子にとっては，父親との生活は家族による庇護を受けることができるというメリットとともに，自分の労働や現金収入を父親によって管理されるというデメリットがある．ハウサ社会では，若い男性たちには自分の世帯をつくりたいという独立心と，干ばつや飢餓どきなど困ったときに父親や親族を頼りにしたいという依存心が交錯する．

農村の若者たちが父親から相続で受け取る農地はわずかであり，決して将来の生活を保証するものではない．父親には息子が3人以上いることが多く，父親に妻が2人以上いる場合には，息子が10人前後いる場合もある．土地相続の問題は家族の中で激しい争議となる．小さな農地が息子たちに分割される．「父親の世代が食料を自給することができなかったのに，息子世代が平穏に暮らせるわけがない．」これが農村に住む若者たちの本音である．

例えば，インタビューをしたユスフには異母兄弟も合わせて7人の男兄弟がいる．父親であるバワが70歳を越え，農作業に従事できなくなったのを機に，6.08 haの土地を息子たちに分割した．第1夫人と第2夫人の息子たちの間で激しい争議となったが，ユスフは1.00 haの土地を受け取っている．このユスフには8人の子どもがおり，そのうち息子は3人である．息子の数は今後，増える可能性もあるが，もし仮に息子3人で均等にユスフの土地を分割したとすると，1人の息子が受け取る土地は平均0.33 haとなる．ユスフの息子たちが生きていく農地は，彼らの祖父であるバワの農地の18分の1にしかならない．この農地で最大収量1.1 tのトウジンビエを生産したとしても，成人男性1人が1年間に食べていくだけで精一杯である．とても，家族を養うことはできない．農村内では，今の子どもたちが受け取る農地は，家の敷地にもならないのではないかという声もある．

ボコ・ハラムのメンバーは若者たちに対して，どうして自分たちが日々の食料に困っているのか，どうして職につくことができないのか，どうして努力しても報われないのかを問うのである．若者の中にはボコ・ハラムに共感し，メンバーとなり，凶行に向かう者も出てくる．ニジェールで，ボコ・ハラムによるテロが活発化する発端となったのは，村の長老たちから警護を要請された警察が「自分たちの息子なのだから，村の内部で対処しなさい」と返答し，動かなかったためだという（Trofimov, 2015）．

インタビューで，ユスフが次のように語った．「ボコ・ハラムに加入しようとする若者たちは，まず，現在の社会をつくった象徴である父親ののどを斬って殺害し，ボコ・ハラムに対する忠誠を誓うことがある．幼い娘に『お父さん，今日のごはんはないの？』と聞かれ，実際に食料の貯蓄がないとき，自分自身が情けなくなり，怒りがこみ上げ，ボコ・ハラムに加入する若者の心情が理解できるときもある．そして，わたしは若者たちの心情を理解できると同時に，わたし自身が息子たちのターゲットになる恐怖心もある．」

12.4 農村社会における 2 種類の「貧困」

先行研究では，ボコ・ハラムの活動はナイジェリアの南北問題，つまり北部における開発の遅れに原因があると指摘されてきた（Anghedo and Osumah, 2014；Ojochenemi *et al.*, 2015）．長らく，筆者はナイジェリア北部の低開発とテロの問題との関係性をうまく理解できなかった．2015 年にボコ・ハラムがニジェールへ越境し，村を焼き討ち，住民の殺りくを繰り返すようになった．ニジェール東部は首都ニアメから遠く，インフラストラクチャーも整備されず，放置されてきた．通貨はニジェール国内で流通する CFA（セーファー）フランよりも，ナイジェリアの通貨ナイラが多く通用する．農業生産は低く，人口増加率は高く，干ばつの常襲地域である．現在，中国企業が石油を掘削し始めているが，周辺住民にもたらされる恩恵はない．飢餓と貧困ゆえに，若者が社会に不満を持ち，ボコ・ハラムのメンバーから現金を受けとり，加入している．親が生活苦から自ら自爆テロを引き起こしたり，幼い娘に自爆テロをさせている現状がある．

ニジェールでは経済格差が拡大し続け，貧困や飢餓の問題は多くの人々にとって身近で，深刻である．そういう社会状況に，ボコ・ハラムはつけ込み，社会を蚕食（さんしょく）する危険性がある．貧困や飢餓が蔓延する社会のあり方を変革しようと訴えるボコ・ハラムに，近隣の「誰か」が賛同し，加入していてもおかしくない社会状況がニジェールにはある．そこに，ニジェールの人々が恐怖感を持っている．

世界銀行の発行する 2017 年度版 World Development Indicators によると，サハラ以南アフリカには，2013 年現在，1 日あたりの所得が 1.90 ドル未満の貧困ラインで生活する人々が 41％いる．貧困人口の割合は 1990 年に 54％，2005 年に 50％であったことから，ゆるやかに低下している．かつて，筆者は貧困ライン以下の所得でも豊かな生活がアフリカの農村社会にはあるのだということを書いた（大山，2011）．それは自給指向性が強く，自分たちで消費するものは自分たちで作るという，現金を介在させない社会であった．1 日の所得が 1.90 ドル未満であっても，決して毎日，食うに困り，飢餓に恐れおののく人々ではないのだということを強調した．

1 日あたりの所得で決まる貧困には，日々の生活で食べていくことができる自給社会型の貧困と，自給食料を生産せず，日々の食料に困る非自給社会型の貧困という 2 種類があることを指摘しておきたい．都市部での貧困は後者であり，真の貧困といえる．農村部においても自給食料を十分に得ることができず，食料の確保も現金所得の入手も不十分な場合が増えている．

アフリカは 2000 年以降，世界経済とも強くリンクし，外資の導入による資源の開発と産業の発展が進み，資源価格の高騰もあって経済成長が進んだ．消費社会を牽引する中間層が誕生し，アフリカ諸国は「勃興するアフリカ（Africa Rising）」という明日の成長市場となった（Mahajan, 2009）．しかし，資源価格の下落とともに経済成長は鈍化し，国や地域，個人によって経済格差が拡大しており，2016 年には「分断するアフリカ（Africa Diverging）」と呼ばれるようになっている（Saigal, 2016）．都市部で貧困にあえぐ人々が増加するとともに，農村部でも急速な人口増加によって 1 人あたりの農地が狭小化し，食料自給がままならなくなっている．経済格差や貧困の問題はニジェールをはじめアフリカだけの問題ではなく，日本を含めて世界各地で深刻な問題となっている．

ボコ・ハラムによるテロと暴力の背景にあるのは低開発や貧困の問題である．暴力による社会変革は決して容認されるものではない．ただ，テロを武力で制圧すれば，この問題が解決するというわけでは決してない．ボコ・ハラムの問題はナイジェリアやニジェールだけに限られた社会問題として見るのではなく，70億人を越えた人類の生活をどう保証していくのかという国際社会に与えられた課題だといえる．　〔**大山修一**〕

引用文献

大山修一（2011）：アフリカ農村の自給生活は貧しいのか？，*E-Journal GEO*, **5**（2）：87-124.

大山修一（2015）：西アフリカ・サヘルの砂漠化に挑む―ごみ活用による緑化と飢餓克服―，紛争予防，ix+315pp，昭和堂．

島田周平（2016）：グローバル化時代の地域研究―ナイジェリアの地域紛争を事例に考える―．シンポジウム記録「アフリカの紛争を地域からみる」，3-21，2016年6月11日，東京外国語大学．

Aghedo, I. and Osumah O.（2014）：Bread, not Bullets: Boko Haram and insecurity management in Northern Nigeria. *African Study Monographs*, **35**（3/4）：205-229.

Chinedu, O.（2016）：Niger：Shock as child suicide bombings increase tenfold. CAJ News Agency（Johannesburg）April 12th（http://cajnewsafrica.com/2016/04/12/shock-as-child-suicide-bombings-increase-tenfold/）.（2017年12月14日閲覧）

Mahajan, V.（2009）：*Africa Rising：How 900 million African consumers offer more than you think*, Pearson Education.

Ojochenemi, J. D., Lucky, E. A. and Hakeem, O.（2015）：*Boko Haram：The Socio-Economic Drivers*, Springer.

Onuoha, F. C.（2012）：The audacity of the Boko Haram：background, analysis and emerging trend. *Security Journal*, **25**（2）：134-151.

Saigal, K.（2016）：From Africa rising to Africa diverging. *African Business*, **435**：64-65.

Sani, S.（2011）：Boko Haram：History, ideas and revolt. Vanguard, July 6th（http://logbaby.com/news/boko-haram-history-ideas-and-revolt_5600.html#.WRlYvuSweUk）.（2017年12月14日閲覧）

Trofimov, Y.（2015）：Boko Haram threats expands beyond Nigeria. The Wall Street Journal, December 4th-6th.

【アフリカ農村社会の自給生活とその将来】

ザンビア北部にはベンバという民族が居住し，チテメネと呼ばれる焼畑農耕を営んでいる．チテメネは4年間の輪作体系を持っており，1年目にはシコクビエ，2年目にはラッカセイとバンバラマメ，3年目にはキャッサバ，4年目にはインゲンマメが栽培される．これらの作物は食料として自家消費される．シコクビエは主食の練り粥に使用されるとともに，酒に醸造され，かつては無料で振る舞われた．また，森の中で木の実やきのこ，芋虫を採集したり，動物を捕獲し，食料としている．近隣に食料の貯蔵がなく，困っている人がいたら，わずかでも自分が貯蔵する農産物を分けた．村内には，困った人を助けるという，村人たちの「心」と個人間の関係性に基づくセーフティ・ネットがあった．こうして皆が食料を得ていたのである．農村生活では，現金を介在させる必要は必ずしもなかった．この自給生活は，世界銀行の計算する1日1.90ドル未満の貧困ライン以下に分類されるだろう．

しかし，近年では大きな変化がもたらされている．化学肥料を供給する農業政策によって，1980年代以降，トウモロコシ栽培が普及し，ザンビア政府はそのトウモロコシを買い上げるようになった．土地法が1995年に制定され，土地の所有権が確立し，2010年以降，土地が売買されるようになった．急激な変化の中で農村に現金経済が流入し，「持つ者」と「持たざる者」の経済格差が拡大している．富裕層は自らの蓄財に努め，他人の生活をかえりみない個人主義がはびこるようにもなった．この30年間で人々の現金収入は増えたが，村内のセーフティ・ネットがなくなり，食料を自給できず，困窮する人の数も確実に増えた．村内には，老齢世帯や女性世帯もいて，経済格差の底辺で苦しむ人も多い．人々の生活がどう守られていくのか，アフリカ農村で深刻な問題となっているが，貧困や経済格差の問題はアフリカ農村に限定したものではないだろう．

さらなる学習のための参考文献

第1章　英語の大海に浮かぶフランス語の「島」—北アメリカの異彩，ケベック—

市川慎一（2007）：アカディアンの過去と現在—知られざるフランス語系カナダ人—，彩流社.

大矢タカヤス・ロングフェロー，H. W.（2008）：地図から消えた国，アカディの記憶—『エヴァンジェリンヌ』とアカディアンの歴史—，書肆心水.

長部重康・西本晃二・樋口陽一 編（1989）：現代ケベック—北米のフランス系文化—，勁草書房.

小畑精和・竹中 豊 編（2010）：〈エリア・スタディーズ 72〉ケベックを知るための 54 章，明石書店.

日本カナダ学会 編（2008）：新版 史料が語るカナダ 1535～2007 —16 世紀の探検時代から21 世紀の多元国家まで—，有斐閣.

日本カナダ学会 編（2009）：はじめて出会うカナダ，有斐閣.

細川道久（2007）：カナダの歴史がわかる 25 話，明石書店.

細川道久 編（2017）：〈エリア・スタディーズ 156〉カナダの歴史を知るための 50 章，明石書店.

山下清海 編（2016）：世界と日本の移民エスニック集団とホスト社会—日本社会の多文化化に向けたエスニック・コンフリクト研究—，明石書店.

Bouchard, G. and Taylor, C.（2008）：*Fonder L'avenir*：*Le temps de la conciliation*（https://www.mce.gouv.qc.ca/publications/CCPARDC/rapport-final-abrege-fr.pdf）［竹中 豊・飯笹佐代子・矢頭典枝 訳（2011）：多文化社会ケベックの挑戦—文化的差異に関する調和の実践　ブシャール＝テイラー報告，明石書店］.

Bouchard, G.（2012）*L'interculturalisme*：*un point de vue québécois*, Boréal［丹羽 卓 監訳，荒木隆人・古地順一郎・小松祐子・伊達聖伸・仲村 愛 訳（2017）：間文化主義—多文化共生の新しい可能性—，彩流社］.

第2章　日本における韓国

稲葉佳子（2008）：オオクボ 都市の力—多文化空間のダイナミズム—，学芸出版社.

上田正昭 監修・猪飼野の歴史と文化を考える会 編（2011）：ニッポン猪飼野ものがたり，批評社.

小熊英二・高 賛侑・高 秀美 編（2016）：在日二世の記憶，集英社.

司馬遼太郎・上田正昭・金 達寿 編（1982）：古代日本と朝鮮—座談会—，中央公論新社.

杉原 達（1998）：越境する民—近代大阪の朝鮮人史研究—，新幹社.

田嶋淳子（1998）：世界都市・東京のアジア系移住者，学文社.

田中 宏（2013）：在日外国人 第三版—法の壁，心の壁—，岩波書店.

仲尾 宏（2007）：朝鮮通信使—江戸日本の誠信外交—，岩波書店.

朴 一（2005）：「在日コリアン」ってなんでんねん？，講談社.

水野直樹・文 京洙（2015）：在日朝鮮人—歴史と現在—，岩波書店.

第3章　外国人の集まる国際観光拠点シンガポール

岩崎育夫（2013）：物語 シンガポールの歴史—エリート開発主義国家の 200 年—，中央公論新社.

坂口可奈（2017）：シンガポールの奇跡—発展の秘訣と新たな課題—，早稲田大学出版部.

田村慶子（2016）：〈エリア・スタディーズ 17〉シンガポールを知るための 65 章，明石書店.

田村慶子（2016）：〈アジアの基礎知識 2〉シンガポールの基礎知識，めこん.

Calder, K. E.（2016）：*Singapore*：*Smart City, Smart State*, Brookings Institution Press［長谷川和弘 訳（2016）：シンガポール—スマートな都市，スマートな国家—，中央公論新社］.

第４章　イギリスにおけるインナーシティ商店街の再生とエスニック集団

財団法人自治体国際化協会（ロンドン事務所）(2007)：英国におけるエスニック・マイノリティ政策―他文化共生の観点から見た英国の取り組み―. Clair Report 307（http://www.clair.or.jp/j/forum/c_report/pdf/307.pdf).

山下清海 編（2008)：エスニック・ワールド―世界と日本のエスニック社会―明石書店.

第５章　東京の都市農業

大竹道茂（2009)：江戸東京野菜―物語篇―，農山漁村文化協会.

後藤光蔵（2003)：〈現代農業の深層を探る 3〉都市農地の市民的利用―成熟社会の「農」を探る―，日本経済評論社.

千葉県市民農園協会 編（2004)：市民農園のすすめ，創森社.

蔦谷栄一（2009)：都市農業を守る―国土デザインと日本農業―，家の光協会.

Bryant, C. R. and Johnston, T. R. R. (1992)：*Agriculture in the City's Countryside,* Pinter［山本正三・菊地俊夫・内山幸久・櫻井明久・伊藤貴啓 訳（2007)：都市近郊地域における農業―その持続性の理論と計画―，農林統計協会].

第６章　オーストラリアの食肉産業

菊地俊夫（2008)：オーストラリアにおける食料生産の葛藤．地理 **53**（7)：58-63.

菊地俊夫（2015)：産業化する農業―21 世紀の農業のルートマップとして―．歴史と地理，**683**：1-9.

Burch, D., Rickson, R. and Sawrence, G. (1996)：*Globalization and Agri-food Restructuring*：*Perspectives from the Australasia Region,* Ashgate.

Cocklin, C. and Dibden, J. (2005)：*Sustainability and Change in Rural Australia,* New South Wales University Press.

第７章　グレートプレーンズの資源と人々

矢ケ﨑典隆（2011)：〈世界地誌シリーズ 4〉アメリカ，朝倉書店.

山下清海（2011)：現代のエスニック社会を探る―理論からフィールドへ，学文社.

Bailly, A. et Dorel, G. eds (1992)：*Etats-Unis,* Belin/Reclus［田辺 裕・竹内信夫 監訳（2008)：〈ベラン世界地理大系 17〉アメリカ，朝倉書店].

Pollan, M. (2006)：*The Omnivore's Dilemma,* Penguin Press［ラッセル秀子 訳（2009)：雑食動物のジレンマ―ある 4 つの食事の自然史―［上・下]，東洋経済新報社].

Stull, D. D. and Broadway, M. J. (2004)：*Slaughterhouse Blues*：*The Meat and Poultry Industry in North America,* Wadsworth［中谷和男 訳（2004)：だから，アメリカの牛肉は危ない！―北米精肉産業―，恐怖の実態，河出書房].

第８章　フランス中央高地における過疎化と農村再編

大島順子（2002)：フランス田舎めぐり―田園で過ごす癒しの旅のすすめ―，JTB.

大野 晃（2005)：山村環境社会学序説―現代山村の限界集落化と流域共同管理―，農山漁村文化協会.

小田切徳美（2014)：農山村は消滅しない，岩波書店.

是永東彦（1998)：フランス山間地域農業の新展開―農業政策から農村政策へ―，農山漁村文化協会.

谷岡武雄（1966)：フランスの農村―その地理学的研究―，古今書院.

宮口侗廸（1998)：地域を活かす―過疎から多自然居住へ―，大明堂.

山下祐介（2012)：限界集落の真実―過疎の村は消えるか？―，筑摩書房.

Woods, M. (2011) : *Rural*, Routledge.

第９章　アマゾンの恵みと河畔民の生活

泉 靖一・斉藤広志 (1954) : アマゾン―その風土と日本人―, 古今書院.
多田文男 編 (1957) : アマゾンの自然と社会, 東京大学出版会.
西沢利栄・小池洋一 (1992) : アマゾン―生態と開発―, 岩波書店.
西沢利栄・小池洋一・本郷 豊・山田祐彰 (2005) : アマゾン―保全と開発―, 朝倉書店.
丸山浩明 編 (2013) : 〈世界地誌シリーズ 6〉ブラジル, 朝倉書店.
森下郁子 (1989) : アマゾン川紀行―原始の川を診る―, 日本放送出版協会.
Goulding, M., Smith, N. J. H. and Mahar, D. (1996) : *Floods of Fortune : Ecology and Economy Along the Amazon*, Columbia University Press [山本正三・松本栄次 訳 (2001) : 恵みの洪水―アマゾン沿岸の生態と経済―, 同時代社].
Hemming, J. (2008) : *Tree of Rivers : The Story of the Amazon*, Thames & Hudson [国本伊予・国本和孝 訳 (2010) : アマゾン―民族・征服・環境の歴史―, 東洋書林].
Meggers, B. J. (1971) : *Amazonia : Man and Culture in Counterfeit Paradise*, Aldine Publishing Company [大貫良夫 訳 (1977) : アマゾニア―偽りの楽園における人間と文化―, 社会思想社].
Wagley, C. (1964) : *Amazon Town : A Study of Man in the Tropics*, Alfred A. Knopf [小野 功・野口俶宏 訳 (1973) : アマゾンの町―熱帯と人間―, 新世界社].

第１０章

青木辰司 (2010) : 転換するグリーン・ツーリズム―広域連携と自立をめざして―, 学芸出版社.
漆原和子・清水善和・羽田麻美 (2015) : ルーマニア南カルパチア山脈チンドレル山地における植生の変化からみたヒツジの移牧の変容, 地理学評論, **88** (2) : 102-117.
加賀美雅弘・木村 汎 編 (2007) : 〈朝倉世界地理講座 10〉東ヨーロッパ・ロシア, 朝倉書店.
神田孝治 編 (2009) : 観光の空間―視点とアプローチ―, ナカニシヤ出版.
田林 明 編 (2013) : 商品化する日本の農村空間, 農林統計出版.
田林 明 編 (2015) : 地域振興としての農村空間の商品化, 農林統計出版.
日本村落研究学会 編 (2005) : 〈年報村落社会研究 41〉消費される農村―ポスト生産主義下の「新たな農村問題」, 農山漁村文化協会.
日本村落研究学会 編 (2008) : 〈年報村落社会研究 43〉グリーン・ツーリズムの新展開―農村再生戦略としての都市・農村交流の課題, 農山漁村文化協会.
みや こうせい (1988) : 羊と樅の木の歌―ルーマニア農牧民の生活誌―, 朝日新聞出版.
六鹿茂夫 編 (2007) : 〈エリア・スタディーズ 66〉ルーマニアを知るための 60 章, 明石書店.
安田亘宏 (2013) : フードツーリズム論―食を活かした観光まちづくり―, 古今書院.
吉野 (漆原) 和子 編 (2012) : ヒツジの移牧―東欧南部における社会体制の変革にともなう変貌―, 法政大学地理学教室.
Shirasaka, S. (2007) : Transhumance of sheep in the Southern Carpathians Mts., Romania. *Geographical Review of Japan*, **80** : 290-311.

第１１章　タイのデルタにおける自然保護とエコツーリズム

柿崎一郎 (2016) : 〈アジアの基礎知識 1〉タイの基礎知識, めこん.
菊地俊夫 (2016) : フードツーリズムのすすめ―スローライフを楽しむために―, フレグランスジャーナル社.

第 12 章　アフリカ農村における自給生活の崩壊と貧困，テロリズム

池谷和信・佐藤廉也・武内進一 編（2007）：〈朝倉世界地理講座 11〉アフリカ I，朝倉書店.

池谷和信・武内進一・佐藤廉也 編（2008）：〈朝倉世界地理講座 12〉アフリカ II，朝倉書店.

石川博樹・小松かおり・藤本 武 編（2016）：食と農のアフリカ史―現代の基層に迫る―，昭和堂.

勝俣 誠（2013）：新・現代アフリカ入門―人々が変える大陸―，岩波書店.

重田眞義・伊谷樹一 編（2016）：〈アフリカ潜在力 4〉争わないための生業実践―生態資源と人びとの関わり―，京都大学学術出版会.

芝陽一郎（2011）：アフリカビジネス入門―地球上最後の巨大市場の実像―，東洋経済新報社.

日本アフリカ学会 編（2014）：アフリカ学事典，昭和堂.

松田素二 編（2014）：アフリカ社会を学ぶ人のために，世界思想社.

宮本正興・松田素二 編（1997）：新書アフリカ史，講談社.

Mahajan, V. (2009) *Africa Rising：How 900 Million African Consumers Offer More Than You Think*, Prentice Hall［松本 裕 訳（2009）：アフリカ―動きだす 9 億人市場―，英治出版］.

索　引

ア　行

カ　行

サ　行

タ　行

ナ　行

ハ　行

マ　行

ヤ　行

ラ　行

欧　文

編集者略歴

矢ケ﨑典隆（やがさきのりたか）

1952年　石川県に生まれる
1982年　カリフォルニア大学バークリー校大学院修了
現　在　日本大学文理学部教授
　　　　Ph. D.（地理学）

菊地俊夫（きくちとしお）

1955年　栃木県に生まれる
1983年　筑波大学大学院地球科学研究科博士課程修了
現　在　首都大学東京都市環境学部教授
　　　　博士（理学）

丸山浩明（まるやまひろあき）

1960年　長野県に生まれる
1989年　筑波大学大学院地球科学研究科博士課程修了
現　在　立教大学文学部教授
　　　　博士（理学）

シリーズ地誌トピックス2
ローカリゼーション
地域へのこだわり　　　定価はカバーに表示

2018年3月5日　初版第1刷

編集者　矢ケ﨑典隆
　　　　菊地俊夫
　　　　丸山浩明
発行者　朝倉誠造
発行所　株式会社 朝倉書店
東京都新宿区新小川町6-29
郵便番号　162-8707
電　話　03（3260）0141
FAX　03（3260）0180
http://www.asakura.co.jp

〈検印省略〉

シナノ印刷・渡辺製本

ISBN 978-4-254-16882-2　C3325　Printed in Japan